# 學林碎話

1919年～2009年的中國文人剪影

王國華 著

認識大陸作家系列

# 目　次

上編

# 但恨不見替人

## ——梁實秋和胡適

　　如果說梁實秋這一輩子只崇拜過一個人，那麼，這個人一定是胡適；如果說梁實秋只對一個人感恩，那麼，這個人也一定是胡適。1891 年出生的胡適，比梁實秋整整大了十一歲。但梁實秋認為自己和胡適的差距不僅僅是十一歲。胡適早年寫有一部《留學日記》，後來改名為《藏暉室日記》，內容很大一部分是他的讀書札記，以及一些評論。梁實秋讀完以後，經過比較，認為自己在胡適那個年齡，還不知道讀書的重要，而思想也尚未成熟。「如果我當年也寫過一部留學日記，其內容的貧乏與幼稚是可以想見的。所以，以學識的豐儉，見解的深淺而論，胡先生不只是長我十一歲，可以說長我二十一歲，三十一歲，以至四十一歲。」

　　民國年間，文壇、政界的頭面人物們都以說一句「我的朋友胡適之」為榮時，梁實秋從沒這樣自詡過，雖然兩人不乏往來，可他一直對胡適執弟子禮，畢生尊崇。

　　梁實秋和胡適的交往應該是 1927 年在上海共同參加「新月月刊」期間。胡適是「新月」的精神領袖，梁實秋是裡面最年輕的參與者之一。「新月」做鳥獸散後，在梁實秋和胡適之間發生的兩件事情，對梁實秋的命運改變很大，甚至成就了他的一生。

　　1934 年，因為學潮的關係，梁實秋在青島大學已經十分被動，他迫切需要換一個環境。也就是在這時，身為北京大學文學院院長

的胡適向他伸出了援手。經過胡適斡旋，梁實秋於這年 9 月被聘為
北大研究教授兼外文系主任。北大除了教授名義之外，還有所謂名
譽教授與研究教授的名義，名譽教授是對某些資深教授的禮遇，而
所謂「研究教授」，則是胡適的創意，他想借此資助吸收一些比較
年輕的人到北大，作為生力軍和新鮮血液。「研究教授」待遇比一
般教授高出四分之一，授課時數卻相應減少。這說明胡適對梁實秋
的期望值很高。胡適的做法使他自己遭到了一些人的敵視。梁實秋
回憶，有一年共閱入學試卷的時候，一位年齡與梁實秋相若的先生
故意當眾高聲說：「我這個教授是既不名譽亦不研究！」大有憤憤
不平之意。

　　另外一件事是，在胡適的建議和推定下，梁實秋開始翻譯莎士
比亞的作品，並以此為終生事業，歷經近四十年的苦熬，終於完成
了這一成就梁實秋其人的鴻篇巨製。可以想像，沒有莎士比亞全
集，梁實秋僅憑那些雅舍小品如何能領到「大師」的頭銜？

　　胡適是安徽徽州績溪縣人，而梁實秋的妻子程季淑老家也在績
溪，因為這層關係，胡適在飯桌上經常如此介紹梁實秋：「這是梁
某某，我們績溪的女婿，半個徽州人。」此外，他還喜歡對梁實秋
念叨自己家鄉的情形。徽州是個閉塞的地方。四面皆山，地瘠民貧，
山地多種茶，每逢收茶季節茶商經由水路從金華到杭州到上海求
售，所以上海的徽州人特多，號稱徽幫，其勢一度不在寧幫之下。
有一天，胡適請羅隆基、潘光旦和梁實秋到一家徽州館吃午飯。他
們剛進門，老闆一眼望到胡適，便從櫃檯後面站起來笑臉相迎，滿
口的徽州活，梁實秋等人一點也聽不懂。等他們扶著欄杆上樓的時
候，老闆對著後面廚房大吼一聲。他們落座之後，胡適問他們是否
聽懂了方才那一聲大吼的意義。他們當然不懂，胡適說：「他是在
喊，『續溪老倌，多加油啊！』」原來續溪是個窮地方，難得吃油大，
多加油即是特別優待老鄉之意。果然，那一餐的油不少。有兩個菜

給梁實秋的印象特別深，一個是划水魚，即紅燒青魚尾，鮮嫩無比，一個是生炒蝴蝶麵，即什錦炒生麵片，非常別致。缺點是味太鹹，油太大。

胡適對梁實秋的關照和提攜並非特例。受過胡適說明的年輕人簡直數不勝數。「他住在米糧庫的那段期間，每逢星期日『家庭開放』，來者不拒，經常是高朋滿座，包括許多慕名而來的後生。這表示他不僅好客，而且於舊雨今雨之外還隱隱然要接納一般後起之秀。有人喜歡寫長篇大論的信給他，向他請益，果有一長可取，他必認真作答，所以現在有很多人藏有他的書札。他借頻繁的通信認識了一些年輕人。」

在臺灣期間，胡適特意拿出一筆款子，前後貸給一些青年助其出國，言明希望日後歸還，以便繼續供應他人。有人問他為什麼要這樣做，他說：「這是獲利最多的一種投資。你想，以有限的一點點的錢，幫個小忙，把一位有前途的青年送到國外進修，一旦所學有成，其貢獻無法計量，豈不是最划得來的投資？」1955年，臺灣師範大學有一位理工方面的助教，學業成績異常優秀，得到了美國某大學的全份獎學金，就是欠缺簽證保證，無法成行。理學院長陳可忠先生、校長劉白如先生對梁實秋談起，梁實秋就建議由他們三個聯名求助於胡適。後來胡適果然出資幫那位青年完成了學業。

旅美華人作家聶華苓在一篇文章中記錄了恩師梁實秋的一件事。

> 1964年，我由臺灣來美國之前，去看梁先生和梁師母。
> 「你沒有路費吧？」梁先生在談話中突然問我這麼一句話。
> 「您怎麼知道？」
> 「我知道。你需要多少？」

> 我到美國的路費，就是梁先生借給我的。我到美國後申請到
> 一筆研究金，才還給了在西雅圖的文薔。

胡適幫助別人，與人為善，提攜青年，已經成為一種慣性；梁實秋
對年輕人的關愛，是否受到了當年胡適對自己的關愛的影響？

　　如果僅僅是這些關愛，似乎還不足以讓心高氣傲的梁實秋為
之傾倒。梁實秋本身信奉理性、節制的白璧德，追求完美，而胡
適中正平和，不發妄語狂語，不走極端。為人處事，恰恰符合這
一標準。抗戰軍興，國家民族到了最後關頭，胡適奉派為駐美大
使。數年任內，胡適僕僕風塵，作了幾百次講演，必力交瘁。大
使有一筆特支費，是不需報銷的。胡適從未動用過一文，原封繳
還國庫，他說：「旅行演講有出差交通費可領，站在臺上說話不需
要錢，特支何為？」梁實秋認為，此種事鮮為外人所知，即使有
人傳述，亦很少有人表示充分的敬意，太可怪了。徐志摩曾經說
過「胡聖潘仙」一語，潘光旦因為只有一條腿，可躋身八仙之列，
乃是戲謔之語，而稱胡適為「聖人」，梁實秋則深為認同。他說，
「胡先生從來不在人背後說人的壞話，而且也不喜歡聽人在他面
前說別人的壞話。有一次他聽了許多不相干的閒話之後喟然而歎
曰：『來說是非者，便是是非人！』相反的，人有一善，胡先生輒
津津樂道，真是口角春風。」

　　梁實秋記得有些人士想推胡適領導一個政治運動，胡適謙遜不
遑地說：「我不能做實際政治活動。我告訴你，我從小是生長於婦
人之手。」梁實秋想，這句話是什麼意思？生長於婦人之手，是否
暗示養成「婦人之仁」的態度？是否指自己膽小，不夠心狠手辣？
但無論如何，哪怕是婦人之仁，總比所謂的「革命」更讓人放心。

　　梁實秋和胡適都是害怕「革命」和「運動」的人，在這一點上，
他們有著斬釘截鐵的態度。左派文人屢次批判他們對當時的國民政

府是「小罵大幫忙」，其實並沒有批錯。當初，新月派文人在雜誌上嚴厲地批評時局，討論時政，骨子裡肯定沒有想到要推翻誰。是的，對於一個已經成為事實的合法的政府，無論它有著什麼樣的缺陷，若是自認為還有能力推動它做一些有利於民眾的事，為什麼不去推動呢？難道只有發動所有人起來推翻現政府才算真正地為民眾著想？想想吧，所謂的革命，最後得利的會是大眾嗎？無論口號多麼動聽，旗幟多麼鮮明，最後得利的一定是少數人。所謂一將功成萬骨枯是也。而少數幾個人，踩著被發動起來的成千上萬的人走向金字塔頂端。安定、自由才是絕大多數人的福祉，暴力運動絕對不是。

　　不僅社會生活如此，文化亦是如此。梁實秋晚年這樣評價當年的新文化運動：

> 新文藝運動是以白話文運動開端的。我們的文言與口語，相差過遠，這當然是亟需改革的一件事。胡適之先生及其他各位之宣導白話文，因為合時宜，所以迅速得到成功。至今無數人都在受益。胡先生是主張漸進改良的，他並不侈言「革命」，他在民國六年一月發表〈文學改良芻議〉，其中並無「革命」字樣。首先倡言「革命」者，是陳獨秀先生，他的第一篇文章便是〈文學革命論〉。胡先生緊跟著寫〈建設的文學革命論〉，加上「建設的」三字於「革命」之上，是有深刻意義的。「革命」二字原是我們古代的一個政治術語，「湯武革命，順乎天而應乎人」，後來引申其義，應用到其他激烈改革的事情上去，如不謹慎使用，可能流於誇大。就文學而論，自古至今，有其延續性，有所謂「傳統」，從各方面一點一滴的設法改進，是可行的，若說把舊有的文學一腳踢翻，另起爐灶，那是不可能的。即以文字改革而言，把文言與白話清楚的劃分開來便是一件很難的事。對於某些人，相

當數量的文言已變成了他們日常應用的白話；對於另一些人，頗為簡易的白話可能還是和文言一樣的難解。胡適之先生寫《白話文學史》是有深長用意的，他的意思似是在指出白話文學並非是新的東西，它有它的歷史傳統，白話文運動只是那個良好傳統的延長。這樣解釋，白話文學運動便沒有多少「革命」的氣息了，可是在五四之後幾年，一般青年是喜聞革命的，是厭舊喜新的，所以對於白話文學運動中之嶄新的部分固樂於接受，而對於中國文學的傳統則過分的輕視了。其結果是近數十年來優秀文藝作品之貧乏。

這就是胡適帶給梁實秋的反思和影響。人所共知胡適那句名言：「大膽的假設，小心的求證」，其實這只是一副對聯的上聯，下聯則是：「認真的做事，嚴肅的做人」，梁實秋念念不忘提醒別人：「大家都注意上聯，而不注意下聯。這一聯有如雙翼，上聯教人求學，下聯教人作人」，兩句話是相輔相成的。

1957 年，胡適從美國回到臺灣定居，兩人的聯繫更加密切起來。當時在臺灣流傳著一本匿名的小冊子──《胡適與國運》，是專門批判胡適思想的。而胡適卻對朋友說，大陸上印出了三百萬字清算胡適思想。言外之意，《胡適與國運》太不成比例了。1960 年 7 月，美國華盛頓大學得福德基金會之資助在西雅圖召開中美學術合作會議，臺灣方面出席的人除胡適外還有錢思亮、毛子水、徐道鄰、李先聞、彭明敏和梁實秋等人。最後一次集會之後，胡適掏出一張影印的信件給梁實秋看。信是英文（中國式的英文）寫的，由七八個人署名，包括立法委員、大學教授、專科校長，是寫給華盛頓大學校長歐第嘉德的，內容大致說胡適等人非經學術團體推選，亦未經合法委派，不足以代表我國，而且胡適思想與我國傳統文化大相剌謬，更不足以言我國文化云云。

梁實秋問胡適如何應付，胡適說：「給你看看，不要理他。」還是典型的胡適風格。

胡適在生命後期耽於各種考證，有人對此頗有微詞。梁實秋則提出了自己的看法：

> 胡先生的思想好像到了晚年就停滯不前。考證《虛雲和尚年譜》，研究《水經注》，自有其價值，但不是我們所期望於胡先生的領導群倫的大事業。於此我有一點解釋。一個人在一生中有限的歲月裡，能做的事究竟不多。真富有創造性或者革命性的大事，除了領導者本身才學經驗之外，還有時代環境的影響，交相激盪，乃能觸機而發，震爍古今。少數人登高一呼，多數人聞風景從。胡先生領導白話文運動，宣導思想自由，宏揚人權思想，均應作如是觀。所以我們對於一個曾居於領導地位的人不可期望過奢。胡先生常說「但開風氣不為師」，開風氣的事，一生能做幾次？

也許，只有梁實秋這樣的老友才能從胡適身上解讀出如此深刻的觀點。

1966 年，臺灣《自立晚報》採訪梁實秋，他又針對胡適做了評價：

> 談到精神文明的式微，梁實秋先生對已逝世的胡適之先生的膽識是非常推崇的。他說，胡先生生前曾因寫文章坦直指出民族的弱點，受了不少人的誤解和責難，說他忘本，說他輕貌自己的同胞，甚至說他誣衊民族的文化。其實，這些評斷都有偏見，都是背公道的。
>
> 他說，差不多是五年前的事了，有一次，他和胡先生兩人一道去美國參加一項學術性的會議。胡先生應許多美國朋友之

請，曾以中國文化為題，發表過一次公開演講。他記得，胡先生所講的內容，都是以中國的道德精神為本位的，他推崇中國文化與歷史的心情，是極其實在而誠懇的。只不過在他看到中國文化傳續到今天所顯示出來的退化與墮落的現象，使他感到憂痛而有膽量承認，並敢於提出來討論罷了。

胡適去世後，梁實秋多次發表談話和文章，深表傷痛。有人問他有何感想，他脫口而出：「死者已矣，但恨不見替人」。他認為胡適的位置之所以找不到替人，一是因為胡適的學問，二是因為胡適的道德。「我們於哀悼震撼之餘，應該平心靜氣地想一想，胡先生所畢生宣導的民主自由的精神，科學懷疑的態度，現在是不是還需要，我們自己在這一方向是不是也有一點點貢獻？如果胡先生所宣導的精神態度，能夠繼續努力加以推進，則胡先生雖死猶生，千千萬萬的人，都可說是胡先生的替人了。」

梁實秋和胡適相比，自有高下，梁實秋認同其高，遵從其高，並為其高奔走呼號。他不愧是胡適的好學生好兄弟。

（2008 年 3 月）

# 當年曾是同路人

## ——梁實秋和聞一多

　　三、四十年前，沒人敢把聞一多和梁實秋聯繫起來，一個是「資本家的乏走狗」，一個是「民主鬥士」，在一元語境下，二人簡直水火不容。然而歷史真相終於露出的時候，人們才發現，梁實秋和聞一多曾經是最好的朋友。二人在清華大學時是同學，留學美國時形影不離，歸國後又為青島大學同事，友誼延續了將近二十年。直到抗戰以後，一個在昆明，一個在重慶，音信隔絕，再加上志趣漸趨分野，才斷了來往。成長過程中，兩個人曾經互相激勵、扶持，又互相影響，留下了一段文壇佳話。

## 一、志趣相投的詩友

　　聞一多生於 1899 年，1912 年考入清華學校，1922 年赴美留學；梁實秋比他小三歲，1915 年入清華，1923 年赴美。一般學生都是在清華讀書八年，聞一多之所以讀了十年，是因為前後各留了一級。一年級時因為沒有學過外語被迫留級，後來因為鬧學潮再留一級。

　　據梁實秋的回憶，聞一多在清華時並不突出，雖然也參加了學潮，但只是做具體事務。他不像學生領袖陳長桐和羅隆基那樣思想敏銳，辯才無礙，善於縱橫捭闔。聞一多喜歡埋頭苦幹，他易於激

動，在情緒緊張的時候滿臉漲得通紅，反倒說不出話。他從沒出面做過領導人。

聞一多在課業上最突出的是圖畫，他的美術作品一度被老師掛到牆上作為典範來學習。起初，梁實秋和聞一多並無來往。「五四」以後，新文學風行，聞一多不甘人後，寫了很多新詩。1920年，梁實秋和同班同學顧一樵等組織了一個文學社團──「小說研究社」，並煞有介事地弄出了一本《短篇小說作法》。後來，聞一多也加入進來，同時建議把這個研究社擴充為「清華文學社」。接著，清華文學社又吸收吳景超、朱湘、饒孟侃等人為會員，邀請周作人、徐志摩等來做講座，定期出版《清華週刊》，把文學社搞得紅紅火火。

這期間，聞一多對新詩發生了近乎狂熱的興趣。他對當時比較暢銷的幾部詩集《女神》、《冬夜》、《湖畔》等都進行了研究和批判。他最佩服的是郭沫若的《女神》，對胡適的新詩理論則頗不以為然。他專門寫了一篇批評俞平伯詩集《冬夜》的文章，投寄給孫伏園主編的《晨報副刊》，結果石沉大海。後來，梁實秋也寫了一篇〈《草兒》評論〉，與聞一多的文章合編為《〈冬夜〉、〈草兒〉評論》，列為「清華文學社叢書第一種」，由梁實秋的父親出資，自費出版。這本小書既見證了二人深厚的友誼，也綻露了他們初出茅廬時的銳氣和才氣。

那時候，男女同校之風未開，清華學校是個純男性的學校，學生們接觸異性的機會很少。但有意思的是，梁實秋和聞一多都成了例外，有了自己的情感生活。聞一多的家庭是舊式的，典型的農村中的大家庭。1922年寒假，父母命他回家結婚。聞一多不敢違抗，只好於當年二月和姨表妹高孝貞結婚，開始了先結婚後戀愛的舊式婚姻歷程。也是在這期間，經人介紹，梁實秋和女子職業學校的年輕女教師程季淑正式來往，開始了罕見的先戀愛後結婚的新式婚姻

歷程。但梁實秋和聞一多都沒有因此耽誤學業和事業上的追求，而是沿著自己的興趣繼續大踏步地向前走去。

## 二、珂泉的「同居密友」

　　1922 年 7 月，聞一多赴美國芝加哥美術學院深造。出發之前，他給梁實秋寫了一封信，抒發自己的鬱悶情懷。在去美的船上，他又寫信給梁實秋，滿是掃興失望的情緒：「我在這海上漂浮的六國飯店裡籠著……但是我的精神乃在莫大的壓力之下。我初以為渡海的生涯定是很沉寂、幽雅、寥廓的；……但是即卜船後，大失所望。城市生活不但是陸地的，水上也有城市生活。……這裡竟連一個能與談話的人都找不著。他們不但不能同你講話，並且鬧得你起坐不寧。……」

　　聞一多是個喜靜的人，這一性格已在信中有所顯露。他和梁實秋一樣，既有著沖天的志向，又擔心自己被嘈雜和喧囂湮沒。事實上，他們兩個人的命運和其他若干知識份子一樣，永遠都在出世和入世之間掙扎。

　　留美期間，聞一多朋友很少，寂寞而失落。他常常給梁實秋寫信，訴說苦悶：「不出國不知道思家的滋味，想你……當不致誤會以為我想的是狹義的『家』，不是！我所想的是中國的山川，中國的草木，中國的鳥獸，中國的屋宇──中國的人。」聞一多在美術學院起初也很努力。學畫要從素描起，這是畫的基本功，但很快他就不耐煩了，其中一個重要原因是他對文學的興趣越來越濃。他向梁實秋訴說：「我想再在美住一年就回家。我日漸覺得我不應該做一個西方的畫家，無論我有多少的天才！我現在學西方

的繪畫是為將來做一個美術批評家。我若有所創作,定不在純粹的西畫裡。」

聞、梁一邊書信往來,一邊詩文唱和。1922 年 5 月 16 日、10 月 19 日、1923 年初,梁實秋分別寫了三首詩──〈送一多遊美〉、〈答一多〉、〈寄懷一多〉,發表在《清華週刊》上。

1923 年 9 月,梁實秋也來到了美國,科羅拉多溫泉(簡稱珂泉)有一個大學,規模不大,但是屬於哈佛大學所承認的西部七個小大學之一,且風景引人入勝。梁實秋安頓好以後,立刻給聞一多去了一封信,內附十二張珂泉的風景片。他知道聞一多在芝加哥過得不舒服,本為向聞一多炫耀,結果聞一多接信後,也不復信,也不和誰商量,一聲不響地提著一個小皮箱子,悄悄地坐火車到珂泉找梁實秋了!這一舉動似乎很衝動,但可以看出,聞一多實在是太寂寞了,他更願意和好友在一起。

聞一多在珂泉註冊成為藝術系特別生,梁實秋則進入英文系四年級成為正式生。聞一多的到來,受到了梁實秋的熱烈歡迎。他們一起租住在排字工人米契爾家中。聞一多住小間,梁實秋住大間,後來又一起搬到學校宿舍住。兩人一同上課,一同準備,一同研討,其樂融融。他們點火爐煮咖啡、清茶,甚至炒木樨肉吃。有一次把火爐打翻了,幾乎燒到窗簾,聞一多在慌亂中燃了頭髮眉毛燙了手。又有一次自己煮餃子吃,管理員前來干涉,聞、梁趕緊「賄賂」他,請他吃餃子,管理員就不說話了。聞一多、梁實秋還一起去老師家裡作客。老師是一對老小姐(均在六十歲左右),但都不善烹調,雖然弄得滿屋油煙彌漫,也沒做出什麼豐盛的菜餚。飯後,老師又拿出一副麻將來,四個人按照說明書研究了將近一個晚上,最後還是沒研究明白。

學年快終了時,教授慫恿聞一多參加紐約舉辦的一年一度的美術展。聞一多耗費兩個月時間趕畫了一、二十幅畫。那段時間,聞

一多廢寢忘食，整天把自己鎖在屋子裡忙活。到了吃飯的點兒，梁實秋就去叫他。有一回數次敲門，聞一多也不答應。梁實秋從鑰匙孔裡看到聞一多還在畫布上戳戳點點，決定不打擾他了，餓他一頓。後來，聞一多的這些畫運到紐約，反響一般，這更打消了聞一多以畫為業的念頭。

聞一多的房間總是亂糟糟的，床鋪從來沒整理過。梁實秋譏笑他書桌凌亂，聞一多就寫了一首詩幽默地回應梁實秋，並拿給梁實秋看。詩名為〈聞一多先生的書桌〉：

> 忽然一切的靜物都講話了，
> 忽然間書桌上怨聲騰沸：
> 墨水匣呻吟道「我渴得要死！」
> 字典喊雨水漬濕了他的背；
> 信箋忙叫道彎痛了他的腰；
> 鋼筆說煙灰閉塞了他的嘴，
> 毛筆講火柴燒禿了他的鬚，
> 鉛筆抱怨牙刷壓了他的腿，
> 香爐咕嘍著「這些野蠻的書，
> 早晚定規要把你擠倒了！」
> 大鋼錶歎息快睡鏽了骨頭；
> 「風來了！風來了！」稿紙都叫了；
> 筆洗說他分明是盛水的，
> 麼吃得慣臭辣的雪茄灰；
> 桌子怨一年洗不上兩回澡，
> 墨水壺說「我雨天給你洗一回。」
> 「什麼主人？誰是我們的主人？」
> 一切的靜物都同聲罵道，

「生活若果是這般的狼狽，

倒還不如沒有生活的好！」

主人咬著煙斗迷迷地笑，

「一切的眾生應該各安其位。

我何曾有意的糟塌你們，

秩序不在我的能力之內。」

聞一多和梁實秋還經歷過一次生死考驗。那時，二人經常一起出去遊山玩水。，有一回，梁實秋和聞一多等人驅車遊仙園，還攜帶了畫具和大西瓜，準備一邊寫生一邊好好玩一整天。梁實秋駕車技術欠佳，倒車時，汽車忽然滑入山坡，只覺耳畔風聲呼呼，急溜而下，勢不可停。眼看就要掉進懸崖了，車子又戛然而止，原來是被夾在兩棵巨大的松樹中間。他們急忙下車，探頭一瞧，腳下的深淵不可見底。於是，兩人走到附近的人家借來一條繩子，找人幫忙，才一點點把汽車拉回來。

珂泉的一年生活，對兩人來說，都是美好的記憶。年輕的成長中，少不了互相幫助和鼓勵。一年後，梁實秋要去哈佛大學繼續深造，聞一多前往紐約。分手時，聞一多把最心愛的三本詩集送給梁實秋，梁實秋則送了一具琺瑯香爐給聞一多，他知道好友喜歡「焚香默坐」的境界。

# 三、組織大江會

聞一多和梁實秋離開珂泉，搭伴東行，各奔自己的目的地。途經芝加哥，一起停留了半個月時間。在這裡，他們創辦並加入了「大江會」。

清華畢業的一九二一級、二二級、二三級的留美學生們因為親歷了五四運動，憂國憂民，經常書信往來，討論世界和國家大勢。由於意氣相投，漸漸形成了相對統一的見解。這次，他們聚集在芝加哥大學附近的一家小旅館裡，決定詳細研討，成立一個組織。除聞、梁二人外，還有羅隆基、何浩若、吳景超、時昭瀛等。

經過充分交流，他們達成了以下共識：

第一，鑒於當時國家的危急的處境，不願侈談世界大同或國際主義的崇高理想，而宜積極提倡國家主義（nationa-1ism）；

第二，鑒於國內軍閥之專橫恣肆，應厲行自由民主之體制，擁護人權；

第三，鑒於國內經濟落後，人民貧困，主張由國家宣導從農業社會進而為工業社會。

這就是所謂的「國家主義」的理念。他們在此基礎上建立了自己的社團「大江會」，梁實秋解釋這個名稱的含義說，「也沒有什麼特殊意義，不過是利用中國現成專名象徵中國之偉大悠久。」

然後，幾個年輕人共同宣誓：「余以至誠宣誓，信仰大江的國家主義，遵守大江會章，服從多數，如有違反願受最嚴厲之處分。」那一年，恰逢英國哲學家羅素到美國講學，道經威斯康辛，梁實秋等幾個人專程去拜訪他。羅素向來主張泯除國界的世界大同主義，反對激烈的愛國主義，但是羅素聽取了這些人的陳述和觀點後，「沉吟一陣，終於承認在中國的現況之下只能有推行國家主義之一途，否則無以自存。」羅素的肯定，給了大江社成員們極大的鼓勵。從此，他們就自以為是宣過誓的國家主義者了。

大江會不是政黨，也不是革命黨，所以並沒有堅固組織，亦沒有活動綱領，似乎是個鬆散的同人性質的「群眾團體」。但是它體現了這些年輕人關心國家前途和命運的赤子情懷。他們在此基礎上創辦了《大江季刊》，其中以聞一多最為熱心。但季刊出版了

兩期就停止了，因為其中的大部分人回國各自謀生，團體也就自動解散。

# 四、青島的浪漫時光

1925 年和 1926 年，聞一多、梁實秋先後回國。聞一多先是在北京的國立藝術專門學校當教務長，接著陸續在吳淞國立政治大學當訓導長，在武漢的總政治部當了很短一段時間的藝術股長，在武漢大學當文學院院長，再回吳淞國立政治大學，一直漂泊不定；梁實秋回國後不久，因為戰亂頻仍也來到上海，既編報紙副刊又在大學裡任教，同時積極參與以胡適為精神領袖的「新月」的活動。

1930 年，楊振聲開始籌辦國立青島大學（後改名為山東大學），而籌備委員會主任就是大名鼎鼎的蔡元培。楊振聲到上海來物色教員，力邀聞一多和梁實秋前往。他說青島景物宜人，世風淳樸，可以先去那裡實地考察一下再做決定。於是聞一多與梁實秋搭伴到了青島。

青島的紅磚綠瓦、藍天碧水給他們留下了很好的印象，而這裡的世風人情尤其讓他們滿意。聞、梁雇了一輛馬車遊覽市容，車在坡頭行走，山上居民接水的橡皮管子橫亙路上，四顧無人，馬車軋過去是沒有問題的。但是車夫停車，下車，把水管高高舉起，把馬車趕過去，再把水管放下來。一路上如是折騰數次，車夫不以為煩。若在別的都市裡，恐怕一聲叱喝，馬車直衝過去，甚至還要饒上一聲：「豬玀！」於是，他們決定接受楊振聲的邀請。聞一多就任中文系主任，梁實秋就任外文系主任。

　　青島大學期間，二人依然保持了非常好的關係。他們八個同事經常在一起宴飲，梁實秋寫過一篇名為〈酒中八仙〉的文章，一一提及其人。提到聞一多時說，「一多的生活苦悶，於是也愛上了酒，他酒量不大，而興致高……他一日薄醉，冷風一吹，昏倒在尿池旁。」這期間，雖然聞一多專心於學問，不寫新詩了，但依然願意提攜寫詩的學生，其中最得他器重是陳夢家和臧克家。晚年的臧克家曾寫過一篇致梁實秋但未來得及發出的信，信中提到：「您和一多先生，是最好的老朋友，在同一個學校執教，往來很密。記得有一次，我有事到聞先生的辦公室去，他不在，看到您的一張小紙條放在桌子上，上面寫道：『一多，下課後到我家吃水餃。』看了這張小條，我很感動，我十分豔羨！心想，這是最美、最快意的人生佳境了。」梁實秋也去聞一多家裡吃過飯，他回憶說，聞家的廚師做的烤蘋果非常好吃。但是聞一多家裡孩子多，在青島住了不到一年，他就把妻子孩子全部送到回老家。梁實秋閃爍其詞地講道，自己對聞一多家庭生活瞭解很少。事實上，這時的聞一多家庭生活確實出了點雜音。

　　1931 年 9 月 18 日，日本軍隊佔領了中國瀋陽，情勢越來越危急。平津學生紛紛南下請願，要求政府對日作戰。青島大學的學生自然也被波及。學校方面站在官方角度上，不認同學生的行動，雙方發生矛盾。在校務會議上，決定開除為首的幾個人以平息局面。此時的聞一多和梁實秋都站在了校方的立場上。不料，學校的處理引起強烈反彈，校長楊振聲被迫辭職，聞一多和梁實秋也成為學生們攻擊的主要對象。有個條幅上寫著：「驅逐不學無術的聞一多！」梁實秋認為，「不學無術」四個字加在聞一多身上，真是不可思議。學生們還在黑板上畫了一個烏龜一個兔子，旁邊寫著「聞一多與梁實秋」。聞一多很嚴肅地問梁實秋：「哪一個是我？」梁實秋回答：「任你選擇。」

　　不久以後，聞一多也被迫辭職。他來到北平，在清華大學中文系任教。

　　又過了一年，梁實秋應胡適之邀，到北大任外語系主任。

# 五、兩位好友天各一方

　　居京期間，聞一多專心學術，心無旁騖，這是他一生中最安定的一段時間。而梁實秋卻時不時地對實際政治發表看法。他們共同的朋友羅隆基主編《北平晨報》，因為猛烈抨擊時弊，常常遭遇困境。一次，羅隆基和梁實秋去看望聞一多。聞一多對羅隆基一點也不同情，而且毫不客氣地批評他：「歷來干祿之階不外二途，一曰正取，一曰逆取。脅肩諂笑，阿世取容，賣身投靠，扶搖直上者謂之正取；危言聳聽，嘩眾取寵，比周讒侮，希圖幸進者謂之逆取。足下蓋逆取者也。」這句話搞得羅隆基十分不愉快。此時，梁實秋似乎要比潛心學術的聞一多更關心現實政治。顯而易見的是，雖然同在北京，聞一多和梁實秋共同語言已越來越少，聞一多幾乎從沒提過兩人為什麼疏遠，梁實秋也是諱莫如深。由於當事人的失語，後人只能根據兩人的性格和興趣走向去猜測其中的蛛絲馬跡。

　　1937 年，抗戰爆發。梁實秋撤退到重慶，聞一多隨清華大學來到昆明，在由清華、北大、南開等大學改組成的西南聯合大學任教。兩人這時真正是天各一方了。梁實秋因為在文壇遭遇圍攻，無法脫身，因此力求淡出各種爭論，以圖自保；而聞一多卻越來越發出自己的聲音，介入到各種運動之中。兩個人似乎互換了角色，離開原先的道路，在新的方向上快馬加鞭。梁實秋對聞一多的「轉向」雖有同情，但不認可。而且，他和很多友人一樣，將原因歸結為聞一多現實生活上的「困頓」。聞一多孩子多，家庭負擔重，最後甚

至靠給人刻印養家，心中鬱結重重，自然對社會不滿，對政治不滿。不過，這種歸納是否疏於簡單化尚有待後人研究。

1946 年 7 月 15 日，剛剛開完李公樸的追悼會，聞一多遇刺身亡。他身後被戴上了「民主鬥士」的帽子，而梁實秋，也已被符號化為「乏走狗」。據梁實秋的大女兒梁文茜敘述，當年父親聽到聞一多先生被暗殺的消息時，他正在與朋友下圍棋，一時激動，拳擊棋盤，一隻棋子掉到破地板縫裡，再也沒有摳出來。

1947 年，梁實秋寫了〈聞一多在珂泉〉，發表在天津《益世報》上，懷念當年好友。但他在文中只提舊事，絲毫不對後來的分道揚鑣做評價。直到二十年後的六十年代，他才在臺灣發表長文《談聞一多》，感慨道：「一多如何成為『鬥士』，如何鬥，和誰鬥，鬥到何種程度，鬥出什麼名堂，我一概不知。」其中的複雜情感似乎一言難盡。

（2008 年 5 月 24 日）

# 擦肩而過

## ——梁實秋與沈從文

梁實秋和沈從文並無過深的交往，但沈從文在中國文壇上地位，卻不容梁實秋忽視。在梁實秋的回憶錄中，沈從文佔有一席之地，寥寥數語頗令人唏噓。

當年，沈從文單槍匹馬從偏遠的湘西來到北京闖天下，遇到了郁達夫、徐志摩、胡適等一班喜歡扶持新人的「前輩」，其中，徐志摩對沈尤有提攜之恩。在他的推薦下，沈從文進入胡適主辦的中國公學當教授。「（這）是一件極不尋常的事，因為一個沒有正常的學歷資歷的青年而能被人賞識於牝牡驪黃之外，是很不容易的。從文初登講壇，怯場是意中事，據他自己說，上課之前作了充分準備，以為資料足供一小時使用而由於有餘，不料面對黑壓壓一片人頭，三言兩語地就把要說的話全說完了，剩下許多時間非得臨時編造不可，否則就要冷場，這使他頗為受窘。一位教師不擅言辭，不算是太大的短處，若是沒有足夠的學識便難獲得大家的敬服。因此之故，從文雖然不是頂會說話的人，仍不失為成功的受歡迎的教師。記問之學不足於為人師，需要有啟發別人的力量才不愧為人師，在這一點上從文有他獨到之處，因為他豐富的人生經驗和好學深思的性格。」（梁實秋〈憶沈從文〉）

梁實秋也在文中記載了沈從文的浪漫情事。「在中國公學一段時間，他最大的收穫大概是他的婚姻問題的解決。英語系的女生張

兆和女士是一個聰明用功而且秉性端莊的小姐，她的家世很好，多才多藝的張允和女士便是她的胞妹。從文因授課的關係認識了她，而且一見鍾情。凡是沉默寡言笑的人，一旦墜入情網，時常是一往情深，一發而不可收拾。從文儘管顛倒，但是沒有得到對方的青睞。他有一次急得想要跳樓，他本有流鼻血的毛病，幾番挫折之後蒼白的面孔愈發蒼白了。他會寫信，以紙筆代喉舌。張小姐實在被纏不過，而且師生戀愛聲張開來也是令人很窘的，於是有一天她帶著一大包從文寫給她的信去見胡校長，請他作主制止這一擾人舉動的發展。她指出了信中這樣的一句話：『我不僅愛你的靈魂，我也要你的肉體，』她認為這是侮辱。胡先生皺著眉頭，板著面孔，細心聽她陳述，然後綻出一絲笑容，溫和地對她說：『我勸你嫁給他。』張女士吃了一驚，但是經不住胡先生誠懇地解說，居然急轉直下默不做聲了。胡先生曾自詡善於為人作伐，從文的婚事得偕便是他常常樂道的一例。」

經徐志摩介紹，梁實秋主編《新月》的月刊上，逐期登載沈從文的長篇小說《阿麗思中國遊記》，兩人之間算是有了直接交往，但仍沒有見過面。當時沈從文很窮，來要稿費，書店的人說要梁先生蓋章才行。沈從文就找到梁實秋家來了，沈從文不到前門去按鈴，卻直接走後門，家裡的傭人把收據給梁實秋看，梁實秋見上面寫著「沈從文」，於是蓋了章。後來他想下來看看沈，但是沈已經走遠了。

以後，梁實秋到青島大學當教授，沈從文也隨後來到這裡教國文，和梁實秋同事年餘。後來，沈從文到北京給楊振聲（今甫）作幫手，編中學國文教科書，「書編得很精彩，偏重於趣味，可惜不久抗戰軍興，書甫編竣，已不合時代需要，故從未印行。」

梁實秋和沈從文年齡相仿，交往不多，或是性情和個人志趣上的差別吧。

　　1968 年，梁實秋得到沈從文的「死訊」──《中央日報》刊登了一篇文章，稱「以寫作手法新穎，自成一格……的作者沈從文，不久以前，在大陸受不了迫害而死。聽說他喝過一次煤油，割過一次靜脈，終於帶著不屈服的靈魂而死去了。」1949 年後，因為壓力過大，沈從文確實喝過煤油，割過靜脈，但所幸沒死，而梁實秋得到的消息，亦為以訛傳訛。梁實秋據此寫了一篇〈憶沈從文〉，但又不敢完全相信報紙上的消息，故未發表。後來他讀到聶華苓的《沈從文評傳》，「好像從文尚在人間」。不由感慨道：「人的生死可以隨便傳來傳去，真是人間何世！」

　　梁實秋寫的〈憶冰心〉、〈憶老舍〉等，得到了冰心和老舍遺孀胡絜青的高調回應，沈從文好像對梁實秋的「悼文」並未回聲。〈憶沈從文〉發表於 1973 年，而沈從文逝世於 1988 年。也許沈從文沒有看到，也許他看到了根本不敢回應，當然，他是被嚇破了膽亦未可知。

（2008 年 4 月 3 日）

# 在徐志摩和郁達夫之間

## ——梁實秋的心路歷程

　　梁實秋比徐志摩小六歲，比郁達夫小七歲。在這兩個人面前，梁實秋是個理所當然的小字輩。但在對待前輩的態度上，梁實秋卻是截然相反的。簡單地說，心高氣傲的梁實秋很少像佩服徐志摩一樣佩服一個人，很少像討厭郁達夫一樣討厭一個人。

　　先來說說徐志摩。徐志摩（1897-1931），現代詩人、散文家。浙江海寧縣硤石鎮人。名章垿，字志摩，小字又申。1915 年畢業於杭州一中，先後就讀於上海滬江大學、天津北洋大學和北京大學。1918 年赴美國學習銀行學。1921 年赴英國留學，入倫敦劍橋大學當特別生，研究政治經濟學。徐志摩曾師從梁啟超攻讀國學，可謂中西兼通，他最為世人所知的成就，還是在詩歌上。上世紀九十年代，尚在讀高中的我買過徐志摩的詩集，覺得不過爾爾，後來讀胡適的《嘗試集》，也是這種感覺。其實，這是讀者沒有把他們放在特定的環境裡去打量，單從文本上看，當年這些名揚海內外的人寫出來的詩，很難對今天的讀者的胃口。詩歌在突飛猛進，「開風氣之先」者，倒被「後進」遠遠拋在了後面，這當然是詩歌之幸。不過，若是讀他們的散文、論文乃至講座談話稿，就能感受到其睿智和高屋建瓴的廣度厚度。總有些不變的東西能銘刻下一代學人的不朽，總有一些文字可以讓學人不朽。

1922 年秋天，梁實秋和徐志摩第一次見面。那時梁實秋還在清華大學讀書，他以清華文學社的名義，委託梁思成請徐志摩來做演講。梁思成是梁啟超的兒子，在徐志摩那裡當然有面子，剛從歐洲回來的徐志摩二話沒說就答應了。在梁實秋的記憶裡，徐志摩白白的面孔，長長的臉，鼻子很大，而下巴特長，穿著一件綢夾袍，加上一件小背心，綴著幾顆閃閃發光的鈕扣，足蹬一雙黑緞皂鞋，風神瀟散，旁若無人。

那一次，徐志摩的演講題目是「藝術與人生」，說是講座，其實就是「宣讀論文」，徐志摩從懷裡掏出一卷稿紙，大概有六七頁，用英文念了一遍。這是牛津大學的學術演講方式，但中國的學生接受不了，因此上，徐志摩的表現並不能使學生們滿意，梁實秋也很失望。

第二次見面是在 1926 年夏曆七夕，徐志摩的訂婚宴會上。其實，梁和徐這時並不是很熟悉，只因梁實秋給徐志摩主辦的晨報副刊寫過稿子，且二人有一些共同的朋友──聞一多、趙太侔、余上沅等，所以，梁實秋也接到了徐志摩的請帖。徐志摩和陸小曼訂婚，背後有著非常浪漫和曲折的故事，也有人因此而受傷。在徐志摩的婚禮上，證婚人梁啟超以老師的身份教訓了徐志摩一頓：「徐志摩，你這個人性情浮躁，所以學問方面沒有成就……你這個人用情不專，以致離婚再娶……以後務必痛改前非，重新做人！你們都是離過婚重又結婚的，都是用情不專，今後要痛自悔悟。祝你們這是最後一次結婚……」在場的人無不驚愕，徐志摩則紅著臉向老師求饒：「請老師不要再講下去了，顧全弟子一點顏面吧。」但梁實秋從別人處得知，梁啟超這樣做，在婚禮之前已經徵得了徐志摩的同意，可以看作是兩人演的一出雙簧。這種別開生面的婚禮應該能使受傷者稍稍得到一點安慰，使側目者通過眼見二人出醜而少一些微詞。梁啟超的責罵，看似不近人情，但理解為對弟子的一種變相保護也說得過去。

　　梁實秋和徐志摩發生頻繁的接觸是在 1927 年之後。北伐開始，時局動盪，作家教授們紛紛逃到上海。由胡適和徐志摩牽頭，一些志同道合的人辦起了新月書店，梁實秋做編輯，編輯出版了一些書籍。通過耳鬢廝磨的接觸，梁實秋深深為徐志摩的風度折服了。首先，在聚會的時候，徐志摩照顧賓客，使無一人向隅，這是精力充沛的表現。「怪不得志摩到處受人歡迎，志摩有六朝人的瀟灑，而無其怪誕」。

　　梁實秋還念念不忘這樣一件小事：「有一天志摩到我的霞飛路寓所來看我，看到桌上有散亂的圍棋殘局，便要求和我對弈，他的棋力比我高，下子飛快，撒豆成兵一般，常使我窮於應付，下至中盤，大勢已定，他便托故離席，不計勝負。我不能不佩服他的雅量。他很少下棋，但以他的天資，我想他很容易成為此道中的高手。至少他的風度好。」這件事寫來隨意，但絕不是信手一描，相反卻有深意，最起碼，徐志摩在這些細節上的表現讓其心折，給他留下了深刻的印象。

　　梁實秋骨子裡是有紳士情結的。而徐志摩是朋友的黏合劑，有大度心，有紳士風度。要征服一個惡毒的人，你就要比他還惡毒，要征服一個紳士，你就比他還紳士，讓他的紳士風度在你面前相形見絀。顯然，徐志摩的一言一行無形之中已經讓梁實秋感到了有所不及。梁實秋在文章中引用葉公超對徐志摩的評價也深具這樣的傾向：「他對於任何事，從未有過絕對的怨恨，甚至於無意中沒有表示過一些憎嫉的神氣。」引用陳通伯的話說：「尤其朋友裡缺少不了他。他是我們的連索，他是粘著性的，發酵性的，在這七八年中，國內文藝界裡起了不少的風波，吵了不少的架，許多很熟的朋友往往弄得不能見面。但我沒有聽見有人怨恨過徐志摩，誰也不能抵抗志摩的同情心，誰也不能避開他的粘著性。他才是和事的無窮的同

情，他總是朋友中間的『連索』。他從沒有疑心，他從不會嫉妒。他使這些多疑善妒的人們十分慚愧，又十分羨慕。」

　　梁實秋對徐志摩的折服，從個人才華和日常行為上，自然而然地擴大到愛情觀上。他這樣評價徐志摩的情感生活：「他的人生觀真是一種『單純信仰』，這裡面只有三個大字，一個是『愛』，一個是『自由』，一個是『美』。他夢想這三個理想的條件能夠會合在一個人生裡，這是他的『單純信仰』。他的一生的歷史，只是他追求這個單純信仰的實現的歷史。社會上對於他的行為，往往有不諒解的地方，都只因為社會上批評他的人不曾懂得徐志摩的『單純信仰』的人生觀。他的離婚和他的第二次結婚，是他一生最受社會嚴屬批評的兩件事。」

　　從後來梁實秋對女人的欣賞和憐惜，以及他燦爛的黃昏戀可以看出，他也是個激情勃發的男人，即使到了老年依然不減風采。年輕時，他廣有女人緣，周圍不乏女性，冰心、龔業雅、俞珊等，和他來往都很密切，說是閨中密友亦無不可。只是由於妻子程季淑委婉曲意，和他朝夕相處，給梁實秋留出的獨立空間比較少而已。另外，他受白璧德影響，身體力行自己的原則：理性自制，內照自省。但徐志摩在情感上的恣意和放縱，同時有理有節，雅致明朗，毋寧說正好幫梁實秋圓了一個夢，是他想做而無法做的，能不令他心有戚戚，並暗豎大拇指？他由衷地誇讚道：「有人說志摩是紈絝子，我覺得這是不公道的。他專門學的學科最初是社會學，有人說後來他在英國學的是經濟，無論如何，他在國文、英文方面的根底是很結實的。他對國學有很豐富的知識，舊書似乎讀過不少，他行文時之典雅豐贍即是明證。他讀西方文學作品，在文字的瞭解方面沒有問題，口說亦能達意。在語言文字方面能有如此把握，這說明他是下過功夫的。一個紈絝子能做得到麼？志摩在幾年之內發表了那麼多的著作，有詩，有小說，有散文，有戲劇，有翻譯，沒有一種形

式他沒有嘗試過，沒有一回嘗試他沒有出眾的表現。這樣辛勤的寫作，一個紈絝子能做得到嗎？……志摩的生活態度，浪漫而不頹廢。他喜歡喝酒，頗能豁拳，而從沒有醉過；他喜歡抽煙，有方便的煙槍煙膏，而他沒有成為癮君子；他喜歡年輕的女人，有時也跳舞，有時也涉足花叢，但是他沒有在這裡面沉溺。游山逛水是他的嗜好，他的友朋大部分是一時俊彥，他談論的常是人生哲理或生活藝術，他給梁任公先生做門生，與胡適之先生為膩友，為泰戈爾做通譯，一個紈絝子能做得到麼？」短短幾百字，幾乎概括了徐志摩的一切成就，徐志摩是不是真的像他蓋棺定論式的評價一樣，沒人有知道。但是通過梁實秋的描摹，可以看出，這樣的生活方式才是梁實秋心中的最高境界。

梁實秋記載過自己與徐志摩之間發生的一件小事。民國十九年夏，有一天志摩打電話給梁實秋，說，你幹的好事，現在惹出禍事來了。梁實秋不明就裡。原來，徐志摩接到商務印書館黃警頑一封信，說自己的妹妹喜歡上了梁實秋，委託徐志摩問問梁實秋的意見。梁實秋回憶了一下才想起，自己在大學兼課時，是有這麼一個女學生，但從沒說過話，更不可能發生來往，於是梁實秋對徐志摩說，請你轉告對方，在下現有一妻三子。

此事告一段落，隨後誰也沒再提起過。事不大，但梁實秋總能記得。跟徐志摩有關的每一件中性的事，他都歷歷在目。

徐志摩乾淨、穩健，不偏激，既有文人名士的超然灑脫，又有左右逢源、深刻入世的紳士風度。他也有浪漫的一面，頹廢的一面，但都適可而止。相比之下，浪漫和頹廢到極致的郁達夫幾乎從來就沒得到過梁實秋的好感。

在和郁達夫見面之前，梁實秋與創造社成員有著不錯的關係。還在清華讀書的時候，梁實秋與聞一多合著了一本小書──《〈冬夜〉、〈草兒〉評論》，得到郭沫若的來信讚美，自此和郭沫若為首

的創造社建立聯繫。但沒想到的是，第一次見面就讓梁實秋感覺不爽。梁實秋在〈清華八年〉一文中記載，「我有一次暑中送母親回杭州，路過上海，到了哈同路民厚南里，見到郭（沫若）、郁（達夫）、成（仿吾）幾位，我驚訝的不是他們生活的清苦，而是他們生活的頹廢，尤以郁為最。他們引我從四馬路的一端，吃大碗的黃酒，一直吃到另一端，在大世界追野雞，在堂子裡打茶圍，這一切對於一個清華學生是夠恐怖的。」

　　大概就是這一次的見面，讓梁實秋潛意識裡築起了和創造社成員的界限。此後，郁達夫北上到了北京，找到梁實秋，當面提出兩點要求：一是訪圓明園遺址，一是逛北京的四等窯子，更使梁實秋不勝駭然。他說：「前者我欣然承諾，後者則清華學生夙無此等經驗，未敢奉陪（後來他找到他的哥哥的洋車夫陪他去了一次，他表示甚為滿意云）」。

　　郁達夫（1896-1945），原名郁文，字達夫，浙江富陽人。1919年人東京帝國大學經濟學部。1921 年 6 月，與郭沫若、成仿吾、張資平等人醞釀成立了新文學團體「創造社」。7 月，其第一部短篇小說集《沉淪》問世，產生很大影響。 1923 年至 1926 年間先後在北京大學、武昌師大、廣東大學任教。1926 年底返滬後主持創造社出版部工作，主編《創造月刊》、《洪水》半月刊。這期間，他與梁實秋的距離越拉越大。

　　有一次胡適做東，請大家喝花酒，梁實秋請示了妻子，徵得她的同意方才前往。但在陪酒女郎面前，大家都游刃自如，唯獨梁實秋惝惝始終，渾身不得勁。自此可見梁實秋和郁達夫的理念是如何之不同，不管他是偽裝，還是真心如此，但他對放縱頹廢的行為一定是戒備的，反感的。

　　1926 年初，梁實秋寫過一篇文章：「近來小說之用第一人稱代名詞──我──的，幾成慣例，浪漫主義者對於自己的生活往往要

不必要的傷感，愈把自己的過去的生活說得悲慘，自己心裡愈覺得痛快舒暢。離家不到百里，便可描寫自己如何如何的流浪；割破一塊手指，便可敘述自己如何如何的自殺未遂；晚飯遲到半小時，便可記錄自己如何如何的絕粒……」讀過《沉淪》和《春風沉醉的晚上》的人，一定明白這裡指得是誰。此時，梁實秋和創造社至少還保留著表面上的友誼，此後，他多次在文章中批評郁達夫，話裡話外透著鄙夷。1928 年在〈文人有行〉一文中，梁實秋批評當下一些文人的不良行為：「縱酒」、「狎妓」、「不事邊幅」、「誇大狂」、「色情狂」、「被迫害狂」等等。在 1933 年的〈悼朱湘先生〉一文中更是直接點出郁達夫的名字：「文人有一種毛病，即以為社會的待遇太菲薄，總以為我能作詩，我能寫小說，我能做批評，而何以社會不使我生活得舒服一點。其實文人也不過是人群中之一部分，憑什麼他應該要求生活得舒適？他不反躬問問自己究竟貢獻了多少？譬如郁達夫先生一類的文人，報酬並不太薄，終日花天酒地，過的是中級的頹廢生活，而提起筆來，輒拈酸叫苦，一似遭了社會最不公的待遇，不得已才淪落似的。這是最令人看不起的地方。朱湘先生，並不是這樣的人，他的人品是清高的。他一方面不同流合污的攫取社會的榮利，他另一方面也不嚷窮叫苦取媚讀者。當今的文人，最擅長的是『以貧驕人』好像他的窮即是他的過人的長處，此真無賴之至。」

梁實秋曾經和郁達夫打過筆仗。1928 年的《語絲》第四卷第十八期上刊登過郁達夫的一篇文章〈文人手淫〉，即是諷刺梁實秋的，此文與〈文人有行〉有異曲同工之妙，「文人是指在上海灘上的小報上做做文章或塞塞報屁股的人而言。……文人的唯一武器是想像，不用體驗。……文人的批評中國文學，須依據美國的一塊白璧德的招牌。……文人所認為中國最大的文學，是內容雖則不必問它而名字卻很體面的《道德經》。……文人要做官，要提倡國家主

義，要挽回頹風，要服從權勢，要束縛青年，所以最要緊的是擁護道德，而不道德的中心似乎是在女性。文人絕對不應該接近女人，而自己一個人回到屋裡，盡可以以想像來試試手淫。」這篇文章是梁、郁二人在關於白璧德和盧梭的論爭中的一部分。也是一次比較正面的交鋒。語言之激烈惡毒，可以看出他們見過兩面之後幾乎再沒把彼此當作朋友，直接就做了敵人。

徐志摩死後，梁實秋先後寫過至少五篇文章紀念他：〈關於徐志摩〉、〈談徐志摩〉、〈關於徐志摩的一封信〉、〈徐志摩的詩與文〉、〈賽珍珠與徐志摩〉。他寫過很多懷舊文章，即使是曾把他罵個狗血噴頭的魯迅，梁實秋也專門有一篇〈關於魯迅〉，相對客觀地承認了魯迅的成就。但對於郁達夫，他從沒寫過專門文章，偶爾在其他文章中提到，也多是鄙夷不屑。這顯然不僅僅是政治立場和思想追求上的不同。梁實秋對郁達夫的蔑視是發自心底的，沒有退路，沒有迴旋空間。這大概可以顯示，生活態度的差異往往會導致兩人或敵或友，而生活態度的差異來自哪裡呢？在一般情況下，一個人的性格品質，以及在行為上的作風，與他的出身和門第是有一些關係的。梁實秋曾過說，他有一個風流瀟灑的朋友，聰明過人，受過良好的教育，英文造詣特佳，但一心想當官，後來終於如願以償當了外交官，但從此一蹶不振。據有資格批評他的人說，這一部分應該歸咎於他的家世，良好的教育未能改變他庸俗的品質，他家在某巨埠開設著一家老牌的醬菜園。因此，「我不相信一個人的家世必能規範他的人格，但是我也不能否認家庭環境與氣氛對一個人的若干影響。」他舉徐志摩為例：「志摩出自一個富裕的商人之家，沒有受過現實的生活的煎熬，一方面可說是他的幸運，因為他無需為稻粱謀，他可以充分地把時間用在他所要致力的事情上去，另一方面也可說是不幸，因為他容易忽略生活的現實面，對於人世的艱難困苦不易有直接深刻的體驗。」

　　從某種意義上講，成長環境局部決定一個人的氣質。郁達夫幼年失怙，家道敗落，且其人志向遠大，難免憤世嫉俗，以頹為進；而梁實秋卻是在一個中產階級家庭中長大，衣食無憂，平靜穩定，自然恐懼革命。他後來的一力推崇白璧德，與其說他找到並認同了白璧德，不如說白璧德本來就適宜他這樣的中產階級知識份子。同樣，一個人對另外一個人採取什麼樣的態度，思想立場占一方面，個人氣質也占一方面，甚或個人氣質其實與思想立場本來就是同一的。最終一句話，人以群分，物以類聚，道不同則不與之謀。

　　我們可以做一種假設，如果徐志摩不是中年夭折，而是繼續活下去，生活漸漸糜爛並無法把握，無法自拔，甚至像郁達夫一樣隨波逐流，佯傻賣狂，梁實秋會如何看他？可以想見，他只能被梁實秋鄙薄，而不會被他同情。在梁實秋那裡，只有佩服和鄙夷，而少同情和憐憫。鄙薄一個曾經很佩服的人，對梁實秋來說應該是件樂事，適合生性刻薄的他。

　　在今天，比徐志摩更倜儻的人，比郁達夫更頹廢的人，簡直數不勝數，而其乖張行為也都比前人更甚。但很少有人羨慕他們或斥罵他們。今人的表演幾近邊緣化，幾乎只能算是自娛自樂了。暴露性器官怎樣？自殺又怎樣？無論多麼喧囂，也吸引不來多少目光。而在梁實秋的時代，文人作家的作風卻有引領潮流的作用，梁實秋對郁達夫的嚴厲和苛責應是其來有自。

　　從照片上看，郁達夫同徐志摩一樣乾淨，長得也還周正，但他的生活態度「齷齪」，無規律，而梁實秋就是在崇敬灑脫純淨的徐志摩和蔑視「骯髒墮落」的郁達夫之間，形成了他自己。通過這兩個人的風格、態度，形成了梁實秋的風格、態度。

（2008 年 1 月 16 日）

# 抗戰無關論：
# 身披「民族大義」外衣的群毆

　　1938 年，在前方抗日戰場如火如荼的時候，大後方的重慶文壇上卻爆發了一場洶湧磅礡的口水戰。口水戰的始作俑者就是梁實秋。追究起來，起因竟是一篇幾百字的〈編者的話〉。這年下半年，梁實秋在重慶巧遇程滄波，後者邀請他主持《中央日報》的「平明」副刊。這本是國民黨的機關報，而梁實秋並非國民黨員，但既然是個副刊，對一個作家未嘗沒有誘惑力。梁實秋欣然應允，並在 12 月 1 日發刊時擬就了一篇〈編者的話〉，為避免第一次讀到這篇文章的人再次斷章取義，我把這該文全部錄下：

> 報館當局看見我現在還有一點空閒，教我來編副刊。照例應該說兩句話。副刊，一個人編是一種樣子，各人的手法眼光不同。我編副刊不只一次，總覺得若編得使自己滿意是很困難的。要別人滿意就更不必說。主要的困難是好的稿子太少。沒有好稿子，編者是沒有辦法的。編者自己不能天天動筆寫文字，寫出來也未必就好。當然所謂好與不好，這標準只好憑編者的眼光來定。這一對眼睛也許是明察秋毫，也許乾脆是瞎的，但也只好如此。報館的人請副刊編輯是用什麼眼光，我不知道，我揣測報館請人編副刊總不免是以為某某人有「拉稿」的能力。編而至於要「拉」，則好稿之來，其難可知。這個「拉」即是「拉夫」之「拉」，其費手腳，其

不討好而且招怨，亦可想而知。拉稿能力較大者即是平凡交遊較廣的人。我老實承認，我的交遊不廣，所謂「文壇」我根本不知其坐落何處，至於「文壇」上誰是盟主，誰是大將，我更是茫然。所以要想拉名家的稿子來給我撐場面，我未嘗無此想，而實無此能力。我的朋友中也有能寫點文章的，我當然要特別的請他們供給一點稿子，但不是「拉」，我不「拉」。

自己既不能寫，又不能「拉」，然則此後副刊的稿件將靠誰呢？靠諸位讀者。

讀者諸君，你們花錢看報，看到我們這一欄，若是認為不好，你們有權利表示不滿。但是我想，廣大的讀者是散佈在各地方各階層裡的，各有各的專長，各有各的經驗，各有各的作風，假如你們用一些工夫寫點文章惠寄我們，那豈不是充實本刊內容最有效的方法麼？選擇編排是我的事。稿件的主要來源卻不能不靠讀者的贊助。我們希望讀者不要永遠做讀者，讓這小篇幅作為讀者公共發表文字的場所。

字的性質並不拘定。不過我也有幾點意見。現在抗戰高於一切，所以有人一下筆就忘不了抗戰。我的意見稍微不同。於抗戰有關的材料，我們最為歡迎，但是與抗戰無關的材料，只要真實流暢，也是好的，不必勉強把抗戰截搭上去，至於空洞的「抗戰八股」，那是對誰都沒有益處的。此其一。長篇的文章，在日報的副刊裡是不很相宜的，所以希望大家多寄一些短的文字，不過兩千字最好。並且我有一個信念，以為文章寧簡短，勿冗長，我想在提倡「節約」運動的時候，大家一定也贊成。此其二。稿子寄來，我準細心看；若不登，附有郵票者準寄還；若登得慢，別催。此其三。

　　結合當時的狀況，我們來分析一下這篇短文。首先，「我的交遊不廣，所謂『文壇』我根本不知其坐落何處，至於『文壇』上誰是盟主，誰是大將，我更是茫然」等語，並非無的放矢，他跟左派文人的論爭持續多年，對對手的蠻橫以至霸道深為厭惡，這短短幾句話，應該是順手敲一下邊鼓，並無什麼大害，談不上挑釁，最多也就是態度輕佻一些。其次，「抗戰八股」一句話，其實是切中了時弊。沒有什麼比「抗戰八股」更噁心的了，凡事就往上面靠，空喊抗戰口號，不但於事無補，甚至會對真正的優秀的抗戰文學形成消解。梁實秋說得很明白：「於抗戰有關的材料，我們最為歡迎，但是與抗戰無關的材料，只要真實流暢，也是好的，不必勉強把抗戰截搭上去……」，通讀全文，怎麼也得不出梁實秋否定抗戰，鼓勵「抗戰無關論」的結論。

　　但是，一直對梁實秋虎視眈眈的論戰對手們卻從字裡行間找到了漏洞。新仇舊恨加在一起，《大公報》首先拋出了羅蓀的文章〈「與抗戰無關」〉，為了還原歷史，這篇文章我也全文照錄：

　　　「標新立異」雖說是表示「與眾不同」，其實也還是屬於「投人所好」的一類的。因為人大抵是喜愛新鮮的，看慣了紅顏色的人，就喜歡看點白的，吃慣了葷菜的，就想去吃一頓「菜根香」，也正如賭場上的壓冷門。

　　　自從抗戰以來（抗戰八股之第一股），編副刊的朋友們，在投稿簡例上，第一條大抵是：「凡有關抗戰的各種作品……」這實在並非僅僅由於大家關心抗戰這一點上，乃是這次的戰爭已然成為中華民族生死存亡的主要樞紐，它波及到的地方，已不僅限於通都大邑，它已擴大到達於中國底每一個纖微，影響之廣，可以說是歷史所無。在這種情況之下，想令人緊閉了眼睛，裝看不見，幾乎是不可能的事情。

但是也有例外。

譬如說:「現在抗戰高於一切,所以有人一下筆就忘不了抗戰,我的意見稍微不同。於抗戰有關的材料,我們最為歡迎,但是與杭戰無關的材料,只要真實流暢,也是好的,不必勉強把抗戰截搭上去。」

某先生希望寫文章的人,不必一定「一下筆就忘不了抗戰」,盡可以找「與抗戰無關的材料」,但又要求「要真實」。是的,一個忠實於現實的寫作者,他是不應該也不能忘掉「真實」的,但在今日的中國,要使一個作者既忠於真實,又要找尋「與抗戰無關的材料」,依我筆拙的想法也實在還不容易,除非他把「真實」丟開,硬關在自己的客廳裡去幻想吧,然而假使此公原來是住在德國式的建築裡面的,而現在「硬是」關在重慶的中國古老的建築物裡面,我想,他也不能不想到,即使是住房子,也還是與抗戰有關的。閉了眼睛裝瞎子,其實也非易事。這個冷門怕是壓空了的。在今日的中國,想找「與抗戰無關」的材料,縱然不是奇跡,也真是超等天才了。

這篇短文,從有罪推定的角度看,也不是完全沒有道理,比如「標新立異」、「壓冷門」之說。梁實秋當然喜歡標新立異。但是,羅蓀此文,說當前任何事都與抗戰有關,沒有一件與抗戰無關的事,「某先生希望寫文章的人盡可以找『與抗戰無關的材料』」,這就有點深文周納了。

梁實秋當然不服氣,立刻寫文反駁,除了再次強調「於抗戰有關的材料,我們最為歡迎,但是與抗戰無關的材料,只要真實流暢,也是好的」之外,他還對「謠言」進行了回擊:

但是我現在要聲明，羅蓀先生的幻想是與事實不符的。他說我（即「此公」）原來住在「德國式的建築裡面的，而現在是關在重慶的中國古老的建築物裡面」。事實恰好相反。什麼是「德國式建築？」重慶還有「古老的建築」嗎？我都不敢回答。有一點我要說穿：羅蓀先生硬說我原來是住在「德國式建築」裡面，這是要證實我是屬於該打倒的那一個階級。這種筆法我領教過多次，十年前就有一位自命為左翼作家的在一個《萌芽月刊》裡說梁實秋到學校去授課是坐一輛自用的黑色的內有絲絨靠墊的汽車。其實是活見鬼！羅蓀先生的這一筆，不高明。

然而，這些雞毛蒜皮的東西已經不重要了，事情的進展完全出乎梁實秋的意料，鋪天蓋地而來的反擊「抗戰無關論」的文章把他搞憎了。宋之的、張天翼、巴人、郭沫若、茅盾等數十人在報刊上發表文章反擊梁實秋，這些文章大多可以自圓其說，但他們首先是把一個子虛烏有的命題嫁禍於梁實秋，即「梁實秋提倡抗戰無關論」。其中尤以巴人的〈展開文藝領域中反個人主義的鬥爭〉上綱上線：「活在抗戰時代，要叫人作無關抗戰的文字，除非他不是中國人，然而他終於提出要求來了。他的用意是非常明顯的。他要我們的作者，從戰壕，從前線，從農村，從游擊區，拖回到研究室去」。梁實秋「痛罵抗戰文藝為『抗戰八股』」，根源在於「想達到他那壓制抗日的國防文學的怒潮似的生長」，「明白的說吧，他們要消滅的不是『抗戰八股』而是『抗戰』」。

話題扯到這裡，已經毫無爭論的必要了。梁實秋若是反駁，只能越描越黑；自己越辯論，離開事實就越遠。但要不反駁呢，就好像自己默認了這個事實。這對梁實秋來說，真是一件無比痛苦的事。但在語言暴力面前，他依然只能選擇沉默。

最後的事實是什麼呢？

其一，不久以後，梁實秋黯然離開自己主辦的副刊，並在告別辭中說，「四個月的『平明』擺在這裡，其中的文章十之八九是『我們最為歡迎』的『於抗戰有關的材料』，十之一二是我認為『也是好的』的『真實流暢』的『與抗戰無關的材料』。所有誤會，無須解釋，自然消除。所有的批評與討論，無須答辯，自然明朗。所有的謾罵與誣衊，並沒有傷害著了我什麼。」

其二，梁實秋對「抗戰」一詞充滿了百感交集的體驗。他在懷念與老舍一起說相聲的文章中提到：「本想編一套新詞兒，要與抗戰有關，那時候有這麼一股風氣，什麼都講究抗戰，在藝壇上而不捎帶上一點兒抗戰，有被驅逐出境的危險。」憤懣之情溢於言表。要說梁實秋對抗戰有意見，實在太過牽強。1937 年 7 月 28 日，北京城淪陷，梁實秋流著淚對大女兒梁文茜說：「孩了，明人你吃的燒餅就是亡國奴的燒餅了。」還有比這更讓人悲痛的事嗎？但梁實秋不願意再提起「抗戰」二字，因為經過這一次論戰，「抗戰」好像成了對手的專利，他梁實秋再提，就顯得不倫不類。無奈之下，梁實秋轉而寫起了閒適的「雅舍」散文。「雅舍」散文在文學上確有過人之處，應有自己的位置，但在那個時代，又確實是個異數。大家都在談抗戰，你卻遠離火熱的話題，搞那些輕飄飄的文字，說它無聊似乎好聽一些，說得不好聽一些，簡直就是「暴動」，故意唱反調。好在，雅舍散文在當時就受到了熱烈歡迎，並被保存了下來。

然而，事情並未就此完結，也沒有梁實秋想像的那麼簡單，餘波還在震盪。1940 年，梁實秋被任命為「國民參政會華北慰勞視察團」成員之一，與其他五位名流同行。從西安計畫去延安的時候，他們接到毛澤東致參政會的電文，信中說：「國民參政會華北慰勞視察團前來訪問延安，甚表歡迎，惟該團有青年黨之余家菊及擁汪

主和、在參政會與共產黨參政員發生激烈衝突之梁實秋，本處不表
歡迎。如果必欲前來，當饗以本地特產之高粱酒與小米飯。」梁實
秋在〈華北視察散記〉一文中感慨道：「我不知道延安為什麼歡迎
青年黨的左舜生（作者按：左一直持反共立場）不歡迎余家菊。至
於我，在參政會和共產黨參議員發生激辯的事是有的，至於『擁汪
主和』則真不知從何談起，這只是文人筆下只顧行文便利不惜隨便
給人亂戴帽子之又一例證而已。

他哪裡會想到，自己戴著另外一頂「宣揚抗戰無關論」的帽子，
戴了將近五十年。此後，大陸出版的各類書籍中，經常提到這一段。
1942 年 5 月，毛澤東發表《在延安文藝座談會上的講話》中，更
是直接點了梁實秋的名：「文藝是為資產階級的，這是資產階級的
文藝。像魯迅所批評的梁實秋一類人，他們雖然在口頭上提出什麼
文藝是超階級的，但是他們在實際上是主張資產階級的文藝，反對
無產階級的文藝的。」

被魯迅罵為「乏走狗」使梁實秋名聲大噪，「宣揚抗戰無關論」
是緊隨其後的另一原因。

直到 1986 年 10 月，資深的中共黨員、上海作家協會副主席柯
靈在香港《文匯報》上發表文章，再次提到「與抗戰無關論」，文
中說：「這一席話（按指梁實秋的〈編者的話〉）之所以爆發為一場
軒然大波，原因不難理解。梁實秋一直是左翼文壇的論敵，雖然到
了應該一致對外的抗戰時期，看來彼此都沒有消除宿怨，說這番話
的場合又是國民黨的《中央日報》。但如果撇開這些政治、歷史和
心理因素，完整地理解前面引述的那段文字，卻無論怎麼推敲，也
不能說它有什麼原則性錯誤。把這段文字中的一句話孤立起來，演
繹為『抗戰無關論』或『要求無關抗戰的文字』，要不是只眼見事，
不免有曲解的嫌疑。」「抗戰期間，一切服從抗戰需要是天經地義，
但寫作只能全部與抗戰有關，而不容少許與抗戰無關，這樣死板的

規定和強求，卻只能把巨大複雜、生機活潑的文化功能縮小簡化為單一的宣傳鼓動，我一直懷疑這種偏狹和機械的辦法是否真正有利於抗戰。」柯靈的特殊身份，使得他的表態有了符號意義。最起碼，這一態度應該得到了大陸文化決策者的默認。梁實秋讀罷柯靈的文章，如釋重負：「為誤判糾正，當然是好事。」

　　這場正氣凜然的，以民族大義為外衣的圍毆終於收場，但不能就此斷定以後再不會發生類似情況，人類複製自己的愚蠢向來輕車熟路。這一點，值得我們永遠警惕。

（2008 年 2 月 11 日）

# 只談政治不做官

## ──梁實秋的「後臺」

　　有些知識份子喜歡談論政治，卻不願意做官。這需要具備兩個重要的前提：其一是即使不做官，也能有自己的發聲管道，不致被憋死。他們可以用自己的方式獲得社會認可，受到基本的人格上的尊重，不致因此低人一等；另外一個是，即使不做官，談了政治也能夠起些作用，不會被當成耳旁風忽略掉。這些放在梁實秋身上，是頗恰當的。

　　梁實秋喜歡談政治。他和左派文人們的論戰，與其說是文藝觀念上的論戰，莫不如說是關於國家未來走向的論戰。他在新月社以首席評論家自居，著譯了很多議論時局，宣揚人權的文章──〈論思想統一〉、〈孫中山先生論自由〉、〈羅素論思想自由〉、〈資產與法律〉，看題目就很火爆。1935 年，他乾脆又在北京創辦了一份週刊──《自由評論》，直接點名批評國民黨。在這份刊物上，他的朋友張東蓀寫的〈結束訓政與開放黨禁〉，羅隆基寫的〈我們要什麼樣的憲政？〉等等，都刺到了當政者的要害，很令人頭疼。以致「北平當局曾派熟人進行遊說，企圖用金錢封住他的筆」，但被梁實秋斷然拒絕了。

　　身為教授，除了在課堂上授業解惑，以自己的筆參與社會，也正是知識份子的責任。但在中國的特殊國情下，每個喜歡針砭時弊的作家、學者背後，一般都有幾個政界的朋友。這些政界的朋友，

多由老同學、老同事、老上級或者老鄉構成,他們就是通常意義上認為的「文人的後臺」。政客們對這些知識份子有包容心,在關鍵時刻往往喜歡挺身而出,或者暗中伸援手,給他們和稀泥,幫他們緩衝一下,使他們得以突圍。政客們和知識份子們感情甚篤,既有業務上的交流,也有人情上的往來,取長補短,互通有無,形成了一個奇特的關係網。

政客和知識份子之間的這種關係,緣於知識份子的不獨立性,儘管他們渴望自由,呼喚自由,不屑於官場,但在「官本位」、「學而優則仕」的強大壓力下,也不得不接受某些政客的秋波,和他們保持相對和諧的關係。好在,在一個稍微良性的社會中,這樣的關係倒不難維持。而某些政客本身又兼知識份子,理解知識份子,尊重知識份子,願意在力所能及的範圍內幫助他們。

一些大知識份子,背後的政客也都極其顯赫,比如胡適和宋子文、汪精衛、孫科乃至蔣介石都來往甚密。而其終身摯友傅斯年,更是政學兩界通吃。跟胡適相比,梁實秋顯然是次之的知識份子了。那麼,他身後有沒有過這樣的朋友?與他是什麼關係,有過什麼樣的來往?

讓我們掰著手指頭數一數。

其一就是張道藩。張道藩(1897-1968年),字衛之,祖籍江蘇南京,1918年底西渡英國,1921年入倫敦大學美術部就讀。和傅斯年、邵洵美等曾有同學之誼。他最八卦的事就是與徐悲鴻的妻子蔣碧薇搞婚外戀。1948年,蔣碧薇以公開的情人身份跟他同居,直至1958年分手。張道藩是個有才華的人,否則也無法得到見多識廣的蔣碧薇的青睞。張加入國民黨後,仕途亨通,歷任廣東省政府秘書、南京市政府秘書長、青島大學校長、浙江省政府委員兼教育廳長、中央組織部副部長、內政部常務次長、教育部常務次長、中央社會部副部長、中央政治學校校務主任,教育長、宣傳部長、

海外部長等。長期從事官辦文化教育事業，參與控制國民黨文宣與黨務系統。

在青島大學時，梁實秋和張道藩是同事，來往密切，有一次張道藩回貴州老家，帶回一批茅臺酒，分贈包括梁實秋在內的同事每人兩瓶。後來，抗戰軍興，梁實秋南下參加國民參政會，卻無實際工作可做。張道藩告訴他，教育部計畫設一個教科書編輯委員會，身為教育部次長的張道藩兼主任委員。他邀請梁實秋擔任中小學教科書組主任。中小學教科書的供應在當時是一個大問題，因為時勢變遷，舊的已不適用，非重編重印不足以應後方之需要。此工作雖為義務性質，但分量不輕，可見張道藩對梁實秋的倚重。後來，老舍給《中央日報》寫信抗議「梁實秋宣揚抗戰無關論」，也是因為張道藩的干預，才沒有發表那封信。

到了臺灣以後，張道藩主持文獎會，邀請梁實秋等人參加閱稿，每月集會一次。在梁實秋的莎士比亞全集譯本出版慶祝會上，張道藩抱病參加，還即席致辭，對梁實秋多有褒獎。二人的情感，可以說是維繫了一生。

另外一個是葉公超。葉公超（1904-1981 年），廣東番禺人，英國劍橋大學文學碩士，返國後任教北京大學、北京師範大學及西南聯大。抗戰後從政，先後任駐英大使館參事、外交部參事兼歐洲司長及外交部長等。他和梁實秋是新月時期的老朋友，年輕有為，八面玲瓏，還有點傲視群雄。魯迅去世後，他花了幾個星期的時間，把魯迅的所有作品重讀了一遍，發表了一篇文章──〈關於非戰士的魯迅〉，其中有這樣的話：「我有時讀他的雜感文字，一方面感到他的文字好，同時又感到他所『瞄準』（魯迅最愛用各種軍事名詞的）的對象實在不值得一顆子彈。罵他的人和被他罵的人實在沒有一個在任何方面是與他同等的。」梁實秋作為與魯迅打筆仗最猛烈的戰士之一，對此是怎麼想的呢？不得而知。不過，這似乎沒有影

響二人的友誼。由教授而政客的葉公超，總得需要一幫有力度的文
人為他捧場。到了臺灣以後，葉公超政壇失意，蔣介石讓他靠邊站。
為解除他的孤獨，梁實秋還好心地邀請他到臺灣師大英語研究所開
現代英詩一課。葉公超只講了一個學期就離開了。梁實秋感歎道：
「他宦遊多年，實已志不在此……自此以後他在政界浮沉，我在學
校尸位，道不同遂晤面少，偶於公開集會中一面，匆匆存問數語而
已。」話雖如此，但葉公超從政多年，身居高位，有這樣一個朋友，
即使他沒有給梁實秋實際幫過多少忙，但起碼也是梁實秋的一個資
本──儘管他不一定拿出來炫耀和使用。

　　再一人是杭立武。杭立武（1904-1991 年），教育家、政治學家、
社會活動家。生於安徽滁州，原籍浙江杭州，和梁實秋是同鄉。1940
年後，梁實秋領導的教科書編委會被編入國立編譯館，梁被委任為
社會組主任兼翻譯委員會主任。此時，杭立武就是他的頂頭上司。
到臺灣後，杭立武成了教育部長，但還兼任著編譯館館長。後來，
由於人員增多，業務漸繁，杭立武忙不過來，要梁實秋代理館長一
職，這一代理就是九個多月。梁實秋對此有過一段生動的描寫：

　　　接事之後，大大小小的機關首長紛紛折簡邀宴，飲食徵逐，
　　虛糜公帑。有一次在宴會裡，一位多年老友拍肩笑著說道：
　　「你現在是杭立武的人了！」我生平獨來獨往不向任何人低
　　頭，所以棲棲遑遑一至於斯，如今無端受人譏評，真乃奇恥
　　大辱。歸而向季淑怨訴，她很瞭解我，她說：「你忘記在四
　　川時你的一位朋友蔣子奇給你相面，說你『一身傲骨，斷難
　　仕進』？」她勸我趕快辭職。她想起她祖父的經驗，為官而
　　廉介自持則兩袖清風，為官而貪贓枉法則所不屑為，而且仕
　　途險惡，不如早退。她對我說：「假設有一天，朋比為奸坐
　　地分贓的機會到了，你大概可以分到大股，你接受不？受則

不但自己良心所不許，而且授人以柄，以後永遠被制於人。不受則同僚猜忌，惟恐被你檢舉，因不敢放手胡為而心生怨望，必將從此千方百計陷你於不義而後快。」她這一番話堅定了我求去的心。此時政府改組，杭先生去職，我正好讓賢，於是從此脫離了編譯館，專任師大教職。

說一個自由主義分子是誰誰誰的人，即使這個誰誰誰聲名顯赫，但於當事人也真如爛泥貼身般噁心。上面這段文字裡，梁實秋並沒講自己主動辭職，只不過杭立武走了，他才「正好讓賢」，依然是和杭立武同進退，恰印證了他與後者的關係。不過，這段自白裡起碼透露出作者厭惡「官僚思維」的想法。

的確，官場上的這種自以為是，動輒把自己的思維強加於知識份子的做法，讓個性很強的知識份子有如乾淨的衣服上被抹了一身狗屎。梁實秋念念不忘另一件事。在青島大學時，有一次，山東省主席韓復榘在青島市長沈鴻烈的陪同下到青大來視察。校長楊振聲邀集同人在教員休息室中和主席見面。韓復榘落座之後，馬弁送上旱煙袋，吧嗒吧嗒地抽了幾口。嘴唇上稀稀的兩撇小鬍子微微顫動，嘴角上還隱隱約約露出那麼一絲笑意。隨後，沈鴻烈先開口：「主席，這是我們自己的學校，你不必客氣，有什麼指示，儘管吩咐。」不知當時其他在座的教授作何感想，反正梁實秋很不舒服，他說自己聽了沈鴻烈的一句話，像吞下一隻蒼蠅。想不到一個堂堂青島市長，竟卑劣到如此程度。「好一個『我們自己的學校』！」所幸韓復榘略識大體，他只嘿嘿了兩聲，之後慢條斯理地說「沒有什麼話說，各位老師都教得很好，很好，很好。」隨後大家就走到禮堂，由主席向全體師生「訓話」。

日本人侵華以後，沈鴻烈跟隨汪精衛叛國。

　　打量梁實秋的所見所感，似乎可以得出一個結論，即，知識份子的自命清高有時也是件好事。他們對官場的鄙視，使之惶惶然，本身就是對政治的監督。當然，他們不屑於官場，指責政治，也是一個與當權者相互試探底線的過程。若當權者尚有容忍之心，給他們說話的機會，他們就接著說下去；若當權者總是以為老子天下第一，動輒打屁股，即使是再「自由」的知識份子，也難以堅持下去——一方面無對牛彈琴的必要，一方面無為此喋血的必要，前人喋血的先例太多太多了，哪一個用鮮血真的改變了蠢驢的思維？自作孽，不可活，野豬瘋狂地向懸崖邊上衝去，想攔也攔不住，知識份子們只好噤聲。

（2008 年 2 月 16 日）

# 梁實秋的末世情結

　　1982 年夏天，梁實秋最後一次到西雅圖。他的女兒文薔斜倚在床頭和他聊天。夕陽從白色的紗窗中照進來，屋裡充滿了和諧，但也有幾分淒涼。文薔那時正忙於寫博士論文，已至最後階段，文章再三修改，使她十分煩躁。她跟父親發牢騷：「唉，我發誓，寫完這篇論文，一輩子不再寫文章了！」

　　「不行，你至少還得再寫一篇。」

　　文薔不知父親是什麼意思，只見梁實秋眼神定定地盯著一個焦點，說：「題目我已經給你出好了。」

　　「什麼題目？」文薔問。

　　「梁實秋。」梁實秋轉臉向著女兒。這一刻，文薔忽然悲從中來，忍不住哭出了聲。

　　已經八十高齡的梁實秋，人生大幕正在緩緩拉閉。一生清通伶俐的他，開始意識到自己的處境了，他無法跟自然規律抗衡，他要認真地思考一下身後事。活著時候雖受到各類褒貶，有時被抬上天，有時被踩入地，榮辱嘗盡，但他還是希望能有一個相對知近的人來整理一下自己的一生。他把這個任務交給了梁文薔。

　　在他身後，各類文集和形形色色的「梁實秋傳」都來源於他即成的文字資料，再加上作者個人的一點發揮，唯獨文薔不多的懷念文字中，都是第一手的資訊。

　　人之將死，其言也哀。除交代後事，梁實秋晚年似乎總被一種濃濃的末世情結包圍。這在他給女兒的信中體現得最明顯。

友人的衰老和過世，像一盆盆冷水澆到他頭上，他一個又一個
地打著激靈。

> 林語堂死了。……我認識的人，一個個地倒下去，好像宴席
> 上的客人一個個地起身而去，只剩下自己慢慢地守著狼藉的
> 杯盤，四顧蒼茫，縱有山珍海味也難以下嚥！
>
> ——1976 年 3 月 29 日致文薔

> 看到×××夫婦，二人都老多了。……都像是水泡過的葡萄
> 乾，褶皺而又臃腫，也許我在他們眼裡也是一樣的吧！
>
> ——1980 年 1 月 19 日

> 蕭公權死了。×××怕也不能延長太久。老一輩的人一個個
> 的凋謝，令人為之心驚。其實新陳代謝，正是大自然的常態。
> 每年我看秋天的楓葉，我心裡就難過。紅葉即是白頭，死亡
> 的現象，不過樹木還有明年的新生，人則只能一輩子而已。
>
> ——1981 年 11 月 14 日

> 我生日一過，就是七十七歲了。糊裡糊塗弄到了這樣的年
> 齡，不堪回首，更不堪前瞻！我近日時常冥想，想人生生死
> 的問題，想來想去，覺得自己渺小，任由環境擺佈，到了老
> 年才開始認識自己，四顧茫然，悚然以驚。
>
> ——1978 年 1 月 14 日

> 我今年八十歲了，比起彭祖八百歲，當然不成比例，可是彭
> 祖壽太長，一生之中死了四十九位妻子，五十四位兒子（據
> 《神仙傳》），並不值得羨慕。
>
> ——1981 年 12 月 23 日

> 我現在正式宣告我已經進入老境，有種種現象使我不能不信
> 我已是一個老人。
>
> ——1983 年 7 月 24 日

說是這麼說，梁實秋比誰都留戀他的人生。他尤其在乎身後的
名聲。

> 人生最大希望，一是子孫成人，一是留下一點成績。豹死留
> 皮，人死留名，如是而已。
>
> ——1976 年 4 月 18 日

> ……其實我還不太老邁，任何老年人都自以為還可再活一
> 年，我則以為尚不止一年。媽媽推算我可活到九十，走著
> 瞧吧。
>
> ——1986 年 8 月 7 日

> 我現在是苟且偷生，賴有讀書寫作的能力，勉強活下去而
> 已。不你要惦記我。我們每週通信一次，互報平安，幫助我
> 保留對於人生的一線熱情，我於願足矣。
>
> ——1985 年 12 月 9 日

筆者在電視上看「海峽兩岸」的特別節目，一個步履蹣跚的國
民黨老兵坐在破破爛爛的屋子裡接受採訪，記者問他有什麼親人，
他說大陸沒有親人了，臺灣也沒有親人，就他一個孤零零地活著。
問他有什麼打算，他說，沒什麼打算，活一天算一天吧。梁實秋有
前呼後擁的聲名，有衣食無虞的生活。他的「苟活」顯然不同於這
位淒慘老兵的「苟活」，梁實秋的「苟活論」中，懷著很大的留戀
的情緒。他對自己的身體上的微妙變化非常敏感，常以此自嘲，自
嘲中又透出淡淡的無奈。

喂，我的頭髮漸漸白了，眉毛也半白了，怎麼辦？還不到八十，就蒲柳先衰，好可怕。……我只願再多活幾年，多寫點東西。……媽媽去世，我就覺得我像是被電火打掉一半的一棵大樹，生意盡矣。我還能挺到如今，寧非天意。

——1977 年 11 月 19 日

過了年就八十三了！近攬鏡自照，頭頂益禿，鬢角益花白，皺紋益多，皮上蒼蠅屎益密，眼屎益濃，總之是醜。

——1983 年 12 月 9 日

我的腰痛漸好，現在「病去如抽絲」，可以走路外出，但步履蹣跚，十足的老人之狀了。「人人願長壽，無人願年老。」不老，怎能長壽，我現在想通了。

——1984 年 3 月 18 日

我近來感覺急遽老化，走路兩腿大不如前，仍勉強每日散步。

——1984 年 8 月 20 日

我近來常頭暈，心跳，腿痛，衰老之象。萬一不諱，希望不必來，來也沒有用，徒自苦耳。故再囑咐，盼聽我話。

——1985 年 11 月 29 日

1987 年新年，梁實秋遇到一件詭異的事，寫了封信告訴女兒：

新年初一，早起吃東西，嗐嚓一聲，一個門牙（假牙）落下。……按說這是不祥之兆。我不信這一套，不過也很沮喪。卜者謂「八十六是一關」，我正在過關。一個人如八十六以前喪命，顯然是這一關沒過去，如八十六不死，顯然是這一關過去了。怎麼說都有理。不過年年都是關，日日都是關耳。

據說有道之士，自知死期，老夫不曾修道，也知道來日苦短也。大年初一，別談這個了。

──1987 年 2 月 7 日

誰承想竟一語成讖，就在這一秋天，梁實秋告別了人世。

人到老年，想到死，提到死是必然的，但自己說可以，容不得別人一遍遍提醒。因此，梁實秋不喜歡記者。

1986 年 12 月 26 日，大約在梁實秋去世前一年，他突然沒頭沒腦地對女兒文薔說了這樣一句話：「人在沙漠中饑渴至死之前，躺在沙中，仰望天空中徘徊翱翔的兀鷹，在等他死之後，來吃他的屍體……」

「我現在就覺得，這些兀鷹已在我的上空愈聚愈多了。」

梁實秋的這個譬喻是有所指的。在他的晚年，常有認識與不認識者來求他的墨蹟。很多記者甚至帶著答錄機來談，他明白，記者和出版界人士在為他身後的紀念性文字做積極準備。因而梁實秋感到兀鷹盤旋頭上。

梁實秋稱此類文化界人士為「鷹派」。

有人敲門的時候，梁實秋就說：「文薔，你去看看，是不是又是鷹派」。

不是所有老人都有機會被人家盯上，總得有一定成績的成績才行。但「鷹派」們的頻繁光臨，煞有介事地談話，無疑在提醒梁實秋的老病，他對此反感也就無足為奇了。

他有太多愛戀世界的理由，他的傷感讓人羨慕。可是，他還是走了，沒有人可以例外。

（2008 年 4 月 12 日）

# 鄭振鐸感激批評

鄭振鐸翻譯並出版了泰戈爾的《飛鳥集》後，反響還不錯，但梁實秋卻不以為然，他寫了一篇文章：〈讀鄭振鐸的《飛鳥集》〉，指出，僅前十首譯詩就有四處誤譯。此外，《飛鳥集》共有 326 首詩，而鄭振鐸只譯了其中的兩百五十多首，梁實秋認為：「一本詩集是一個完整的東西，不該因為譯者的興趣和能力的關係，便被束割西裂」，「我們可以說這位選譯家不忠於原集，因為他譯出來的只是一堆七零八落的東西，不是原著詩集之本來面目。」

同為翻譯家，英文功底深厚的梁實秋似乎很愛挑別人的毛病。他尤其受不了翻譯過程中的隨意性。1927 年 6 月 14 日，梁實秋在《時事新報・清光副刊》上以「徐丹甫」為筆名發表文章，指出鄭振鐸翻譯《文學大綱》第三冊時出現的硬傷。比如：Machiavelli 一詞，鄭振鐸譯為「馬查委里」，梁實秋說：「這個『查』字，似乎不妥，無論用哪一國文字的讀法，恐怕都讀不出一個查的聲音來」；Machiavellian，鄭振鐸譯為「馬查委里安」，梁實秋說：『安』者是英文中表示其為形容詞之意，豈可音譯」；鄭振鐸把 Hydra 譯為「希特拉」，梁實秋說：「這個『希』字又有些稀奇了，鄭先生試翻字典便知」。鄭振鐸把 Donne 譯為「杜尼」，梁實秋說：「不知『尼』從何來？商務印書館出版的《標準漢譯外國人名地名表》，鄭先生總該買一本。」更令人稱奇的是，鄭振鐸提到了《The New Atlantic》一書，梁實秋差點沒氣樂了：「The New Atlantic 譯為《新大西洋》，譯得一點也不錯。可惜西洋文學中並沒有這樣一本書，好像培根作

過一本 The New Atlant's，假如鄭先生即是此書而言，那麼鄭先生，你太難了。」

　　此文名為〈商榷〉，其實批評是很嚴厲的，而且言之鑿鑿，鐵證如山，讓人無法反駁。顯然，梁實秋認為鄭振鐸治學隨意，應該再認真一點，多查查字典。九天後，他又在同一版面發表了名為〈翻譯家〉的文章，雖沒點名，但明眼人應該一眼就能看出指的是誰。該文中，梁實秋把翻譯家分為四個等級：第一流的翻譯家是不備字典，即備亦不常翻；第二流的是備有一部小字典，偶爾翻用；第三流的是備有大字典，時時翻用；第四流的是不備字典，既備亦不常翻。第一流與第四流的分別，即是前者不肯翻字典，後者不必翻字典。他進而發揮說：「如今第一流的翻譯家，真是膽大如天，完全可以脫離字典而獨立，並且常常翻出許多新的意思，補字典之所不足。瞎貓撞死鼠，撞到一本洋書，書名若是新鮮好聽，馬上就可以動工，先抽出幾章，改頭換面的編成一本書，然後再一頁一頁的譯出來。所以一本洋書至少可以化出兩本中文書來。」

　　此處，梁實秋用詞已稍顯苛刻。那麼，鄭振鐸有何反應呢？晚年的梁實秋寫有〈舊箋拾零〉一文，引用了鄭振鐸給他的幾封信，讀來讓人怦然心動──

　　　實秋先生：十一月五日的來信，已經拜讀了。我非常感謝你的這種忠實的態度。我的朋友雖多，但大都是很粗心的，很少有時間去校讀我的稿子的，只有你常常賜教，這是我永不能忘記你的好意的。我願意以你為平生第一個益友！……我向你認罪，當你的評《飛鳥集》譯文出來時，我以為你是故意挑戰的一個敵人。但我的性情是憤怒只在一時的，無論什麼人的責備，當初聽時是很生氣的，細想了一下，便心平氣和，常常的自責了。我因你的指責，已於《飛鳥集》再版時

更改了不少錯處了。不管你當時作此文的動機如何,然而我
已受你的益處不少,至少已對於許多讀者,更正了好些錯
誤。實秋,我是如何的感謝你啊!

　　鄭振鐸比梁實秋大兩歲,但在對待自己的錯誤上,他很能拉得
卜面子。聽到批評,不但沒有暴跳如雷,而是及時迅速地反躬自省。
其實,這跟君子之風無關,完全是對出於學問的敬畏。後來,鄭振
鐸的《文學大綱》要出單行本,還約請梁實秋給自己校閱部分稿子。
同時向梁實秋約稿,讓他為自己主辦的《小說月報》撰稿。梁實秋
對他的批評,語言刻不刻薄並不重要,重要的是,他的確推動了鄭
振鐸的進步。

　　相比之下,當下有些人,明明已被別人指出了若干硬傷,依然
便著脖子死不認帳,認為對方是嫉妒自己,甚至神經兮兮地咬定對
方是受了盜版書商的指使。這就有點不講理了。面子固然要保,但
面子跟學問到底哪個更重要?

(2008 年 1 月 4 日)

# 胡適考證蒲松齡

　　胡適最著名的理論是「大膽地假設，小心地求證」，羅爾綱講過一個故事，印證了胡適對這句話的身體力行。

　　羅爾綱從學於胡適時，胡適正在研究一個和蒲松齡有關的課題。根據胡適的要求，羅爾綱找來了《聊齋全集》的兩個鈔本──一部是清華大學圖書館藏本，一部是淄川馬立勳先生的藏本。然後又找來上海中華圖書館出版的石印本《聊齋全集》。胡適讓羅爾綱把三套書中的文、詩、詞的目錄列出來，做一個對照表。

　　羅爾綱對照之後，發現了一個奇怪的問題：石印本的文和詞，大多跟那兩個鈔本相同，而石印本中收入的兩百六十二首詩，沒有一首和清華本、馬藏本相同。胡適本來已懷疑石印本中的「聊齋詩集」，看了這個對照表更加懷疑了。過了兩天，胡適寫成了一篇〈辨偽舉例──蒲松齡的生年考〉，拿給羅爾綱看，並說：「石印本的詩集全是假造的，所以沒有一首詩和清華本或馬本相合。蒲松齡本來活了七十六歲，張元撰蒲松齡先生墓表，也是寫的七十六歲。但墓表在傳抄過程中出現了筆誤，被寫成八十六歲。這位造假的人，就是相信了這個說法，並假造了三首詩──〈八十述懷〉、〈己未除夕〉、〈戊寅仲夏〉，以坐實享年八十六歲之說，這個人真了不得！他做了兩百六十二首假詩來哄騙世人。許多詩是空泛的擬古之作……然後他又查出了松齡的一些朋友，捏造了蒲松齡和他的朋友們唱和的詩若干首，再抄襲《聊齋志異》的文字和注文，加上許多詳細的注語。這些注語都好像是有來歷的，所以許多讀者都被他瞞過了。」

　　胡適在自己的文章中提供了一個證據：蒲松齡生於明崇禎十三年（1640 年），卒於清康熙五十四年（1715 年），享年七十六歲。其妻子劉儒人比他小三歲，生於 1643 年。蒲松齡曾撰其妻的歷史〈述劉氏行實〉，裡面說，順治乙未（1665 年）間，訛傳朝廷要選民間女子充實後宮，一時人心洶湧，劉家匆忙把劉孺人嫁了過來，劉氏「時年十三歲」。同時還說，蒲松齡十一歲時，其父聽說劉孺人待字閨中，「媒通之」。根據蒲松齡的文字推論，假如蒲松齡的生年確如石印本詩集中所說享年八十六歲，要提早十歲，那麼，蒲松齡十一歲時，正當崇禎十三年，他的妻子還沒出世呢，何來「待字閨中」？這一條證據就把石印本中的假證據推翻了。

　　胡適做學問之扎實，可見一斑。

　　不過，還要加一句題外話──那時候，有人煞費苦心去造詩歌之假，有人肯花錢去買這些書，也足夠今天的讀書人唏噓了。

（2009 年 2 月 13 日）

# 蔡元培造假

　　1917 年初，蔡元培就任北京大學校長，著手整理校務，招納賢哲。在聘陳獨秀為文科學長之前，他照例要致函教育部，請求批准。這封信中附有一份陳獨秀的簡歷：「陳獨秀，安徽懷寧縣人，日本東京日本大學畢業，曾任蕪湖安徽公學教務長、安徽高等學校校長」，以此證明陳獨秀勝任該工作。據復旦大學文學博士莊森先生考證，陳獨秀確曾到日本求學，但並沒在日本大學就讀；雖在蕪湖安徽公學任教，但沒擔任過教務長；雖參與創辦安徽高等學校，但不是校長，而是教務長。也就是說，蔡元培提交給教育部的，其實是一份假學歷。

　　學者張耀杰先生則考證說，學歷誠然是假，蔡元培卻沒有欺騙教育部。根據當時的日記以及他與教育部長的個人關係，提交信函之前，與教育部長應該已有默契。按規定，學長一職應由校長提交三人名單供教育部選任，但為萬無一失，蔡元培只推舉了陳獨秀一人。事後，陳獨秀順利通過，成為北大的精神領袖之一。

　　今天看來，蔡元培在聘人過程中雖有意造假，但沒誰會去指責他，讀者甚至要暗暗慶幸，若不是有此舉動，中國歷史拐向更暗的歧途也未可知。毫無疑問，蔡元培的目的是正義的，他用善意的謊言實現了一個美麗的意願，皆大歡喜。由此忽然產生了一些聯想：如果目的出於正義，是否就可以用破壞規則做代價？若是正義高於規則，那麼制定規則還有什麼意義？再說，我們如何判斷某件事的出發點一定是善意和正義？得到答案，有時需要一個長時間的過

程，甚至等到世代交替之後方有結論。而此種「正義」對規則的損害卻有目共睹。那就是，誰都可以打著正義的旗號來破壞規則，正義是否得來，還沒人知道，但規則已經實實在在地損毀了。一個故事中說，美國有一個窮苦的母親因為無法養活子女到超市中偷麵包，法官判定她有罪。宣判完畢，法官對陪審員和現場群眾說，和這個母親是我們中的一員，而我們竟讓她的生活淪落到這一步，我們也都是有罪的。於是自動掏錢捐給這位母親，周圍的人也都紛紛解囊。法官不是直接判這位母親無罪，而是在判她有罪之外宣佈周圍人的「罪行」。這也許就是對規則的敬畏吧？

如此說來，為什麼蔡元培的造假又是可以原諒的呢？他明明違反了規則，卻在法律和道義兩方面均安然無損，是何道理？這一方面有為尊者諱的緣故，名人高士，一生雅潔，有點小瑕疵，大家都裝看不見；另一最重要的原因，則是規則本身的問題。

規則，包括正義的規則和規則的正義。「正義的規則」即：這種規則是否代表了廣泛的民意？制定的是否有道理？不能隨便找幾個人，開個什麼會，就把國家大事定下來了。也不能連聽證會都不開，就隨便提價，並以行政命令的方式公佈了。更不能聽幾個所謂專家一說，就取消什麼節，把哪一天恢復為法定假日。如此這般，出爐的規則（政策）難免遭人質疑。不管有無道理，若沒廣泛民意做基礎，這樣的規則就無法要求人們必須遵守。「規則的正義」即：不能有人排除在外，從上至下，人人都應遵守。總統的兒子領失業救濟金，縣長書記擠公車上班，都應該成為常例，不至於偶爾發生一次，就上報紙頭條，以為發生了天大的奇聞。當年，曹錕想得到總統位置，也得花錢買票，而不敢直接拿槍桿子奪取政權，這是對規則的尊重。雖然他鑽了規則的空子，但因為規則還在，就有辦法通過完善規則、加強監督來防止作弊。若自己揮霍無度，卻讓別人勤儉節約，自己來者不拒，卻讓別人清廉如水，自己買官賣官，卻

讓別人靠實力說話，這樣的規則就永遠是廢紙一張。說到底，規則由誰制定的，給誰制定的，這兩方面的問題必須同時解決，與全體民眾有關，規則才能成為規則，而不至於墮落為弱者的枷鎖，強人的樂園。

　　正義的規則和規則的正義，二者相輔相成。你說蔡元培的行為是對還是錯？在一個潛規則盛行的社會，紙面上的規則其實等於無規則，沒人能斷定他到底是對還是錯。正義善意，邪惡無恥，若混雜在一起，你中有我我中有你，正義就會被抹黑和利用，邪惡就會橫行無阻，以致是非混淆，善惡不辨，大家也就只能憑著所謂的「生存智慧」去一事一議，看人下菜碟。

# 瞬間的惶惑

　　1920 年 12 月，陳獨秀受廣東省長陳炯明邀請，前去廣州主持粵省教育。臨行前夜，他給胡適寫了一封信，關於《新青年》的定位問題提出了自己的一點看法。他說：「新青年色彩過於鮮明，弟近亦不以為然，陳望道君亦主張稍改內容，以後仍以趨重哲學文學為是；但如此辦法，非北京同人多做文章不可。近幾冊內容稍稍與前不同，京中同人來文太少，也是一個重大的原因，請 ̄兄切實向京中同人催寄文章。」1915 年，陳獨秀在《新青年》創刊之初就聲明：「批評時政，非其旨也。」陳獨秀看重的是文化領域的掃盲和除舊佈新運動，他主張通過改造國民的思想來潛移默化地改造社會。但是，後來，隨著形式的發展，他卻已經身不由己。就在給胡適寫這封信的前一段時間，陳獨秀操刀改組了《新青年》的組織機構，邀請陳望道、李達、李漢俊等篤信共產主義的人來參加《新青年》的編輯工作，並從 1920 年 9 月份起，正式將《新青年》定為上海共產主義小組的機關刊物。雖然思想運動最終還是要或多或少地落實到政治上去，但像陳獨秀這樣積極地介入，主動地組織，未免過於招搖，這與他的初衷似乎也已相去甚遠。從這封信中，我們可以看出陳獨秀內心的迷茫和矛盾。在行動上，他義無反顧地朝著一個方向奔去，在內心深處，他卻不斷打量自己，左顧右盼，他認為《新青年》之所以發展成今天的形勢，癥結在於北京同人寫稿太少，而不願承認其實這正是自己的刻意為之。

　　與陳獨秀的態度相反，胡適在回信中很堅定地談了自己的看法。本來，陳獨秀給胡適的信中還附帶談了其他問題，胡適卻熟視無睹，在回信中只談《新青年》的前途。他認為《新青年》色彩過於鮮明已為即成事實，今雖有意抹淡，亦非易事。「北京同人抹淡的工夫決趕不上上海同人染濃的手段之神速」。因此，胡適提出了三點建議：「1.聽《新青年》流為一種有特別色彩之雜誌，而另創一個哲學文學的雜誌，篇幅不求多，而材料必求精。……2.若要《新青年》『改變內容』，非恢復我們『不談政治』的戒約不能做到。但此時上海同人似不便做此一著，兄似更不便，因為不願示人以弱。但北京同人正不妨如此宣言。故我主張趁兄離滬的機會，將《新青年》編輯部的事，自九卷一號移到北京來。由北京同人於九卷一號內發表一個新宣言，略根據七卷一號的宣言，而注重學術思想藝文的改造，聲明不談政治的。」此外，胡適還提議，新青年既被郵局停寄，「何不暫時停辦」，這更乾脆。

　　不過，陳獨秀並沒有聽從胡適的建議，《新青年》一如既往地向前走去。不能說陳獨秀口是心非，但他那瞬間的惶惑，卻恰恰契合了自己搖擺不定的命運。

（2007 年 2 月 9 日）

# 傅斯年彈劾宋子文

　　1947 年 2 月，因為內戰，中國政局已經到了困頓不堪的地步，物價飛漲，社會動盪，人民生活水準急劇下降，而時為行政院院長的宋子文卻回天乏術。此時此刻，傅斯年發表了一篇文章：〈這個樣子的宋子文非走不可〉，引起強烈轟動。此前，另外一位行政院長孔祥熙已經因為傅斯年等人的彈劾而下臺。同上次一樣，傅斯年的聲音再一次傳達上聽，蔣介石「被迫」接納來自基層的意見。3 月份，宋子文離職，蔣介石自代行政院長。

　　這段故事一直被當今學者作為書生議政的典範而反覆引用。書生敢言，民聲有力，當局無奈，直可以稱得上佳話。可是，若從另外一個角度來打量它，也許會有更意味。

　　說到傅斯年，就不能不提到胡適。傅斯年在北大讀書時，胡適在北大當教授。傅斯年原是國學大師黃侃的得意弟子，後來被胡適的治學方法和人格魅力所吸引，投在胡適門下。胡適僅比傅斯年大四歲，亦師亦友，二人的友誼持續終生，親密無間。胡適溫文爾雅，廣交友好，人稱「我的朋友胡適之」；傅斯年熱血激昂，敢說敢幹，人稱「傅大炮」。他們在學問上，性格上，處事方式上，都有著極強的互相性，相得益彰。從某種意義上，傅斯年就是胡適的影子，替他擋橫出氣，上下其手。比如在胡適就任北大校長前，傅斯年先去做代理校長，踢走了周作人等曾經為漢奸政權服務的教授和學者。因為他知道胡適心軟，就任後一定不願意趕盡殺絕，而容留漢

奸任教，又一定會惹來無數非議。傅斯年的做法，屬於先見之見，為胡適解決了巨大的後顧之憂。

再說胡適和宋子文的關係。胡適和宋子文本是留美同學，關係一直很好，他最初能夠接近蔣介石並逐漸引起蔣的興趣，都賴於宋子文的穿針引線。但是，在胡適的意見能夠隨時直達「最高領袖」以後，他便無須再以其他人為意。作為一個學者，發表意見為第二要義，被誰聽到為第一要義。既然目的達到，宋子文等人對於心高氣傲、善於見縫插針的胡適來說，當然就不再像以前那樣重如泰山。

抗戰爆發，胡適被「戰時徵調」，派往華盛頓任駐美大使。應該說，胡適在任內做了一些有益的事，他奔波美利堅各地，呼籲以戰爭的方式消滅戰爭，積極協調美國對華貸款。但是，國內也有人認為他不務正業，耽於演講和接受各學校贈予的博士學位，策動效果過於緩慢。不久，宋子文被派到美國，成了胡適上面的「太上大使」，接著，宋子文被任命為外交部長，作為胡適的頂頭上司，常駐華盛頓辦公。這種情況下，胡適便沒有了用武之地，且受盡夾板氣，最後只好黯然辭職。今人評價這一段關係，大多自覺不自覺地站在胡適的立場上，想當然地認為他被宋子文排擠、掣肘、架空，書生意氣敗給了權術高手。這件事要從兩方面來看，宋子文作為蔣介石的「私人代表」被派到美國，顯然不僅僅是來爭權奪利的，他的意見應該代表了國內眾多政客的意見。他不是不著急，不做事，只是同胡適意見不一致而已，其做法也無可厚非。兩種方式到底哪個更好，更對，迄今並無定論。但有一點可以肯定，在美國共事的這段時間，使得兩人開始正式交惡，結果是，胡適暫敗於宋子文之手。

對於傅斯年來說，一個是自己的摯友，一個是摯友深深厭惡的政敵。胡、宋二人的關係一定會影響到他對二人的評價。

再看傅斯年和蔣介石的關係。作為蔣介石的局外「諍臣」，傅、蔣的關係一直很好。尤其在西安事變期間，傅斯年寫成〈論張賊叛變〉，在西安城廣為散發，對局面的反覆起到了一定作用。在危難關頭，敢於破口大罵那個綁架自己的人，以傳統觀念深厚蔣介石的看來，這就齊了。什麼是哥們，什麼是朋友？關鍵時刻站在自己一方的，就是哥們和朋友。有了這些，其他的都好商量，所謂原則，能拋棄的也可以拋棄。如果說胡適給自己定位為蔣的「諍友」，願意「小罵大幫忙」，那麼傅斯年的定位就是「諍臣」，他只罵佞臣，很少像胡適那樣把矛頭直接對準蔣介石。當下學者津津樂道的一件事是，傅斯年是唯一一個敢在蔣介石面前蹺二郎腿的人。我想，這句話是不是也可以理解為，傅斯年是唯一一個蔣介石願意包容他在自己面前蹺二郎腿的人。

以傅、蔣的關係，傅在他面前罵幾個人，算不得犯上。更何況，他罵的是宋子文。

那麼，蔣介石和宋子文是什麼關係呢？大家都知道，宋是蔣的小舅子，長期擔任蔣家王朝的高官，是著名的「四大家族」之一，他和蔣介石的關係，應該是堅如磐石，水潑不進。而事實上卻並非如此。李輝在他的《封面中國》一書中提到，1943 年 3 月 1 日出版的美國《時代週刊》，以一個頁碼的篇幅介紹蔣介石身邊的人，其中包括了陳布雷、何應欽、孔祥熙、陳果夫等人，唯獨沒有宋子文。後來李輝考證他們的關係淵源發現，宋子文一直游離於蔣介石的親信之外。而以美國為代表的西方國家，也一度希望宋子文能取代蔣介石，真正貫徹落實西方的民主政治。蔣用他救火，卻不信任他。失去大陸之後，宋子文也是避往美國，而沒有跟隨蔣介石去臺灣。因此，傅斯年之攻擊宋子文，並不特別違背蔣介石的意志，甚至說是順應了蔣介石的意思，也未可知。決策者真正被迫的時候不

多，多是先有此意，或者對當事人已經相當不滿，然後接受臣下的彈劾，以順應民意的形式達到自己的目的。

通過分析，我們似乎可以得出結論：傅斯年罵宋子文，從道德上是順理成章的，是為民請命，但在人情世故上，更順理成章，無論你看到的現場多麼慷慨激昂，動人心魄，背後都有其順理成章的背景。沒有誰能夠站在完全客觀的立場上指點江山，往往是先有恩怨、親疏遠近，再有上奏下批。而我們看到的和津津樂道的，卻多是孤立的，純粹的，脫離世俗的。

你可以去歷數史書上的所謂「彈劾」，有幾個不是針對政敵的？若真有那麼幾個，其針對的也是與自己並不熟知的人，在正義和人情之間，選擇了前者，皆是因為本無人情。如果是自己的朋友犯了錯誤，他們有自己的解決通道，比如規勸，比如協商，甚至指著對方的鼻子罵，也是有建設性的。而對政敵，直接趕走，或者讓他下臺，無須建設。

我這樣說，並沒有要損毀誰的意思，亦無意於將佳話庸俗化。只是，我發現有些人習慣將本來順理成章的東西先是孤立，然後偷偷拔高。無論為了什麼，這樣做都是錯誤的。事實上，只要彈劾者的親疏遠近不違背人民公義，就是可表彰的，需要鼓勵的。

（2007 年 6 月 29 日）

# 郁達夫的死法

1947 年，一個署名「了娜」的人在上海《文潮月刊》上發表〈郁達夫流亡外記〉，回憶郁達夫在抗戰期間流亡印尼的點點滴滴。這位了娜，本名張紫薇，南洋中華學校校長，是郁達夫流亡期間的好友。

郁達夫被害後，關於他的爭論一直沒斷，因為這涉及到如何給他蓋棺定論。其中，尤以胡愈之的文章影響最大。在《郁達夫的流亡和失蹤》一書中，他積極為逝者辯誣，認為郁達夫是個不折不扣的抗日義士。化名「趙廉」的郁達夫被日本人請去當翻譯，胡愈之認為是郁達夫不小心暴露了自己懂日語的本領。而羅以民在《天涯孤舟：郁達夫傳》一書中判斷，郁達夫是故意為之，他喜歡炫耀自己的知識和才華；同時想利用日語特長，自己保護自己。印尼人和華僑很怕日本人，可郁達夫不怕。郁達夫給日本人當翻譯，本是領工資的，胡愈之則說他根本不領工資，以此證明郁達夫跟對方無要約關係。與胡愈之相反，王任叔（巴人）寫了一篇〈記郁達夫〉，把郁達夫的行為視為「事敵」，於大節上有虧。

學術界普遍接受的事實是，郁達夫在當翻譯的時候，組建了「趙豫記」酒廠，容留胡愈之、王任叔等流亡作家，為他們提供了庇護之所。他還積極營救了不少印尼人和華僑，做過好事。

而了娜的文章，多記瑣事，把一個文人郁達夫描述得活靈活現。這個郁達夫和原先那個風流、敏感、散漫、性情的郁達夫連接到一起了。

　　這篇文章中，特別記錄了一個叫洪根培的人。日本侵略中國以後，郁達夫主持新加坡的《星洲日報》副刊，發表了很多抗日文章。等到日軍攻佔了東南亞各國，郁達夫隱居於偏僻的小島上，沒有人知道他就是大名鼎鼎的郁達夫，而同為翻譯官的洪根培認出了他。鑒於郁達夫跟日本憲兵的良好關係，洪根培一直沒敢揭發。後來，洪根培看中一位黃女士，便慫恿日本人把黃女士的丈夫林君抓起來。郁達夫則從日本人手中救下了林君。大概這惹惱了洪根培，向日本人揭發，趙廉即郁達夫。

　　日本憲兵隊長跟郁達夫有一個對話，十分精彩。

　　在憲兵部，那位憲兵隊長指著一些書問道：「這些書是誰作的？」「是我作的。」郁達夫一見是自己的作品，鎮定下來從容地回答。「你怎麼又是趙廉呢？」「趙廉是本名，這是筆名。──中國作家不少這樣的例子：如魯迅即周樹人，茅盾即沈雁冰，所以郁達夫即趙廉，哈哈哈……」憲兵班長見他態度自若，便並未申斥：「我們找你，找得好苦啊。」「啊啊，是嗎？怎麼你們不先問問我呢？如先問問我，我早就告訴你們了，何必費這麼多時間去調查？」

　　了娜寫道：「憲兵隊長聽後的態度，反而更謙恭了，彷彿他們對於中國文學家是特別尊重的」。

　　憲兵隊長朝郁達夫勒索了一些錢，此後依然像朋友一樣對待他。雖然真相被揭露，但有驚無險。

　　後來，郁達夫憤憤跟洪根培的姑父吳某說：「你小心你的女兒！最好把你的女兒和洪根培結婚，不然也許他會告你的密！」

　　再後來，郁達夫還打了洪根培兩個耳光，對他說：「你再去告我的密！」洪根培向郁達夫道歉，說再也不敢了。

　　郁達夫被害是在 1945 年 8 月 29 日晚上。14 天前，日本已宣佈投降，受聯軍指派，日本憲兵就地負責治安。日本人對郁達夫一直很客氣，為什麼在投降後反而把他殺害呢？因此，了娜懷疑

是洪某、吳某等郁達夫的仇敵在背後作祟，甚至就是他們下的手：「投降後的『特別班長』的內心的恐懼，是不是比憲兵還厲害？這些魔鬼是不是有勾結圖逃的心理？萬一有人餌之以『包庇』把『幹掉某人』為條件，是否有可能？」「不錯，據報載達夫先生的確被害，埋骨於武吉丁宜附近七公里，找出達夫先生死的物證。又誰能夠斷定該日囚不是狡詐的『不打自招』的亂供？就是已經證明是達夫先生的遺骸，那麼達夫先生的死，誰又能斷定以上這些東西沒有關係呢？」

郁達夫被害後，死因長期是個謎。雖然在 1952 年他就被追認為「烈士」，但並沒像其他「烈士」那樣大張旗鼓地宣傳，身份頗為尷尬。他的侄女郁風曾在文章中說：「二叔郁達夫是與魯迅、郭沫若、茅盾等同為五四新文學運動的創始人。但是自從全國解放後，僅僅在 1952 年出版過一本薄薄的選集。而在文學的講堂上，如果提到他的名字，也只把他當作一名『頹廢』作家而一筆帶過，圖書館中也很難見到他的書。因此直到八十年代初，四五十歲以下的中青年幾乎不知郁達夫為何許人。（2000 年 12 月 8 日，〈一個真正的文人〉）」文革期間，郁達夫倒有一次被拿來說事。有人貼了一張王任叔的大字報，說他是「出賣革命作家郁達夫的大叛徒」，王任叔因此獲罪。

目前學術界幾乎已認定，郁達夫死於日本人之手。1985 年，日本學者鈴木正夫宣佈，當年下令殺害郁達夫的憲兵班長 D，向自己說出了殺害郁達夫的真相。新華社立即發佈電稿，郁達夫死於日本人之手的結論終於塵埃落定。日本人殺害郁達夫的原因是，他知道的東西太多，萬一出庭作證，日本戰犯將會很麻煩。為了自保，狗急跳牆。

郁達夫死於仇敵洪根培之手的證據至今還沒有被發現。萬一了娜猜測成真，對郁達夫的評價會不會改變呢？

從歷史上看，我們往往喜歡無意識地預設兩種立場，非此即彼。在面臨大敵時，一個人要麼以命相搏，成為英雄，要麼自認倒楣，成為狗熊，無中間道路可以選擇。郁達夫雖然救過幾個人，但沒像戰士一樣血灑疆場，也從沒像地下黨那樣極盡鬥爭之能事。他只是在良知的範圍內盡力，這就很難成為宣傳的範本。你郁達夫給敵人做事，已經很危險了，若再死於中國人之手，怎麼能是抗日英雄呢？烈士頭銜似乎也就勉強了。

所以，對郁達夫來說，他死於誰手都有可能，而身後的評價可能不同。一個人，活著時做了什麼，固然重要，而死於誰手卻也成重大指標。

歷史自然不容假設，假設一下，竟如此觸目驚心。這一定是我們的評價系統有問題。

（2008 年 9 月 20 日）

# 儲安平的另一面

　　經過謝泳、戴晴等諸學人的鼓吹，儲安平和他主辦的《觀察》漸成當今自由主義者言必提及的標杆。的確，上世紀四十年代中後期，儲安平獨立支撐的這份雜誌，傳承了自由主義在中國的香火，其中的議論之持平、前瞻之高度以及堅定的自由主義精神，雖歷經打擊和摧毀，但明明滅滅中，仍燃燒不斷。在這方面，謝泳、戴晴等人的挖掘功不可沒。近口重讀戴晴先生的〈儲安平〉一文，發現裡面還提供了儲安平若干鮮為人知的一面。

　　先看儲安平的經歷。1909 年，他出生於江蘇宜興。大學畢業後進入國民黨的機關報──《中央日報》做副刊編輯。跟同時代的學生相比，收入高出近一倍。與此同時，他還抱得美人歸，娶了富家少女 Lusy 為妻。但這些，對於儲安平來說算不得什麼。儲安平一直想出國留學。1935 年，他終於考入英國倫敦大學經濟學院政治系，從學於著名的費邊社員拉斯基教授。1938 年，他回到國內，先在中央政治學校研究室任研究員，後到湖南任藍田師範學院教授，接著去重慶、去上海，並創辦使自己躍上人生頂峰的《觀察》雜誌。1949 年後，在「中央」的支持下，他將已經被國民黨叫停的《觀察》復刊，但時間不長，《觀察》改組為《新觀察》，儲安平離開雜誌社，任新華書店總店副總經理，接著又去當中央出版總署發行局副局長。1954 年，他以全國人大代表和《新觀察》雜誌特約記者的身份赴新疆採訪。不久，孕育「陽謀」的「小陽春」開始了。他被任命為《光明日報》總編輯，盡情地放了幾炮。反右開始，

儲安平當仁不讓地被欽點為「右派」，成了至今未被改正的「五名大右派」之一。1966 年，儲安平在紅衛兵的圍追堵截下「失蹤」，活不見人，死不見屍，其去向也成了一個謎。

儲安平一生，顛沛流離，歷盡磨難。這些經歷，有些是他自找的，有些則無法選擇，只能隨波逐流，任由衝擊。閱讀他的一生，我總是控制不住去追問：他的妻子呢？他的孩子呢？在他事業成功的時候，是誰和他分享喜悅？在他遭遇困境的時候，誰與他共擔風雨？

從戴晴洋洋灑灑數萬言的敘述中，我零星捕捉到以下細節：儲安平有時候打麻將，一夜輸掉一、二百元，而他交給太太的菜金，卻是每個角子都要算計的。為了攢足留學的費用，他錙銖必較，使得 Lusy 大為光火，「這成了夫妻間出現裂痕的原因之一」；儲安平遊學歐洲的時候，妻子 Lusy 來到倫敦和他一起生活，而兩個年幼的孩子，卻被交給他們的祖母和外祖母撫養；1946 年前後，儲安平和 Lusy 分手（章詒和的文章中說是他的妻子病故）。在他去新疆採訪的時候，「他只是一味忙著，把孩子們丟下無人照料。」不久，他有了自己的第二次婚姻。但是，「儲安平在銀錢上是十分精細、精確、乃至近乎苛刻的。他的兩任妻子都沒有管過他的錢」。「他的兒子（應該是二兒子──筆者注）因為不願開口向他要零用錢，以免受辱，十幾里路步行上學，以省下車錢買些少年人渴望的雜物。在上高中的時候，為儘早經濟獨立，大學也不肯考。」他的長子更慘。儲安平幾乎沒有撫養過他，「這個沒有受足教育就參加了志願軍的少年，得到的贈言是：『初中文化，參軍最合適。沒本事，就保衛祖國去吧』。」父親的冷嘲熱諷之意溢於言表。而他唯一的女兒呢，她是唯一愛他的，堅決地站在父親一邊的孩子，但重男輕女的儲安平還看不起她，對著新生的女嬰，他居然說過「弄死算了」一類讓人心寒的話。

　　在儲安平腹背受敵的時候，他也終於得到了無情的「回報」。打成右派以後，他的第二任妻子被國民黨降將宋希濂挖了「牆角」，而他的大兒子毫不猶豫地登報發表聲明，和他斷絕父子關係；1966年，「失蹤」前幾天，他把自己的存摺拿到次子那裡，希望他代為保管　下，曾經深深被傷害過的次了拒絕了他的請求。就在他「失蹤」前一天，他的小兒子到單位給他送來了簡單的行李，「儘管苦苦的哀求轉達了，這名年輕的音樂學院鋼琴系教師還是拒絕見他。」此時的儲安平真是萬念俱灰，走投無路。似乎也只有「失蹤」一條路可以選擇了……

　　孩子們的態度，一定有政治上的恐懼——誰願意有個當右派的老爹，跟著他　輩了丟人現眼，抬不起頭來？但，這不是決定性因素，只是個誘因而已。人類的倫理大性總能在最危難的時候發揮其強大威力，力挽狂瀾，救人於水火，而不是相反。謝泳在寫作《儲安平與觀察》一書時，採訪儲安平的子女，結果發現，他們對儲安平的生平事蹟都是知之甚少，由此可以看出儲安平與子女的溝通之缺乏。他和他們在　起生活的時間非常短暫。

　　儲安平在辦刊過程中，與國內著名的自由主義者頗多來往，他與人為善，不亢不卑，不偏不倚，持論也中正。可惜，這只是一種精神的往還，生活在他身邊的人感受到的只是嚴厲和苛責。儲安平在實際生活中，恰恰缺少一個自由主義者所應具備的迴旋、妥協和因地制宜，他精神上的高潔無法貫徹到一針一線的生活中。1953年，「上邊」曾有意成立「新觀察社」，由儲安平擔任社長，結果，反對聲音最烈的，竟來自他曾經唯一的助手林元。戴晴猜測：「他們是不是出於政治考慮，不願待在非黨人士的『麾下』？要麼就是儲安平那種自己不要命連帶別人也一同不要命的幹法讓人受不了？再就是他的不知懷柔，用今天的術語說是不懂『感情投資』著實傷了一批人的心。」

　　戴晴認為，「其實儲安平並不是沒有感情，只是沒有悟到這也可以當作『本』來賺取利潤而已。」並舉了幾個實例。但在一般讀者那裡，那幾個例子並沒有什麼說服力。從儲安平的經歷和遭遇，我們看到的是一個愛自己，愛自己的理想，而置身外人於幾乎全然不顧的人。說他刻薄寡恩，似不為過。理想誠然應該堅持，但讓家人為之殉葬，亦不人道。家人不是你的私有財產，跟外人比也不低一等，他們有理由得到安寧詳和的生活。儲安平的悲劇，除了公理和道義上的悲劇之外，他自己也該負一點責任，起碼，本應從家人那裡得到的溫暖和安慰，他沒有得到。這讓他無路可退，無港灣可以停靠，只有一死了之。儘管人們都說「歷史是無法假設的」，但我還是忍不住要假設一下：若妻子和孩子們都義無反顧地站在他的一邊，懂得他的委屈，體會得到他的辛酸，願意和他共擔風雨，他能夠順利地挺過文革也未可知，這樣的例子不是沒有。這不是一個簡單的「性格即命運」的問題。往深層次思考，是自由主義者的命運問題，儲安平只是一個極端的代表而已。

　　可以設想這樣一個問題：如果把目前自我標榜為自由主義者的人們集合到一起，讓他們天天耳鬢廝磨，會是個什麼樣子？他們的「集合」會比其他人群更高尚嗎？自由主義標榜的包容、妥協、建設性在他們身上能體現多少？他們能否不把「自由主義」實際操作成一種偏執的願望？我擔心自由主義在他們那裡只是一種口號，是一種追求，而不是生活方式。自由主義是什麼？歸根結底，還是一種生活方式，而不是紙上談兵。儲安平生活的時代，自由主義者們沿著「五四」路徑，創造了西南聯大的輝煌，在炮火和戰亂中依然堅持了自己的風度。這就使得內外割裂的儲安平成了他們那個時代的另類，一個單獨的個案。但是在今天，偏激、衝動、陰暗、猥瑣、孤獨、勢利、奸詐，這些東西在今天的自由主義者身上體現得多不多？若是不比非自由主義者更少，這樣的「自由主義」有什麼用？

　　我這樣說，並不是求全責備，要求他們以身殉道。我要說的是，今天的自由主義者們並非本性惡劣偏執，而是他們生活的土壤本來這樣，他們必須如此才能立足。如果土壤不改變，再多的呼籲也是沙灘上建屋。好在，我們現在還能影影綽綽看到一點自由主義的風貌，明白白己該怎麼做。

（2007 年 7 月 15 日）

# 「鄧拓冷待周汝昌」分析

在《我與胡適先生》（灕江出版社 2005 年 8 月第一版第一次印刷，印數兩萬冊）一書中，周汝昌講了他和鄧拓「交往」的經過。1954 年冬，批判俞平伯的運動日益深入，作為人民日報一把手的鄧拓，派人請周汝昌來。有兩個細節，一個是，鄧拓派車來接周汝昌，他卻已經騎著自行車先行出發了，接周的車撲了空。「那時北京城裡根本沒有幾輛汽車，黑色轎車都是要人乘坐的，神氣無比。」到了鄧拓辦公室，「兩張沙發，當中一個茶几式小桌，桌上一個大碟子，碟內堆著很高的散裸的中華香煙，這是彼時最高級的煙了。他讓我一支煙在手，並且親手為我用打火機點了煙。我深知這實在是特殊的禮遇。」

周汝昌記錄的事實，應該是有的。但在這僅僅千八百字的文章中，選擇什麼片段，捨棄什麼，用什麼樣的口氣描述出來，自然是有傾向性的，它跟作者要傳達的情緒息息相關。

鄧拓誇獎了周汝昌的「紅學成就」，「提到了毛主席」，同時約請周汝昌寫批判俞平伯和胡適的文章，並在文章中做一些自我批評。

周汝昌按指示寫了文章，但是，「不待說，那是水準不夠的，尤其是自我批評的部分，更顯薄弱。」「這大約讓鄧拓非常失望，我成了一個『不可教也』的孺子。」周文說，「鄧拓對我不滿，證明來源於一個事實」。這個事實是，六十年代初，籌辦紀念曹雪芹逝世兩百周年時，文聯舉辦盛會，周恩來和鄧拓都參加了。會後，「眾演員圍上了周總理，請示意見。」「我們一小群人在圍談，中

間是鄧拓。我想起了他當年的友善熱情，便上前招呼，並怕他已不
認識我了，自報了姓名。他聽後，將眼抬起，望了我一下，頭部微
微一動——似點頭未點頭，此外無一回報，包括面色與言辭。我自
討了無趣，悄然退出了那裡。」

這篇文章的開頭說，文革初期，作者在「牛棚」中受審，有人
朝他吼道：「看看你交往的，可有一個是好人！」於是，周「檢點
平生」，想寫寫他所「交往」與「認識」的非壞人，以至好人。於
是寫到了鄧拓。

想想文中流露的情緒，再聯繫到鄧拓在文革中的遭遇，不能否
認周老先生有冷嘲熱諷之意。只是這種冷嘲熱諷是否站得住腳，卻
有待分析。他說鄧拓對他的文章不滿，如果只是說說倒也罷了，但
舉出的那個例了，實在讓人感到並不能支撐這樣一個論斷。

首先說鄧拓曾不曾不滿？曾，也可能不曾。發動對前平伯的批
判，目標對著的卻是他身後的胡適，以及留在大陸的一大批深受胡
適影響的自由主義知識份子。這與嗣後的先批「三家村」，再批彭
真，直到批判劉少奇，幾乎如出一轍。發動者也是同一個人。鄧拓
是否認同這種批判，已無可考證。須知，對胡適有成見的，是鄧拓
的上司，作為下屬，他一定要傳達上面的精神，並做出認真執行的
樣子。如果說鄧拓的確在故意冷落周，那麼這種冷落可以解釋為與
上司保持一致。他的上司明顯看不上的一群人，他不敢在大庭廣眾
之下過度熱情，這與對他的文章滿意與否無關。即使他寫出了讓鄧
拓滿意的文章，如果鄧拓的上司不滿意，還是沒用。因此，把這筆
帳統統算到鄧拓頭上，是否客觀？

再說鄧拓當時的處境。六十年代初，先是全國性的大災荒，再
是階級鬥爭論甚囂塵上。鄧拓作為國家高級官員，深深地捲入了這
一次次動盪之中。1961 年到 1962 年之間，他操刀《燕山夜話》，
對當時「左」的錯誤和不良作風有所批評和諷刺，而此後當權者重

提階級鬥爭論，不能不說是受到了鄧的某些刺激。在這樣的大背景下，鄧拓過得並不舒服。他瞻前顧後，自顧不暇。在事隔六七年之後，他是否還會因周汝昌這樣一件事而耿耿於懷？

周汝昌和鄧拓充其量也就是見過兩回面而已，算不上真正的交往。第一次屬於佈置工作，第二次連話都沒怎麼說。「交往」二字，總得有點情感因素在裡面。因此，鄧拓冷待周，有各種可能性，比如，或許他對這個人印象真的不深了；或許他還是很瞭解這個人，但因此人遭到自己上司的反感，而不敢與之打交道；或者他就是不喜歡周這個人，純出於個人感受；或許他當時來不及跟周多說，周已經抽身走了。總之，周汝昌有若干種選擇，可是他只選擇了一種，那就是鄧拓對他的文章不滿。

有一些事，當事人覺得合情合理，深陷自己的邏輯。不管這種邏輯出於敏感也好，偏執也罷，但在旁觀者眼裡，卻覺得牽強，甚或無聊，因此，旁觀者是可以把自己的感受講出來的。

（2007 年 1 月 4 日）

# 舒蕪的氣質

　　從書店裡看到舒蕪的《書與現實》，立即買了回來。這是 1986年三聯版的，不知為什麼一直到二十年後的 2006 年 8 月才第二次印刷。買舒蕪的書，更多的是因為這個人。此前讀過不少他的文章，應該說，他身有上一種學究氣，如果不是因為那段人所共知的歷史，我們甚至可以說他身上有一種謙謙君子氣，這種氣質與以胡風為代表的七月派身上那股剛硬的氣質的確是大相逕庭的。

　　舒蕪出身於安徽桐城的書香門第，上世紀四十年代剛出道時，曾得到胡風的大力扶植，從而躍上文壇。但不久，他的〈論主觀〉發表，被認為是向延安放出的冷箭，遭到了猛烈批判。解放以後，這件事也成為舒蕪身上的沉重包袱。五十年代，胡風派和周揚派一次次對決，兩派中的人紛紛表態，無一倖免。在這個過程中，舒蕪把胡風寫給自己的信交了出去，並層層轉到最高領導人手中，由此，胡風被欽點為反革命分子，從而拉開了新中國成立以後第一場文字冤案。也正因此，舒蕪被認為是猶大和可恥的叛賣者。對舒蕪的評價和論爭，從文革後至今，一直沒有停止過。爭論的雙方也是針鋒相對，各執一詞。林賢治的〈霜打胡風〉一文，滿含著悲憤之氣，對舒蕪同情有之，指責更甚；余世存則在〈我眼中的舒蕪〉中為舒蕪大加辯護：「對於毛澤東來說，有沒有舒蕪，胡風都是逃不掉的。但是，舒蕪確實給了毛澤東一個臺階，一個說得過去的『藉口』。」「假如毛澤東都被原諒了，為毛澤東藉口遮羞的舒蕪又有什麼不可原諒的呢？」

　　謝泳似乎更為理性，他從更廣闊的歷史背景去打量舒蕪，說他本身就是一個悲劇，為什麼要讓他做選擇？他本是一個學者，把他逼上懸崖的人才是有罪的。

　　我的一個朋友這樣理解：舒蕪是個比猶大還壞的人，因為胡、周對決時，剛剛解放不久，與此後的反右、文革比起來，是相對最寬鬆的時代；並沒人有逼他非要把信交出來，他可以不那麼做。我問這位朋友：如果不這樣，舒蕪是否能把自己摘乾淨，畢竟，他被劃作胡風陣營中的重要人物，是被動檢討，還是主動撇清。哪個更好？友人說，這涉及到一個知識份子道德底線的問題。一個很簡單的方式可供參照，即，如果是你，你會不會這樣做？設身處地地換一下角色，如果大多數人都覺得為難，甚至覺得違礙自己的內心，產生抵觸，那麼這種方式就是不道德的。何況你是一個知識份子，自我約束能力本應該更強。

　　而我對此事的理解是：舒蕪對胡風沒感情。也許，這是所謂書香門第的一個共同特徵，他們缺少濃烈的情感基因。如果說當初走到一起是一種偶然的話，那麼後來分離則是一種必然，這可以歸結為氣質因素。胡風派的代表人物如路翎、阿壟、綠原、牛漢、賈植芳等，幾乎個個是硬漢，受魯迅和胡風的影響很大。而舒蕪雖然受過胡風扶植，但在個人氣質上，實際上是與他們格格不入的。他應該與梁實秋、董橋等混在一起，這從文革以後舒蕪的寫作方向上可略見一二（雖然這種寫作有逃避的嫌疑）。說是「道不同不與之謀」亦無不可。但以「告密」方式和胡風告別，終究太慘烈了些。對於社會，他是一個疏離的人，而胡風派則屬於強烈介入的類型。當初舒蕪的介入社會，莫不如理解為年輕氣盛，曇花一現，也可以理解為動盪大背景下的一種無意識。既然沒感情，反叛起來，心理上的約束就少。進一步解釋，由於缺少情感基因，不要說對胡風這樣的「道不同」者，即使對於同道者，他們也僅僅限於花前月下的詩酒

唱和，千萬不要讓他們站在懸崖邊上選擇。其實，還有一個和舒蕪
類似的人——章克標。這類人只適合在書屋裡讀書寫作，在和諧社
會中享清福。他們的道德底線甚至還不如街頭民工的哥們義氣。這
種清高也罷，冷血也罷，不是舒蕪一個人身上獨有。假設再來一次
社會風暴，就會立見分曉。所以，我們現在最應該祈禱的是，千萬
別來什麼社會風暴了！

（2006 年 5 月）

# 王婉之死

　　人到了老年，寫下的文字裡面總有自己以前的影子存在。孫犁尤甚。即使一些所謂的「小說」，他也好像在當回憶錄寫。除了改一下主人公的名字，事件虛化一下外，他幾乎都很嚴格地尊重了事實。比如，在一篇文章中，他寫到當時《天津文學》的兩個領導找自己談話，有一些話不中聽。文章發表後，當事人給孫犁打電話，說給他安的頭銜不對，自己不是副總編，而是編輯部負責人之類。這篇文章再收入集子時，孫犁特意做了說明。孫犁這樣的老人，飽經風霜，見識過大小文字獄、文字禍，明白其中的道理：無論你的文章以什麼體裁的名義發表，只要人家找上來，總是麻煩。因此，事實嚴謹一些，總不是壞事。也正如此，在《老荒集》中看到這篇不足兩千字、名為〈王婉〉的小說時，我犯了對號入座的毛病，忍不住把他說的事和我腦子裡的記憶一一對照。

> 我和王婉在延安魯藝時就認識了，我們住相鄰的窯洞。她的丈夫是一位詩人，在敵後我們一同工作過，現在都在文學界。王婉是美術系的學生，但我沒有見過她畫畫。他們那時有一個孩子，過著延安那種清苦的生活。我孤身一人，生活沒有人照料。有一年，我看見王婉的丈夫戴著一頂新縫製的八角軍帽，聽說是王婉做的，我就從一條長褲上剪下兩塊布，請她去做。她高興地答應，並很快地做成了，親自給我送來，還笑著說：「你戴戴，看合適嗎？你這布有點兒糟了，先湊合戴吧，破了我再給你縫一頂。」

她的口音，帶有湖南味兒，後來聽說她是主席的什麼親戚，也絲毫看不出對她有什麼特殊的照顧，那時都是平等的。」

看到「主席的親戚」，我立刻對上了號——王曼恬。因為，這篇文字裡還提到，「一九五三年，文藝界出了一個案件，她的丈夫被定為『分了』。」天津的詩人、「胡風分子」，自然是魯藜了。魯藜的妻子就是王曼恬。

王曼恬的父親王季範和毛澤東是姨表兄弟。她是王海容的姑姑。王海容晚年做過毛的秘書，負責照料毛的生活。

魯藜當年在胡風主辦的雜誌上發表過很多文章，是圈內公認的「七月派詩人」，但他和胡風只見過一面，之間的來往似乎也僅限於寫作上的交流。

《我所親歷的「胡風案」》一書中詳細地描述了抓捕魯藜時的一幕：

當時，兩口子正在家裡做家務。公安人員來了以後，魯藜問：為什麼抓我？

> 天津市公安局副局長江峰說：「參加反革命活動。」
> 王曼恬站在一旁，完全被眼前的情景驚呆了。
> 魯藜看著妻子不解的目光，問道：「你相信他們說的我是反革命嗎？」
> 妻子沒有回答。
> 江峰說：「是不是反革命你跟我們去了再說。」
> 魯藜用手指著自己的妻子對江峰說：「我是不是反革命，她完全可以作證。我比當代的任何一個作家都更有機會接觸毛主席，更有機會鑽進黨中央去。但我從來都不用我妻子與毛主席的這種親戚關係，從來都是認認真真當我的作家，為人民寫作，這難道有什麼罪嗎？」

　　魯藜後來回憶，他說完這句話之後，王曼恬驚訝的眼睛裡一下子湧滿了淚光。

　　從這些細節上可以看出，當時魯藜和王曼恬還是有感情的。但在變化莫測的局勢面前，王曼恬作為一個女人，且作為領袖的遠房親戚，她更無助、無奈、惶惑和淒然。

　　身為天津市文協（文學工作者協會）主席，魯藜面對院子裡看熱鬧的同事，苦笑了一下說，「這也是生活」。孫犁也提到了這句話：「『文化大革命』開始，王婉受到衝擊。她去臥過一次鐵軌。後來就聽不到她的消息。我的遭遇很壞，不只全家被趕了出去，還被從家裡叫出來，帶著鋪蓋和熱水瓶關到一個地方。我想到了王婉的丈夫被捕下樓時說的一句話，『這也是生活！』我懷疑，這是生活嗎？生活還要向更深的地獄墜落。」

　　後來，王曼恬和魯藜離婚了。別人是在領袖和丈夫之間選擇其一。而她要在丈夫和表舅（領袖）之間選擇一個。在「胡風」問題上，毛澤東曾問過周揚他們一句話，魯藜怎麼樣？周揚自然瞭解毛澤東的意圖，說挽救不了了，毛澤東也就沒說話。事情傳出來，大家都說「毛主席大義滅親」。對於王曼恬的惶惑，孫犁這樣描述道：「每年過春節，文聯總是要慰問病號的。還在擔任秘書長的王婉，帶著一包蘋果，到我家來，每次都是相對默然，沒有多少話說。聽說主席到這個城市，曾經問過王婉是不是『分子』。那時她已經離婚。」

　　後來，臥過軌的王曼恬忽然成了江青的紅人。她先後擔任了天津市委的負責人和文化部負責人。這個彷徨無依的女人，開始說一不二，呼風喚雨。在孫犁蝸居的天津，被王曼恬召見，已經成了眾人求之不得的事情。這天，王曼恬派人找孫犁談話。「一位高級軍官，全市文化口的領導，在她面前，唯唯諾諾，她說一句，他就趕

緊在本子上記一句。另一位文官，是宣傳口的負責人，在她身邊轉來轉去，斟茶倒水，如同廝役。」

這次談話後，孫犁成了京劇團的顧問。人們開始議論紛紛：「好傢伙，王婉接見了他！」「聽說在延安就是朋友呢！」「一定要當文聯主席了！」

孫犁的這篇小說，敘述平靜，淡然。唯一有點波瀾的地方，或者是高潮，大概在下面這個地方。

> 因為被折磨得厲害，我的老伴，前不久去世了。有一位在「文化大革命」中處境艱難，正在惶惶然不可終日的老同志，竟來向我獻策：「到王婉那裡去試試如何？她不是還在寡居嗎？」

> 他是想，如果我一旦能攀龍附鳳，他也就可以跳出火坑，並有希望弄到一官半職。

> 這真是奇異的非非之想，我沒有當皇親國戚的資格，一笑置之。我知道，這位同志，足智多謀，是最善於出壞主意的。

我不知道，孫犁到底是怎麼想的，但那時跟王曼恬提出這種問題來，會得到什麼樣的答覆？那位獻策的「老同志」，有沒有拿孫犁尋開心的成分？甚至盼他闖禍的成分？我也想知道，這位「最善於出壞主意」的同志到底是哪位呢？起碼應該也是個圈裡響噹噹的人物吧？期待有見識的人賜教。

文革結束後，魯藜老樹發新芽，比他小二十四歲的劉穎西女士主動找上門來，要照顧他的晚年生活。劉穎西在五十年代就認識魯藜，她比魯藜的女兒僅僅大一歲，非常崇拜魯藜。兩個忘年交結婚以後，魯藜生活安定，繼續寫的詩，直到去世。而王曼恬作為「四人幫在天津的代理人」，被隔離審查了。重新置身於焦慮和抉擇之中的王曼恬似乎已經無所選擇。這一次，與二十多年前面對選擇時

有所不同：她享受了那麼多人所羨慕的尊貴、榮華（不管她願不願意，是不是她自己主動去追求的），似乎也夠本了。

　　害人的人被抓起來，也算是惡有惡報了。為情勢所逼、被壓抑成善的「惡」開始蠢蠢欲動。我們這個民族中，很多人喜歡以牙還牙。

　　孫犁評價道，「使王婉當年臥軌而死，彼時雖可被罵為：自絕於人民。然後日可得平反，定為受迫害者。時事推移，伊竟一步登天，紅極一時，冰山既倒，床下葬命。」王曼恬最終用一條扯破的床單結束了自己的生命。那些計畫用慢慢折磨她來換取安慰的人大概會悵然若失吧？

　　王曼恬死了，孫犁也走了。其他人慢慢地也都走了。

（2007 年 5 月 19 日）

# 妻子你好

　　反右期間，吳祖光作為「二流堂」的成員，被發配到北大荒去勞動，一去幾千里，未來的時日如何，誰也說不清。單位領導找到新鳳霞，對她說，吳祖光是個大右派，你要跟他劃清界線。新鳳霞說，他是我丈夫，我一定要等他。領導說，他被發配到北大荒了，你能等他多少年？新鳳霞說，王寶釧等薛仁貴，寒窯等了十八年，我可以等他二十八年。真不愧是個唱戲的人，總喜歡拿戲裡的事來打比方。縱然戲有千幕百折，也無法　　還原王寶釧所受過的苦楚。而新鳳霞這樣說了，她就得真實地重嚐一遍寒窯苦等的滋味，這可不是抒發一下豪情就結束的事。一個出色的演員，被禁止了唱戲。她每天必須打掃衛生，伺候其他演員，回到家裡還要照顧孩子，做家務，辛苦勞累，最後落得個癱瘓在床。萬幸的是，她盼回了自己的丈夫。如果她在生前望眼欲穿，卻沒見到丈夫歸來，該是何等的遺憾？但，那也確是一種可能啊！

　　老舍自殺前一天，被紅衛兵們打得滿頭是血。浩然說，他在當天晚上打電話給老舍的妻子胡絜青，「他老伴態度很不好，我讓她想辦法來接，她說沒辦法。」當時是深夜，已經沒有車了。1998年，在接受陳徒手採訪時，浩然說，被打第二天，造反派們來到老舍家裡，聽到有人議論說老舍家裡吵架，當天老舍就自殺了。老舍投湖以後，被打撈出來。浩然說，在我通知胡絜青老舍自殺的消息後，她反應很冷淡，「她說死了就死了唄！」「人都死了，你們處理吧！」

　　老舍的兒子舒乙對此表示憤怒：「家屬是受害人，我們到處求助，浩然……相反說家屬反應麻木，我們要控訴他，甚至要起訴他。」

　　林斤瀾說，「五十年代的時候，有一天我和汪曾祺到老舍家，三人談話的時候，胡絜青走過，是沏茶還是拿東西已經忘了，老舍說了這樣一句話，『我家裡的，什麼都不懂。』林斤瀾說，稱呼夫人『我家裡的』，在北京話中是看不起的，不尊重的，老舍對他和汪曾祺這樣的晚輩說這樣的話，讓他們暗暗吃驚。」還有人說過，一位作家看過胡絜青揭發老舍的一張大字報，是關於老舍私生活的。在那個年代，夫妻反目的人，絕對數量應該不少，但公開到這種地步的，比例也並不很大。

　　胡風遭受的磨難，在當時的知識份子裡面，可以算是個代表。批鬥毆打，以至入獄，但他的妻子梅志一直與他不離不棄，互相支撐著。二十年，一個指頭一個指頭地數，那也要數上半天。胡風堅持了下來，從沒想到過死。兩個人，在其中一個遇到巨大坎坷的時候，另外一個人有重新選擇自己幸福的權利。這點誰都知道。

　　反右時，王蒙被下放到北京郊區的三樂莊勞動，和眾多右派擁擠在一間又髒又臭的屋子裡。1961 年的「五一」，他的妻子方蕤買了一盒點心，倒電車、公共汽車，然後又步行，來到三樂莊看望丈夫。雖然遭到了王蒙的冷遇（王蒙不願讓妻子為自己的處境擔心，因此一直在獨自默默承受著），但依然樂樂呵呵。1979 年，方蕤和王蒙在新疆待了十六年後，終於返京，同學問方蕤過得怎麼樣，方蕤說：「收穫可大了，第一，王蒙學會了維吾爾語；第二，深入了基層，和維吾爾農民打成一片，交了許多朋友，寫作有了深厚的底子……」那位同學說：「我問的是你，是你自己過得怎麼樣？」方蕤這時才發現，原來許多年來，她沒有了自己。「一個成功男人的後面，會有一個後盾型的女人。儘管這句話我太喜歡聽，但事實上我充當了這種角色。」

　　王蒙說：「在嚴峻的日子裡，家庭的功用實在是無與倫比。僅僅政治上或者工作上的壓力是不會把一個人壓垮的，凡是在那不正常年月裡自殺身亡的人幾乎無一不是身受雙重壓力的結果。即是說他們往往是在受到政治上的打擊與誤解的同時，又面臨家庭的解體，在家庭裡受到眾叛親離的壓力。反過來說，身受政治與家庭兩重壓力而全然挺過來的實在不多。有許多寶貴的人才，可愛的人物身處逆境而終於活過來了，我想這應該歸功於他們的家庭和家人。是家庭和家人使身受嚴峻考驗的人得到了哪怕是暫時的溫暖，得到喘息，得到了生活的照顧，得到無論如何要堅強地活下去的信心和耐心。」

（2007 年 1 月 20 日）

# 吳冠中的「真相」

　　年近九旬的吳冠中在接受採訪時，還是那麼尖銳鋒利。記者李懷宇問他潘玉良的故事。他說：「潘玉良我很熟。她是很好的人，但是畫賣不掉。我們在吹『世界名畫家』呀，像這樣的畫家在巴黎不知有多少。客觀地講，潘玉良的畫不算好，格調不高……潘玉良一直在法國，畫得不好，賣不掉，就用宣紙畫裸體，也很庸俗，華人或是朋友買她的畫。她的生活很困難，住在一個貧民區的樓上，在五樓，自來水只到四樓，五樓是加的樓，沒有自來水，我星期天去玩，幫她提水（笑）。她人非常豪爽，好像男的一樣，心地很光明，畫稍微俗一點，但是人很好的。」很多電影、電視說潘玉良怎麼怎麼樣，著名畫家，奇女子，吳冠中只有四個字：「胡來，胡扯！」

　　關於徐悲鴻，吳冠中更不客氣，他認為中國的美術水準也很低，老一代的科學家或者學者，有的人是「美盲」，相當多的人從來不接觸美。這裡面，徐悲鴻起到很重要的作用，他在一個很重要的崗位上，只提倡現實主義、寫實主義等，「對美完全不理解」，徐悲鴻可以稱為畫匠、畫師、畫聖，但他是「美盲」，。他的力量比較大，在美術界起主導作用，因此把「審美的方向給扭曲了」。

　　可能是吳冠中歲數大了，已無所忌諱，也可能是，他急著要把一些他認為的真相告訴後人。再過七、八十年，我們這些人都走了，人們如何評價我們？那些曾經掀起過浪頭的人，後人如何評價他們？比如王朔、比如韓寒，郭敬明，會不會被當成傳奇來大肆宣揚？不是沒有這樣的可能。上世紀二、三十年代，張競生寫過《性史》，

到了九十年代，忽然一下子成了被埋沒的英雄，好像受盡了委屈，歷史應該還他「清白」，《性史》也成了「奇書」。幸虧他同時代的一些人還活著。施蟄存曾對陳子善說：「此書（指《性史》）『不靈』，有招搖撞騙之嫌。此書顯然受當時西方正盛行的佛洛伊德等人學說的影響，這類書在西方也出了不少。張競生此書轟動三、四個月後也就過時了。」

經過時間的沉澱，有些人和事成了符號。凡是被符號化了的東西，一定是經過了打磨的，喪失了部分真實甚至被篡改。吳冠中1936 年在國立杭州藝專學習期間，教師有林風眠、吳大羽、潘天壽等，學友則有朱德群、趙無極、蘇天賜等。他是親歷者，跟這些人沒距離，因此，他有能力把符號化的東西還原部分或全部真實。

吳冠中和趙無極、朱德群在藝術上有相近的志趣，水準也相差無幾，1950 年，他從法國歸來，準備參與「偉人的建設」，不久卻下放到農村勞改，對著青天黃土，準備開荒。這時候，周恩來請了一些國際上有名的華人回國參觀，趙無極也是被請之一。一個是尊貴的客人，一個成了罪人，這是空間上的「遠來的和尚好念經」，時間上也存在著遠來的和尚。時代變遷以後，有些人莫名其妙披上了光環，被尊崇膜拜，以符號的形式忽悠後人，雖然這也許非當事者本人的原意。

我們身後幾十年，自己會被篡改成什麼樣子？因此，有幾個像吳冠中這樣長壽的人是件好事。他不是揭發你，只是還你原貌。

（2008 年 4 月 21 日）

# 窮人新鳳霞

　　評劇演員新鳳霞原先不識字，後來在丈夫吳祖光的幫助下，拿起筆來寫回憶錄。她的回憶錄曉暢明瞭，清新自然，寫自己昔日的生活，文字如行雲流水，即使今日的讀者與她所敘述的生活已經相當隔膜，但仍不免被其感染、打動。

　　貫穿新鳳霞早年經歷的，是一個「窮」字。她的父親是個賣糖葫蘆的，母親是個家庭主婦。老爹一輩子沒見過世面，經常咯血，一口血吐到雪地上，又趕緊把雪抓起來吞下去，認為這樣可以補上吐出的血。母親得了婦科病，買了中藥回來調理，結果，母親嫌苦喝不下去。父親捨不得扔：「藥是補身子的好藥，倒了可惜。」於是偷偷喝了下去。喝下去以後，咯血病更重了。新鳳霞在家裡排行老大，小小年紀就要替父母分擔家務。那時候，每逢節日，天津的善人們喜歡開棚施粥，救濟瀕臨餓死的窮人。新鳳霞八歲那年去粥廠領粥，凌晨起床去排隊，人們擠來擠去，連喊帶罵。好不容易就要輪到新鳳霞了，她發現後面一個白鬍子老頭，拄個拐棍，搖搖欲倒，樣子非常可憐，就對老頭說，老爺爺，要不你先來吧！盛粥的師傅一看，忍不住誇讚：「這孩子仁義，我給你多打點！」給別人盛半桶，給新鳳霞卻打了滿滿一桶。回到家裡，爹媽都說小鳳（新鳳霞原名楊小鳳）會辦事。十三歲那年，新鳳霞開始唱戲養家，業餘時間揀煤核。有時候，紡織廠裡招小工，新鳳霞也跟其他小夥伴一起去找點雜活幹。但是，找雜活並不容易，需在頭一天排號。有了號，第二天才能來幹活。有一天，她天不亮就到工廠門口排號，

工頭在她背後用粉筆寫好號碼，天開始下雨了。新鳳霞擔心背後的號碼被沖掉，脫下衣服抱在懷裡，一路淋著瓢潑大雨跑回家。這些故事，讀著讓人辛酸。發自心底的辛酸。可是，我不知道是否應該把它講給我的女兒聽。我的女兒已經六歲，有了分辨事物的能力和相當的判斷能力。她使用的削鉛筆的機器刀就值三十多塊錢。我若是給她講以前的人們如何如何挨餓，她會不會覺得這是天方夜談？新鳳霞像其他老年人一樣，在很多故事後面都會發一句感慨，現在多好啊，想吃什麼吃什麼，要什麼有什麼！語氣裡透著一股質樸的可愛。我如果給女兒也加上這麼一句，是不是證明我已經老了？

我關注窮，是因為自己小時候也受過窮，對窮有著深刻的體驗。小學三年級時還買不起鋼筆，由於特別想買一支鋼筆，纏了奶奶和老爹很長時間。如今，我仍記得當時的場景：炎熱的夏日，蟬聲鼓噪，老爹和一個叔叔坐在院子裡下象棋，我站在旁邊哭著要錢。老爹黑著臉，專注地看著棋盤，根本不搭理我。我的心哪，在酷熱的天氣裡，卻是瓦涼瓦涼地！現在回想，這也實在怪不得老爹，他一定是拿不出錢來，如果能拿出來，誰願意讓自己的兒子受這樣的心理煎熬？

就在那一年，我讀到了小說《高玉寶》，那是一本破爛不堪的書。前面撕去了好幾頁，後面撕去了好幾頁，中間也參差不全，直到前兩天在舊書市場買回一本 1988 年第五次印刷的版本（人民文學出版社出版），才算知道了結尾。當時吸引我的情節是：高玉寶家裡真窮啊！孩子想上學，老爹說什麼都不讓上。「他媽把玉寶拉到懷裡抱著，臉親著他，歎氣說，孩子，聽媽的話！你人也大了，也該念書了，不是爹媽狠心不讓你去，你爹苦了一輩子，也盼你將來給爹媽爭一口氣，苦出個頭！孩子，眼目下正在難處，你爹腿上的瘡都沒錢治呀！老天爺不開眼，你就別想念書；你不去拾草，家裡連燒的都供不上！玉寶苦苦哀求說，我放學回家去拾草，家裡不

會缺燒的。……」接下來，玉寶和爹媽發生了爭吵，玉寶一個人跑出去，媽媽在後面追，一下子摔倒在河邊，玉寶回來扶起媽媽，母子二人抱頭痛哭。讀到這裡時，我的眼淚止不住地流。也許是內心裡產生了共鳴吧？雖然時代不同了，可遭遇似乎有相通之處。當然，我也讀到了〈半夜雞叫〉這一段，但沒留下什麼印象，等學習了課文，才知道這一章節是本書中的「眼」，最為重要。後來看到有人寫文章指出，地主半夜學雞叫，長工們聽到雞叫就被迫起來幹活，這不切實際，從生物學的角度講，無論人或者雞，都不至於愚蠢到這種地步。這是另外一個話題，本文不做討論。

重讀《高玉寶》，最大的感受是，作者控訴窮，實際上是在控訴富人。與此同時代的作品幾乎都是這種路數，像著名的《白毛女》、《劉三姐》之類。苦不苦？苦，那是真苦！但大家卻不羨慕富裕，誰都不爭取成為一個富裕的人。這些「階級鬥爭，一抓就靈」指導下的作品，既控訴窮之苦，卻又安於甚至享受「貧窮」之苦。新鳳霞的文章中，開始漸露珍惜富裕生活之相。此前卻絕無此情緒。

富裕作為一種「原罪」，一進入「新社會」就遭到了迎頭痛擊。富裕的人天生都是混蛋，窮人都是聖人，漂亮姑娘都想嫁給窮小子，卻跟地主老財都有著與生俱來的不共戴天之仇，大家都跟錢有仇。所有的錢都不是好來的，除了剝削就是壓榨。高中時，有一次在老師家中看電視，裡面演的是一個女孩和窮小子逃婚，地主為自己的兒子向女孩的父親逼婚。老師鄙夷地一笑：這還用逼嗎，誰不上趕著要嫁到地主家裡去？我猜，他這不是憤激之語諷於現世，他一定認為彼時的現實狀況也是如此。當然，這不等於說電視中講的那種故事不可能發生；可能發生，但絕對是極少數，跟主流意識完全背離。

窮不是毛病，但鼓勵大家受窮就是毛病。富有什麼不好？不敢大膽地說「富」好，事實上是在認證窮的好。大家都知道富裕好，

卻不是一起奔向富裕，而是讓富裕者變得比我們還窮。這多可怕！
幸虧後來形勢變了，我有機會見識了外面的世界，如果我一輩子只
能讀類似的書，接觸不到其他資訊，難免不被騙一輩子，一邊在窮
苦生活中苦苦掙扎，一邊讚美貧窮，在畸形的興高采烈中熬盡一生。

　　這種集體說謊並非空穴來風不是承認即有事實，而是違背著良
心說話；總是試圖讓「道德」這個詞來說話，而不是讓實力來說話。
原先老師工資低，就提倡尊師重教。誰窮，誰地位低，就提倡向誰
學習，用「道德」兩個字滿足他們暫時的需要，而不是努力提高他
的待遇。這才是一種巨大的「窮」。這種現象，目前已經有所改觀，
但受慣性使然，似乎還得需要很長一段時間才能徹底肅清。

（2007 年 3 月 25 日）

# 好

　　人喝多了，有哭的，有笑的，有罵的，有叫的；有滔滔不絕，彷彿話癆的，有悶頭就睡，一聲不坑的。酒後吐真言，酒後露真相。有人以酒遮臉，撒潑放賴，其實心裡跟明鏡一樣；有人稀裡糊塗，長醉方休，只為求得一時的放縱。看一個人的酒後百態，可以窺透一個人的內心。

　　王蒙在文革期間被下放到新疆，每天和維吾爾村民混雜在一起，不分彼此。他有幸躲過了浩劫的衝擊，但亦因長久的流放，才無施展而心鬱千結。熱情的維吾爾村民喜歡喝酒，王蒙跟他們打成一片，也是逢酒必喝，來者不拒。一天，王蒙正騎車趕路，突然被大隊會計伊爾泰叫住，把他拉到大玉米地裡，從懷裡掏出一個酒瓶。沒有下酒菜，伊爾泰順手擰下自行車的鈴鐺蓋，把酒倒在裡面，兩人你一口我一口地喝了起來。

　　一天下午，王蒙被村民們叫去，幾個人圍在一起，幾瓶白酒，幾頭大蒜，每個人喝一杯，唱一支歌，傳給下一個人。滿桌的維吾爾同胞，看不出裡面還夾雜著王蒙這樣一個漢人，他開口唱的也都是維吾爾歌曲。晚上九點鐘，王蒙的妻子去接他，看他扶著牆壁慢慢走過來，隨後抓著電線杆大笑，笑得驚天動地，沒完沒了，口中不停地說：「好！好！」始終是這一個字。

　　他的妻子不理解為什麼他總是說這麼一個字。也許，這是最安全的酒話吧。那些喝醉過酒的人應該有所體會。

（2008 年 1 月 5 日）

# 哭

　　一個人挨了打，要想證明自己身上疼，你就得亮出傷疤來，最好有一道道血凜子，觸目驚心，讓人一看就相信你說的是真的。一個人要想證明自己痛心疾首，就得頓足捶胸，加以各種表情。1957年，馮雪峰被打成右派，在批判他的會議上，連一些平時很親近的朋友也不得不對他展開嚴厲的指責。有一次，當另一個人發表完了一條「揭露性」的話以後，樓適夷站起來大聲呵斥馮雪峰說，多少年我受了你的騙！說完號啕大哭。這一哭，會場的氣氛頓時嚴峻起來，一時間群情激憤。

　　上世紀五十年代初，馮雪峰是人民文學出版社社長，但因為身兼數職，忙不過來，便把樓適夷調來，請他主持「人文社」的工作。後來，樓適夷又向馮雪峰推薦了王任叔來和自己共同擔任領導。馮同意了。這樣看來，兩人的關係著實不錯。但樓適夷為了證明自己很疼，很痛心，在批判馮時採取了一些手段。其實在文革期間，這樣的事情每天都在發生，大概算不了什麼。因此，就連這個故事的講述者許覺民也認為，「雪峰之劃為右派，是無法避免的，並不是因為適夷的大哭而有所加重，更不能把這一哭看作是事情的關鍵。」

　　可是，很多一步步走向深淵的人，都是身邊的人一步一步推下去的。看似大勢所趨，宿命難改，其實若中途有一線轉機，沒准就柳暗花明，峰迴路轉。所以，在關鍵時刻，為了自己減碼而給別人加碼，轉嫁禍端的人，都該躬身自省一下，能不哭不就別哭，能沉

默就沉默。雖然說起來容易做起來很難，但它仍是一個原則問題，無論在哪個時代。

（2007 年 10 月 24 日）

# 位低守志

　　1973 年，江青一夥策劃了一場「批孔」鬧劇，著名學者梁漱溟發表了不同意見。此後，全國掀起對他長達半年的批判。當批判運動告一段落時，主持人徵詢梁漱溟對大家批判他的感想時，梁漱溟脫口而出：「三軍可奪帥，匹夫不可奪志。」此話出口，頓使在座的人啞然，轉而群情激憤。後來，他這樣解釋自己的「奪志說」：「因為一定要我說話，再三問我，我才說了『三軍可奪帥也，匹夫不可奪志』的老話。吐露出來，是受壓力的人說的話，不是在得勢的人說的話。『匹夫』是獨人一個，無權無勢。他的最後一著是堅信他的『志』。什麼都可以奪掉，但這個『志』沒法奪掉，就是把他這個人消滅掉，也無法奪掉！」

　　這話雖然悲壯，卻也透著無比的淒涼。人們常說「人窮志短」，人在落魄的時候沒有志氣。其實這要看從哪個角度打量。人若被逼到無可憑恃，無物可守的時候，志氣，也的確成了落魄者最後的底線，他就靠這個「志」字來維護自己做人的尊嚴。與此相反，一個得勢的人，卻需要時時拋掉「志氣」二字來保護自己，這就是所謂的「位高無志」。

　　位子往往是跟各種利益掛鉤的，位子越高，利潤越多，所得也越多。一個身居高位的人，金錢美女、房子票子，該有的都有了。這些東西包圍著他，讓他沉緬其間不能自拔。這樣，他的牽掛和羈絆就多了，顧慮也多了。他的所謂「志氣」，已都轉換為外在的物

質。一旦要奪走它們，簡直就是要他的命，這時候，用「志氣」換回自己的物質，對他來說也是值得的。

因此，得勢者和落魄者，一個守物，一個守志，總還算各有所守。最殘忍的事莫過於，不但讓落魄者無家可歸，還要想方設法奪他的「志」，在他倒下的軀體上再踏一隻腳，讓其永世不得翻身。這時候，你可要小心落魄者那雙噴射著怒火的眼睛！

（2007 年 8 月 31 日）

# 翻盤

1985 年 11 月，宗璞打電話邀請梁漱溟出席其父馮友蘭的壽宴。老友梁漱溟一口回絕，在給馮友蘭的回信中，他沒寫上款，即不屑提其大名之意。信中說：「尊處來電邀晤，我斷然拒絕者，實以足下曾諂媚江青。」

言辭很是慷慨。

1949 年後，同為大儒的梁漱溟和馮友蘭處境都不好。馮友蘭因為歷史原因，屢遭圍攻，不得不一次次發表文章進行表態；梁漱溟則因為當眾質問毛澤東「有無雅量」而被點名批判。1973 年，毛澤東提出把「批林」和「批孔」結合起來，馮友蘭的際遇一下子好起來。他寫了兩篇「批孔」文章，贊同毛澤東的觀點，大受歡迎。「各地方的群眾向我鼓勵的信，蜂擁而來，每天總要收到好幾封。寫信的人，有青年、也有老年；有男的，也有女的；有學生，也有解放軍，有農民，有工人；有的來自黑龍江，有的來自新疆；有的信寫的很長，很好，有真摯的感情，有誠懇的希望。在領導和群眾的鼓勵之下，我暫時走上了批林批孔的道路。（據馮友蘭《三松堂自序》）」此時的梁漱溟卻因反對「批孔」，處境更加艱難。

1976 年後，梁漱溟翻盤了。翻盤的結果是，他敢正大光明地斥責老朋友了。此前，他堅持己見，不苟且，不迎合。但他對老友的改弦更張不敢多言，起碼不敢這麼義正詞嚴。

那麼，馮友蘭由「尊孔」變成「批孔」，就是屈服和投降了嗎？不一定。我看，他是認命了。以為這也許就是最終結論了，堅持己

見沒有出路，心中雖有猶疑，還是認了吧。大儒如馮友蘭者都如此，況一般人乎？

忽然間天翻地覆。這在梁漱溟的期盼之中，但不一定在他的意料之中。

但是，翻盤並非都是一翻定案。或許還有反覆的時候。

上世紀三十年代，寫小說的沈從文是鄙視郭沫若的，他認為：「讓我們把郭沫若的名字置在英雄上、詩人上、煽動者或任何名分上，加以尊敬和同情。在小說方面，他應該放棄他那地位，因為那不是他發展天才的處所」，「用英雄誇大的樣子，有時使人發笑」；沈從文對郭沫若的熱衷政治，尤其不以為然。被小自己十歲的沈從文「羞辱」，郭沫若的心情可想而知。但是，那時候大家都是平等的，誰也不能把誰怎麼樣。

後來，郭沫若成為左翼文壇的領袖，可謂一言九鼎。在 1948年發表〈斥反動文藝〉，將沈從文定為「桃紅色的反動作家」。沈從文從此在劫難逃，他先後自殺過兩次，不得不離開文壇，到歷史博物館裡鑒定文物為生。

可是，1976 年後，情勢又變了，沈從文被從故紙堆裡拎出來，成為新一代文壇公認的泰斗級人物，而郭沫若卻越來越冷門，幾乎無人問津了。

沈從文對自己有句評價：「……說句公道話，我實在是比某些時下所謂作家高一籌的。我的工作行將超越一切而上。我的作品會比這些人的作品更傳得久，播得遠。我沒有方法拒絕。」沈從文的得勢、失勢、得勢，似乎可以證明時間和歷史的公道。但是錯了。誰敢說目前的一切結論都是蓋棺定論？一定就沒有變化和反覆了？

我想說的恰恰是，不要完全寄望於歷史和時間，歷史也不一定說真話。很多人在期待中含恨離世並永遠沉冤於歷史的淤泥中。誠

然有人昭雪了,但亦有本應被釘在恥辱柱上的人卻被昭雪了。個人的際遇不在於個人的專業、識見、人格,卻要寄託於他身後的那個更大的變遷,即時代變遷,意識形態的變遷等,可悲如斯。

(2009 年 2 月 19 日)

# 路翎：作為戰士的悲劇

　　我想把汪曾祺和路翎二人做一個對比。其實，汪曾祺和路翎並沒多少可比性，他們的性格、閱歷、境界大相徑庭。之所以把他們拉在一起，是因二人在浩劫之後的巨大命運反差。兩個作家，同為江蘇人，年齡相若；以文為生，起步都很早。1940 年代，路翎的文名怕還要高過汪曾祺。同其他絕大多數作家一樣，在 1949 年至 1976 年，兩人幾乎處於封筆狀態（汪曾祺的狀況稍好一些）。1980 年代初，兩人重新提筆寫作。汪曾祺頻出佳作，大器晚成，暴得大名；路翎卻雄風不再，戮力而為之後，亦不免雷聲大，雨點小，沒幾篇可拿得出手，讓人不由得扼腕歎息，為之遺憾。如果說汪曾祺的劫後餘生是新生，路翎的劫後餘生則是繼續消亡之路。兩人再次站在同一個起跑線上開始征途，可謂機會均等，為什麼會有如此大的差距？

　　路翎，男，1922 年生，原名徐嗣興，江蘇南京人。16 歲時開始給胡風主辦的《七月》雜誌投稿，得到胡風的賞識。他先後創作了抗日小說《要塞退出之後》，反映礦工生活的小說《家》、《祖父的職業》、《何紹德被捕了》、《卸煤台下》。1942 年，中篇小說《饑餓的郭素娥》讓他一舉成名時，年僅二十歲。在文壇上舉足輕重的胡風屢次作文介紹路翎，對其倍加提攜。1945 年 7 月，路翎的長篇小說《財主底兒女們》出版之際，胡風鄭重宣佈：「時間將會證明，《財主底兒女們》的出版是中國新文學史上一個重大的事件。」

　　路翎的作品在四十年代產生了巨大的影響。當時有青年給路翎寫信說:「路翎先生,你底火辣辣的熱情,你底充沛的生命力,你底精神世界的追求力,擁抱力,驚人地震撼了求進步的青年人的心。」

　　1949 年以後,路翎先後出任南京軍管會文藝處創作組組長、北京青年藝術劇院創作組組長。他激情滿懷地寫了「歌頌新時代」的劇本《英雄母親》、《祖國在前進》,反映志願軍生活的短篇小說《初雪》、《窪地上的「戰役」》等作品。但是,他的作品遭到了猛烈批判。胡風越執著地挺他,以周揚為首的文壇當政者就越兇狠地批他。雙方的分歧越來越大,直至 1955 年胡風被欽點為「反革命分子」,路翎作為胡風多年至交,自然首當其衝被列為「胡風反革命集團骨幹分子」,遭到抄家和逮捕。在監獄裡被關了十年,1965 年才保釋出獄。出獄後,路翎寫了三十九封上訴信,「惡毒攻擊黨的方針政策和社會主義制度」,不久又被收監。在此期間,他被當成精神病患者送入醫院接受電療,大腦嚴重損傷。直至 1980 年 11 月 18 日,北京市中級人民法院宣告路翎無罪。接到消息時,他正在掃大街。

　　這以後,路翎重回文壇,被邀參加各種文壇盛會。他勤奮筆耕,寫詩寫小說,但除了偶爾幾首小詩見報外,長篇小說沒有一篇出版。當年的少年才子落了個江郎才盡的淒慘下場。

　　相比之下,汪曾祺卻要幸運得多。汪曾祺,1920 年生,江蘇高郵人。1939 年考入西南聯大中國文學系,1940 年開始寫小說,受到中文系教授沈從文的熱心指導。1943 年畢業後在昆明、上海執教,出版了小說集《邂逅集》。1950 年調回北京,任《說說唱唱》雜誌編輯,偏安一隅,沒有什麼引人注目的舉動。1958 年被劃成右派,下放張家口的農業研究所。1962 年調北京市京劇團任編劇。文革期間被江青點名參與樣板戲《沙家濱》的定稿。1979 年重新

開始創作。其小說《大淖記事》、《受戒》、《異秉》等恬淡清新，多次獲獎。他還潛心畫畫，研究美食，為人瀟灑清通，頗具六朝風骨，人稱「最後一個士大夫」。

路翎晚年寫了很多東西，但看到其子徐紹羽列舉他晚年的長篇小說名錄卻不能不讓人尷尬。「1987 年，父親六十五歲的時候寫作反映改革開放、經濟繁榮的長篇小說《江南春雨》；1988 年寫作表現針織廠建設題材的長篇小說《陳勤英夫人》；1991 年寫反映待業青年與當代青年的建設精神的長篇小說《早年的歡樂》；逝世前他一直在寫長篇小說《英雄時代和英雄時代的誕生》，計一百九十萬字。但這些鴻篇巨製的文字都是無法出版的文字（《閒話》第四輯第十頁，青島出版社 2008 年 6 月出版）」。可以看出，作者緊跟形勢、乃至圖解政策的意圖是很強的。這樣的結果，誠然與二十多年的迫害有關，他囿於特殊語境下的特殊思維方式而無法擺脫。汪曾祺在文革期間，環境要寬鬆得多，有一種延續下來的自由慣性。但我們也應該看到，在 1980 年代新的境況下，路翎的被迫害使得他可以輕裝上陣，汪曾祺在文革中的「得勢」卻讓他要背負一定的歷史包袱。這樣一來，雙方算扯平了。如果追根溯源，打量一下他們四十年代的寫作，就會發現兩人在劫後的寫作依然延續了起步時的路數，軌跡並沒被打斷，更沒有改弦更張。

從《饑餓的郭素娥》、《財主底兒女們》到後來的《江南春雨》、《英雄時代和英雄時代的誕生》，你都可以看到居高臨下，宏大敘事的態勢。不是說宏大敘事不好，而是路翎一出道就被「使命感」困擾了。他出道時政治風雲變幻莫測，無論站在哪一方，只要立場堅定，就能獲得關注，對立陣營越打壓，在本陣營獲得的鮮花和掌聲就越多，這甚至與作品本身品質關係都不大。以後，社會進入一元語境，獲得了當政者的認可，就得到了社會的認可，作家們以之為寫作的捷徑與準則。胡風、路翎們儘管與曾經的「主流話語」發

生衝突，但他們要取悅當政者的心態並沒有變。在跟「主流話語」叫板的過程中，自己更是深陷當政者的思維泥潭，無法自拔。汪曾祺則不然。有人這樣分析汪曾祺的成功之道：「汪曾祺在中國當代文壇上的貢獻，就在於他對『大文化』、『大話語』、『大敘事』的解構，在於他對個體生存的富有人情味的真境界的昭示和呼喚，在於他幫助人們發現了就在自己身邊的『凡人小事』之美。美在身邊，美在本分。汪曾祺散文的精神氣質和藝術神韻之所以能對讀者產生強大的魅力，就在於他對『凡人小事』的審視，能做到自小其『小』，以小見大，而不是自大其『小』，以小媚『大』。」從汪曾祺 1943年出版的《邂逅集》，到 1963 年出版兒童小說集《羊舍的夜晚》，再到八十年代以後出版的《晚飯花集》、《汪曾祺短篇小說選》，論文集《晚翠文談》等，莫不如此。他的關注人性，以人為本，一以貫之。與胡風、路翎們的高度關注政局、形勢區別甚大。

一元話語時代，統治者的話語體系和草根的話語體系必然對立。只是在高壓狀態下，不見草根發聲，只聽得到統治者的聲音，似乎他們代表了全體；形勢一旦發生鬆動，兩者分野成為大勢所趨，作家要想取悅一方，就很難再取悅另一方，誰也別想裡外通吃。而路翎，至始至終就沒離開過出道時的語境。局部的敵人紛紛退場以後，他們自己也被大舞臺所淘汰。這就是路翎作為戰士的悲劇。

汪曾祺的成功則是純文本的勝利，與他相似的還有同樣大器晚成的張中行。這並非以暫時成敗論英雄，而是因為，無論怎麼講，文學還是有自己的一定之規，有自己特殊的存在形式。

（2008 年 7 月 13 日）

# 湯炳正先生

　　我得承認，此前只是影影綽綽知道湯炳正其人，但無太多瞭解。就是現在，也依然如盲人摸象一樣僅得一斑。不過，由於一段時間內較為頻繁地接觸到這個名字，就把這一斑記下來，作一個小小的匯總。

　　2007 年 9 月 12 日，湯序波先生在我的博客中留言：「非常喜歡您的文字，天天都要打開您的博客看。我為先祖父湯炳正先生編了一本《楚辭講座》，如果需要我可寄一本給您。」我趕緊上網查了一下，才知湯炳正竟是章太炎晚年的入室弟子，中國屈原學會第一任會長，章太炎先生曾稱其「為承繼絕學惟一有望之人」。於是趕緊回覆，表示感謝。不久，就接到了《楚辭講座》（湯炳正講述，湯序波整理，廣西師範大學出版社 2006 年 9 月第一版），書中收集的文章多為湯炳正先生的課堂講錄，但是，這本書我沒有讀完，倒不是晦澀，相反，它很乾淨純粹。我挑選著約略翻了幾章，裡面隨處可見的典故讓我有如螞蟻逛山，抬頭仰望，頓覺自己讀書之少，無語汗顏。過了幾天，又收到序波先生郵寄來的《書法講座》（黃源講述，湯序波、陳揚、孟進整理，廣西師範大學出版社 2007 年 9 月第一版），黃源是湯炳正的學生，書法家。看來，通過電視媒體掀起的這講壇那講壇風潮還是有積極意義的，各種講座的聽眾、觀眾、讀者在被引領進殿堂以後，自然要找更精深的東西來讀，這兩本「講座」在此時出版，恰逢其盛，讓更多如我一樣拙劣的讀者願意來瞭解其人其事其學，豈不快哉？

　　我將這兩本書保存好，等到將來哪一天細品。目前，我的興趣點不在這兒，文深似海，我只能取一瓢飲。若進入不了那種語境，強按牛頭喝水，容易嗆著嗓子，敗壞胃口，必須歷經一個過程，步步為營，待得水到渠成，能夠津津有味地咀嚼時，方可咂出其中妙處。

　　我關注學人的事蹟，比關注他們的專業更甚。學問永遠脫離不了具體的細節，最後還是要落實到做人上。於是，我從網上郵購了一本《劍南憶舊──湯炳正自述》（山西人民出版社 2001 年 1 月第一版），薄薄的十六萬字的小冊子，印數僅三千，是一本不鬧騰、不咋呼的書，適合在臺燈下一頁頁翻閱。

　　湯炳正，山東榮成人。1910 年生，1934 年畢業於民國大學，1935 年入章太炎創辦的「章氏國學講習會」研究班，次年畢業並留校任教。歷任國立貴州師範學院副教授、國立貴州大學教授；1949 年後，歷任四川師範學院、四川師範大學教授。中國民主同盟盟員。專於聲韻學、文字學、《楚辭》學。

　　這本書中，我仔細閱讀了四篇文章：〈憶太炎先生〉、〈我與《楚辭》〉、〈治學曝言〉、〈學術年表〉。第一篇其實是他的嬗變經歷，能夠師從於章太炎這樣的國學大師，是湯炳正作為一個學人的幸運，也是旁觀者百問不嫌其屑的時段；第二篇和第三篇是他的學術思想的高度概括，三言兩語總結出來的，也許需要別人洋洋數萬言才能說清；第四篇是湯炳正的嫡孫湯序波整理的，作為附錄放在書後，20 頁的篇幅濃縮了一位學者的一生。

　　〈學術年表〉中顯示，湯炳正真正師從章太炎，沒超過一年時間。這一年時間中，湯炳正看到了什麼？〈憶太炎先生〉一文中體現了以下細節：章太炎的室壁高處掛有鄒容像一幅，前設橫板如長幾狀，幾上有香爐，據說每月初一、十五，先生必沐手供香一次。「先生對共患難的戰友，其感情之真摯有如此者」。甲骨出土較晚，

先生對此頗抱懷疑態度。因為當時搜藏甲骨最力者為 XXX（這裡的隱筆應該是羅振玉吧？──筆者注），故先生在談論中曾說：「民族氣節可以不講，國土可以出賣。出自這類人物之手的東西，教我怎信得過？」湯炳正評價道：「先生這種態度，往往遺學術界以話柄。但從中不難看出前輩治學之嚴謹；略其形跡，取其精神，對我們來說，不也頗受教益嗎？」章太炎好「深湛之思」，生活小事在他腦海中是不占位置的。平時吃飯，如果桌上有幾樣菜，先生則只食放在眼前的菜，其餘則視而不見，家人知其習，暗中不斷換掉菜的位置，他也竟不知覺。

做學問的人，像章太炎、黃季剛這樣性格突兀，可以留下明顯佳話的，比例並不高。多數人主動或被動地把自己隱藏在了學問後面，廬山面目模糊不清。他們沒有淋漓的愛恨情仇，大悲大喜，亦無跌宕起伏的情緒。這時候，關注一下他們的回憶錄中的若干片段或許可見些端倪。在回憶錄中，他們所津津樂道的，一定心有戚戚；刻意迴避的，則忌諱抵觸。他記住了什麼，心裡就裝著什麼。誰也不可能把自己的日子流水帳一樣全部重現，讀者可以根據學人選擇的這部分，判斷他的的價值取向，或者和該學人的性格掛鈎。同理，通過章太炎的以上細節管窺書房深閨中的湯炳正，也應該靠譜。

因為章太炎常常誇獎湯炳正，章過世後，湯炳正作為唯一的弟子代表在追悼會上發言。《大公報》當家張季鸞說，你是太炎的得意弟子，給我們寫篇文章吧。湯寫了一篇，發表在 1936 年 6 月 19 日的該報上。關於「章太炎先生曾稱其『為承繼絕學惟一有望之人』」的說法，該文給出了明確出處。湯炳正的學生李誠從圖書館借得 1936 年 6 月 17 日的《大公報》，內有一條關於「國葬章太炎」的新聞，其中有云：「章夫人介紹章高足湯炳正君（魯籍）報告章近年講學經過。章夫人並謂：章生前對湯極賞識，以為乃承繼絕學惟

一有望之人云……」湯炳正寫道：「我讀完這段話後，不禁汗流浹背。對先師的『絕學』，我究竟繼承了多少呢？有負先師的厚望，更有負於先師的『賞識』！愧疚之情，久久不能自抑！」有些老年人，仗著歲數大，眼看著知情人紛紛葉落，反正查無實據，沒人追究，自己便滿嘴跑火車。有時候被好事兒的人多問幾句，他（她）就漏洞百出，難以自圓其說。這樣的人，無法給青年當典範，自己其實也活在戰戰兢兢裡。相比之下，湯炳正在這種說辭上給出明確出處，而不是隨意剪裁，一方面或許緣於治學嚴謹的慣性，另一方面也可稱得上厚道吧！

在〈治學囈言〉一文中，湯炳正指出：「學術上的求『新』，並不是目的；求『新』的目的，在於求『真』。所謂『真』，首先是指符合或接近歷史的本來面貌」。他舉何天行為例，認為何的〈楚辭作於漢代考〉一文「新」則「新」矣，卻並不「真」。在〈我與《楚辭》〉一文中，他提到自己曾作〈《離騷》決不是劉安的作品〉予以反駁。我不曉得湯炳正到底是如何反駁的，但我可以說，誰也無法確認自己的論斷就是絕對真理，湯炳正以何天行為「新」而不「真」，言外之意當然就是以自己為「真」了。那麼，別人就肯定推翻不了他的結論嗎？我看未必。所以，做到真正的客觀並不容易。不過，湯炳正提出的「真」和「新」的命題，確應引起我們的思考。而我的些微感慨，自然因他的命題觸發而來，也算是和這位已故老人之間的一點互動吧。

湯炳正提到，章太炎的兩個兒子並沒繼承章的學業，倒是其孫章念馳，為先生修陵墓，為先生召開逝世五十周年學術會議，為先生遺著之出版奔波勞累，做了許多事，而且做得很好。而湯自己呢？他身後也是其孫湯序波在為他奔忙。我著重讀了湯序波為兩本書寫的〈編後記〉。雖不過幾千字，卻也文采斐然。不知這算不算一種「嫡孫現象」。兒女離父母太近，越是名氣大的老爹，越易蓋住兒

女的身影。到了孫輩，可以從情境中跳出來，又有家傳薰陶，反而常常振興「祖業」，如俞平伯之於俞樾，如葉兆言之於葉聖陶。

以湯炳正先生為話題，拉雜引出這麼多話。感謝他老人家。

（2007 年 11 月 7 日）

# 章克標：人走了，話要說清

　　今年年初，活了一百零八歲的章克標去世了，上海和嘉興的一些報紙做了報導，並給了他一個稱號：「文化老人」，外地媒體多沒關注。人雖然沒了，但其樣本功能沒有喪失。一個人，活了這麼大歲數，跨越若干時代，經歷過若干風波，即使不面面俱到地談，舉其一兩點，亦有可思可想之處。

　　章克標是個作家，寫了不少書，最有名的大概要數上世紀三十年代寫的《文壇登龍術》了，被魯迅一罵而成名。當然，魯迅罵誰不罵誰已經代表不了什麼了，沒有誰是真理的標竿。其後大概還寫了些東西，但鮮為人知。倒是前幾年在文化圈內鼎鼎大名的《秀州書局簡訊》（後整理成《笑我販書》和《笑我販書續編》出版）上，保留了不少與他有關的鮮活資料，其中還有他給秀州書局經理范笑我的信，裡面點點滴滴地表達了這個「百歲老人」的內心想法。在生命的最後幾年，章克標之動筆，除了寫回憶錄，就是給《秀州書局簡訊》寫信，估計他也明白這本薄薄的小冊子在文化圈內的分量，希望在生命的最後時刻留下一兩點印跡。

　　看他表述自己的生活和心境。2001 年 1 月 6 日章克標從湖北保康寫信給秀州書局范笑我：「我訂了好幾份報刊，花了上千元。其中有一份《人民日報‧海外版》。因為想到在山鄉孤寂，只有以看報刊來解悶了。一個人活到一百歲以上，不好好兒在家裡安坦享享福，要出外走天涯海角，真可笑的事情也。也只有聽其自然管它媽的了，況且已經總算停下來安居了。」

　　章克標 3 月 10 日從湖北保康來信說：「腦白金廣告，以前訂有合同，是否符合也搞不清楚。」而在當年 1 月 22 日，有人就在秀州書局裡說，看到當地一家晚報內夾發著腦白金的廣告，上面說，「章克標服用腦白金後恢復了年輕」，又說，「老人一向很節約，但買腦白金從不吝嗇，整箱整箱地往家搬。」

　　看來章克標一直沒閒著。1999 年，他在老伴下世兩年以後，以「世紀老人」的身份在報紙上徵婚，著實引起了轟動，後來，一個五十七歲的來自東北，後被章克標改名為林青的女人嫁給了他，並陪他走過最後幾年歷程。不過，因為他曾參加過汪精衛的偽政府，當過漢奸，也有很多人對他不屑一顧。章克標對此有過直接答覆。2003 年，章克標到嘉興一中參加百年校慶，有人問他，章先生住在上海是否有遊子在外的感覺？章說：年紀大了，器官退化了，什麼東西都退化了，沒有感覺。又問，現在仍有許多人在各種場合罵你，說你是漢奸，你如何看待罵你的人和你自己？章說：漢奸這個問題，人民政府和中國共產黨已有定義。我去問過有關部門，他們的回答是：我們不說。漢奸中央有規定，不是隨便可以定的。對罵我的人，我沒什麼看法，這是他們的言論自由，私人看法和見解不能代表國家。

　　章克標在年輕時代參加汪精衛的偽政府，被一些人說成是「生活壓力下的求職而已」（當然是他自己先這麼說的），但是，他的職務可是宣傳部的處長和《浙江日報》總編輯啊，這並非僅僅用「維生」兩個字就可以輕鬆撇清的，甚至，說其是骨幹亦無不可。以其八面玲瓏的智商，也無法解釋為一時糊塗。而「漢奸」兩個字，並不是一個稱號，不能像教授一樣由主管部門認定並劃分等級，它應該和「混蛋」一樣，是品質定性詞。當然，漢奸還有「賣國罪」、「叛國罪」對應著，而「混蛋」不用負刑事責任。不知道章克標問的到底是哪一個部門，是否有權認定「漢奸」這兩個字，但「有關部門」

模棱兩可的說法，顯然讓章克標抓住了救命稻草。竊以為，「有關部門」的回答，更多是出於對一個耄耋老人的無奈的尊重。人家歲數那麼大了，當面說人家是個「混蛋」似乎不厚道（否則，一句「你不是漢奸」不就解決了嗎）。但，這絕對不是什麼厚道不厚道的事。有些東西，沒有絕對的是非界限，而有些東西，是必須有個定論的，「是」就是「是」，「非」就是「非」。否則，就沒法向後人交代，讓後人覺得前人糊塗。我們可以對一個老人仁慈，但不能因為他比別人活得時間更長，就對他無可奈何。你可以給他生存權，可以讓他安度晚年，但必須告訴他，你當年的行徑就是漢奸行徑，你必須為此懺悔，你要為你犯下的罪負責一輩子。也許有人要問，人都死了，還說這些幹什麼？是啊，以文鞭屍，無非是要論個「是非」，以此為秤星，給出一個史易量化的標準。如果大家都不較真，與章克標同樣參加汪精衛政府的周佛海若是有幸活到今天，是不是也可以為自己翻案了呢？難道真的「誰活到最後誰就笑到最後」？

2002 年 7 月 2 日章克標在給范笑我寫信說：「胡風我並不知其人，也不知是否有此人，無可奉告。滕固已死去多時，其怎樣死也不很明白，他去文從黨從政之後，頗少往還，所以也不知其詳了……巴金一直老病臥床或住醫院活得也辛苦。茅盾，可說死得其所其時，善於抓住機會的能人，茅盾的著作也是善於抓機會。邵洵美是個老實到沒有肚臍眼兒的老實人，恰好同茅盾成對比。」

還是 2003 年到嘉興參加校慶那次，有人問：《章克標全集》何時出版？答曰：沒有出書的時間，章克標只有「不全集」，沒有全集，他的總集就叫「不全集」，字數九百九十萬字，因為不到一千萬，所以不全了。你對胡風、周作人、錢君匋（？）如何看？章說：胡風分子的胡風，還是要刺人的胡蜂？胡蜂不是嘴巴刺人，是尾巴

刺人，胡蜂很多，都是胡蜂分子，周作人，他要「作人」，可見本來不是人。錢君匋，淘一淘，一百萬，淘兩淘，二百萬，他是很經淘的。錢很多。他有三個兒子，每人一千萬。

　　當時就有人質疑：章克標能不知道胡風？也許是出於激憤，還是不屑？若是一個平素厚道的人說出上面的話，我們可以理解為機智和思維縝密。但放在章克標身上，似乎只能界定為尖酸刻薄。一百多歲，還保持著這樣的尖酸，一定是內心裡藏有巨大的委屈。給范笑我寫信，他一會兒自稱辛古木，一會兒自稱章小山人，與我們想像中的老年人的安靜、沉實、諸事看穿，很不一樣。那是一種憤懣和不平，顯然，是社會給他留的縫隙太小了，是欠他的。雖然有人說「章克標還沒死？怎麼還不死，活著多吃米」，但也有人給他發退休金，去醫院探望他，還有人照顧他的晚年，端屎端尿（如林青和林青的三個兒子）。這些，似乎都不夠，所有的人都把他當成「文化老人」才過癮。

　　「文化老人」如果實在寫不出什麼像樣的作品，留下幾篇回憶錄，回憶彼人彼事，成為後世研究的文本，似乎也不錯。但是，沒有。我讀完章克標寫的《九十自述》，只覺乾癟枯燥。與他臧否別人時的那種嬉笑怒罵，那種激情四射截然相反。這本自傳性質的東西，簡直是一點感情都沒有，沒有他自己的愛，沒有他自己的恨。你在閱讀的時候甚至會想：如果你做個死不改悔的漢奸，頑固地堅持自己的立場，倒也不枉一條漢子！可是，沒有，連欲言又止都沒有，只是一個乾巴巴的提綱。讓人一邊讀一邊唾唾沫，就像嚼了一嘴木頭渣子，不是「味同嚼蠟」，而是「味同嚼柴」。

　　一個沒有責任感的人，對誰都是這樣油滑。對人，對國家，對歷史，甚至對自己，亦是如此；太平時代，大惡無以施展，亂世之中，則易渾水摸魚，鑽營攪屎。但是，我說的是但是，若罪行已為

即成事實，則必須時時提起，想起來就提，以此為戒，以此為訓，
讓後人知道：前人有糊塗蟲，也有明白人。

（2007 年 3 月 9 日）

# 蕭乾，臧克家

　　牛漢出了一本口述實錄，名為《我仍在苦苦跋涉》。我知道「詩人牛漢」，知道他是「胡風分子」，但不知道他還主編過《新文學史料》。《新文學史料》是一本非常有個性的雜誌，我喜歡。楊葵給《我仍在苦苦跋涉》寫了一篇推介，我讀後發生了興趣，特地去書店買了一本來。近幾年此類書出過不少，像樣的卻不多。我希望在牛漢的講述中發現一些不同的故事。

　　我找到了。

　　「胡風分子」牛漢說：「有一次，好像是 1954 年深秋的聚會上，是一個星期六的下午，下班後大家習慣到胡風家裡聚會。在座的有綠原、徐放、路翎、蘆甸等。當時胡風的處境令人傷感，他被擺在一邊受冷淡。蘆甸說：『文藝界對胡先生的意見和胡先生的願望完全相反。胡先生這麼有影響的人來北京後這麼受冷淡，真讓人氣憤。在我的心目中，胡先生的形象很偉大，我一生最敬佩的人就是馬、恩、列、斯、毛、胡……』

　　胡風在房裡走來走去，沒阻攔，沒表態。這麼高的評價，我不可理解，我不同意。幾分鐘後說有事，退席了。我很傷心，拂袖而去。我們是普普通通的詩作者，為什麼這樣提呢？！為什麼要追求這些？」

　　牛漢作為「胡風分子」一員，是受過大苦的人。他不避諱，把人們看不到的另外一面講出來，他還講，胡風事件平反後，大家並不「團結一致」，而是分道揚鑣，各走各的路，有的去做官，有的寫東西……

　　蕭乾是牛漢在人民文學出版社的同事。牛漢說，「『文革』前，我與蕭乾同在人文社編譯所。他愛打小報告，複寫四五份：造反派群眾組織兩份，人事處一份，樓適夷（當時人民文學出版社的領導）一份，自己留一份。『文革』中人事檔案公開，他的小報告展現在大家面前，大家都氣得不行。關於我有十四處，儘是胡說。根據聊天材料瞎編的。編譯所開了次批鬥會，是自發的，要他交代、檢查、道歉。他說：『我是老記者，技癢，不寫不成哪……』」牛漢還提到，蕭乾人緣不好，有一次游泳時差點淹死，牛漢救了他。有人埋怨牛漢說，救他幹嗎，死了活該。

　　在寫到馮雪峰一段時，牛漢講道，「《臧克家詩選》在雪峰還當社長時，選了薄薄一本。用當時的副牌作家出版社的名義出版。後臧又補充許多詩送來，希望用人文社的名義出版。雪峰當著我的面，把送來的詩選稿一下扔到地上：『他算什麼詩人！這就夠多了。』……他說他討厭臧在上海、重慶時的表現，認為臧沒有真正的詩。他只有在青島上大學時寫的幾首詩好。」

　　……

　　不是喜歡扒糞，這些東西確實叫人心裡一動。但轉念一想，又有些洩氣。我們不知道的事實一定還有很多，所謂冰山一角是也。為什麼，會有這麼多東西被有意或無意地掩埋？

（2009 年 1 月 18 日）

# 柏楊不和李敖鬥

　　以柏楊之鋒利，若跟人辯論起來，怕沒幾個是他的對手。可他從沒跟李敖打過筆仗。

　　有個記者問柏楊的遺孀張香華：「對柏楊先生的觀點，也有許多爭議，臺灣的李敖就公開地批評過柏楊先生的觀點，對這些觀點不同的意見，柏楊先生是怎麼回應的呢？」

　　張香華說：「我們夫婦都不談李敖，我們是得罪不起他的。他那張嘴太能講話了，況且他還有一個女兒，嘴巴也是那麼厲害，所以無論是他怎麼批評柏楊，柏楊都是任他去講，而從不發表自己的回應。因為我們實在是得罪不起他。」

　　讀柏楊的《醜陋的中國人》與《中國人史綱》，言辭多有激憤，指向的卻是一個群體，鮮有個案式的特定對象。而李敖的文章，多指名道姓，看似快意恩仇，酣暢淋漓，但不知被指名道姓的人做何感想。

　　好鬥的人，在鬥爭中可以獲得快感。他們越鬥越勇，一往無前。敵人越抵抗，他們越興奮，不達勝利決不甘休。跟他們鬥，其實就是付出相當多的精力和時間陪他們玩。

　　張香華的話很實在。她沒有上升到什麼微言大義，也不喊空洞的口號，明告訴你：我得罪不起你。惹不起，躲得起。無論懷著多高尚的目的，和好鬥者的長時間糾纏，都會陷入辯論的泥淖，淪為意氣之爭。這就像兩個赤膊滾在一起的小孩子，沒有誰比誰更高尚。除了沾一身泥巴，不會有其他收穫，尤其得不出是是非非的結論。

　　這種辯論，一介入你就先輸了。

　　當然不是不去辯論。但辯論之前要先自省，即使不與人為善，也不刻意抹黑。問完自己再問別人，問完別人再反恭自己。有修正自己的能力，才有辯論的前提。

　　我很警惕那些自認為從來都對的人。恕我寡聞，我就從沒看到過李敖說過自己有什麼錯。一想到他們橫刀立馬，一個都不放過，我就心驚膽戰。柏楊不跟他鬥，也算人生的智慧。

（2008 年 4 月 30 日）

# 悄悄老去

　　李敖在接受鳳凰衛視採訪時說，自己將來老得動不了時，要到海南島找一個偏僻的所在去終老一生。主持人問，讓人陪著你嗎？李敖說，不用人陪，老婆、女兒都不用，我就自己去。我不讓人照顧，也不想讓人看到我老態龍鍾的樣子。

　　說這話時，李敖已年過七旬。在一般人的眼中，這個歲數已是典型的老人，但李敖自己不這麼認為，別人似乎也不這樣認為。李敖跟人鬥了一輩子，其強悍風格有目共睹，七十歲了還在指點江山，拔劍四顧。他的自信絕無僅有。誰知他也有怕的東西，那就是怕老。

　　又想到了三毛。一個浪漫、唯美，又帶點神秘的女人，在生活最平靜的時候，她莫名其妙用一條毛巾結束了自己的生命。那一年，她四十八歲，馬上就要到「半百」的坎兒了。有一種猜測說，三毛承受不了年老，她只好以這種方式逃避。

　　還有鄧麗君。那樣一個純情、纏綿悱惻的女子，暴病而亡。讓多少人為之惋惜。但正因如此，她的形象永遠定格在那一刻。如果她安然活到現在，你能接受一個滿臉皺紋、白髮蒼蒼的鄧麗君嗎？你能想像一個老太太的纏綿悱惻嗎？

　　對於李敖，強悍已經浸入他的骨髓，與他連為一體，他就是強悍的代名詞。而步履蹣跚的軟弱，自然是強悍的大敵。他接受不了自己的不強悍；三毛何嘗不是如此，或許，她也不是怕老，她是怕自己不再浪漫。

　　強壯、浪漫、憂怨、纏綿，都是跟年輕聯繫在一起的。一些人沉浸其中，糾結於此，難以自拔。

　　但你看看瓊瑤，不是也日漸變老了嗎？她的小說，她自身感人至深的愛情故事，卻並沒有老去；席慕容年過六旬，她那美麗的詩句，哀愁的情懷，至今讀來七里飄香。沒有人因為瓊瑤年老，而去笑話她那小說中的真情。席慕容的詩歌，也沒有因為作者的年老而蕭瑟發黃。他們自然坦然的老去，如同春夏秋冬的輪迴，被我們無聲地接受了。

　　年輕是一道心結，也是很多人心中的一道坎兒，其實一邁腳就跨過去了。有些人卻寧可倒下，也不邁腳……

（2008 年 9 月 3 日）

# 李敖拒見劉賓雁

　　1989 年年底，流亡海外的劉賓雁要到臺灣訪問，有一項旅程是和作家李敖見面。12 月 17 日，劉賓雁想到李敖府上拜訪時，卻遭李敖婉拒。當天，李敖寫成〈寄語劉賓雁老鄉〉一文，詳述拒絕劉賓雁的原因。

　　在劉賓雁之前，索忍尼辛曾到臺灣訪問，並表示，他對「中華民國」不想預先瞭解太多，要親眼看看，親耳聽聽。然而在國民黨安排的行程中，在「外交部次長」錢復、「新聞局長」宋楚瑜等人的陪同下，索忍尼辛離開前表示：「哪一天貴國遭遇最壞的狀況時，我會再來為你們說話。」

　　李敖認為索忍尼辛已經被國民黨蒙蔽了，收買了，「立場相同，態度一致」。因此他寄語劉賓雁：「我的老鄉劉賓雁當然不是索忍尼辛，但他比索忍尼辛跟我們親。他既然來了，就不要犯老毛子犯的錯誤，在親疏之間，有以明辨；在時間安排，有以自主；在對象選擇，有以去取；在發言內容，有以驚天地而泣鬼神。不以此圖，徒給國民黨耍，博浮名以去，那不是我們所樂見的。」

　　半個多月後，李敖又作〈「民運」「民陣」的歸宿〉一文，直接告訴劉賓雁：「朱弦休為藍衣絕，白山黑水何為之？」不要因為和共產黨作對，就把自己跟國民黨扯在一起。

　　1989 年，國共兩黨仍在隔海對陣。

　　李敖指出的，正是反對派們容易犯的毛病，你反對某甲，我反對某甲，好，我們就是朋友。這樣結成的對子，不過是一時利益結合體。

　　臺灣的民進黨，就是為反對國民黨威權統治成立的。國民黨統治的反對派李敖先生，非但不參加，反而大力抨擊。他寫的《民進黨研究》，力透紙背，句句打到七寸。二十年後的今天再看，絕大多數都被李敖說中了。我不把他當成預言家，但我一定說他是先知先覺的智者。可惜，生逢亂世，鮮有細聽其狂言者。他不湊熱鬧。雖同為反對派，但理念不合，暫時粘連在一起，則後患無窮。

　　馬悲鳴在一篇文章中提到：「大陸所謂自由派的自由主義與雷震、李敖他們的自由主義完全不同。大陸的自由派都是自詡的，他們所自稱的自由主義有很強的進攻性，而這其實算不得自由主義……。大陸自由派……沒有一個不帶侵略性，而且都有成軍意圖。這叫什麼自由派？」我深以為然。大陸所謂自由主義者的破壞性正來自於非我族類其心必異，其攻勢之凌厲，必置之死地而後快；而一旦倒向誰，便捧誰上天。

　　真正的批判者不是這樣的。作為有意識的批判者，要有耐得住寂寞的準備，更要警惕這種先天無意識的惡習。

　　　　　　　　　　　　　　　　　　　（2009 年 1 月 10 日）

# 邊緣人王拓

　　謝冕在給金克木寫的一篇序言中提到：「那年臺灣作家王拓來訪，中國文化書院借此舉行了一個規模不小的座談會，金先生和我均被邀請。」最近一兩年，我比較關心台海局勢，知道民進黨的秘書長就叫王拓，莫非就是此人？在網上搜了一下，查到王拓簡歷如下：

　　王拓（1944-），作家。原名王弦久。臺灣基隆人。臺灣師範大學政治系畢業，政治大學中文系研究所碩士。1970 年發表處女作《吊人樹》。1971 年後在政治大學中文系任教。1975 年發表《金水嬸》。小說多取材於漁民生活，對臺灣下層人民的命運寄予深切同情。是當代臺灣鄉土文學的代表作家之一。1979 年 12 月，臺灣發生「美麗島事件」，事後被捕受軍法審判而服刑的人裡，包括了作家王拓、楊青矗。王拓、楊青矗的小說大多著眼於被剝削、被歧視、生活困苦的漁、勞階層，代勞工、漁民抒發心聲，並極力呼籲改善勞工和漁民的生活──秉持著這一社會關懷的信念，王拓、楊青矗甚至參加「立委」選舉、投身政治活動，終至身陷囹圄。1984 年出獄，繼續小說創作。王拓著作極為豐富，除了他珍愛的童書著作之外，小說《金水嬸》曾被改編成電影、電視連續劇。王拓積極從事黨外運動，曾任人間出版社社長，民進黨基隆市黨部主委。1990 年擔任民進黨組織部主任。1991 年當選「國民大會代表」。訪問過大陸……

　　不錯，此王拓即彼王拓了。在我的意識裡，中國人講究見面三分情，王拓跟大陸文化界的接觸，應該加深他對「祖國」的認同才對，怎會成為以台獨為黨綱的民進黨的中堅？

　　在網上繼續搜索，發現一篇署名蘇煒的文章，提到上世紀八十年代，「筆者曾參加過文化書院接待臺灣作家王拓的活動（王拓當時不喜歡由官方作協接待），從方勵之、胡風夫人，各界名流到退休的共產黨領導人都曾與會」。這句話揭示出，王拓到大陸來訪，接觸的多是異見知識份子；而一句「不喜歡由官方作協接待」，可看出其「非主流心態」，這跟他自己在臺灣的心態是一樣的。他加入民進黨，或許更多是為爭取民主、反對威權主義的國民黨吧？

　　2006 年，大陸拍攝的電視連續劇《雲水謠》，要求到臺灣取景，被民進黨當局的「陸委會」封殺。時為民進黨立法委員的王拓痛批道：「你不允許張克輝用他的觀點詮釋『二二八』，臺灣也有很多人像他這樣詮釋，你能都消除嗎？」《雲水謠》根據大陸全國政協副主席張克輝寫的愛情小說《尋求》改編，發生的時代背景正在「二二八」事件時的臺灣。

　　2008 年年底，臺灣的卸任「總統」陳水扁深陷貪污弊案，但很多深綠群眾依然力挺陳水扁。王拓作為民進黨秘書長，毅然說出「挺扁違反民進黨核心價值，黨內沒有大是大非」，引起軒然大波。實際上，在民進黨裡，王拓一直是少數堅持最初理想的人。2008 年末，王拓執意辭去民進黨秘書長職務，藉口是回家繼續寫作。

　　我沒讀過王拓的作品（有機會一定找來看看），對其人瞭解不多。僅僅通過以上線索的勾勒，從國民黨的反對者到刻意疏離共產黨，再到民進黨中的另類，我們看到的，是一個理想主義者的落寞身影。

（2009 年 1 月 4 日）

# 理想主義者高橋

　　上個世紀九十年代，曾經有一份名為《學人》的叢刊出版，主持者為汪暉、陳平原、王守常三人。這份叢刊周圍聚集了一批學界精英，縱論天下整整十年。那麼，這份叢刊是怎麼產生的，經費來自何方？

　　日本有位清掃公司的董事長，名叫高筒光義，他有一位同學，名叫高橋信幸（後來簡稱「雙高」）。兩人上學時正逢中國的文化大革命，不同程度地受到那個時代的理想主義的影響。高筒還曾經擔任過學生會的主席，積極參與學生運動。後來繼承家業，成為董事長。事業有成以後，他們突發奇想，又聯合伊藤虎丸教授、尾崎文昭教授、窪田忍等人成立了所謂的「國際友誼學術基金會籌備委員會」，決心資助處於困境中的中國知識份子，促進中日兩國的真正的民間交往。

　　來到北京以後，他們先後找到陳平原、黃子平、汪暉等人，跟他們商量，設想向國家教育委員會申辦一所民辦的大學。那是 1989 年冬季。陳平原在〈「失敗的英雄」〉一文中回憶：「第一次見面，雙方互不瞭解，幾乎不歡而散。幸虧高筒君理解我們的處境，不太計較我的冷淡，繼續保持聯繫，並不斷修正原先的『不切實際』的計畫，辦大學不成，辦研究院如何？研究院也不行，那就先開學術討論會。」汪暉也提到，他用「不可能」三個字回答了對方的建議。後來，汪暉提議可以辦一個刊物，「雙高」認為不錯，於是，《學人》誕生了。

　　1991 年初，《學人》創刊時，高筒光義帶著副手和骨幹到北京來和王、陳、汪三位編輯見面。晚飯之後，他的副手對編輯們說，每次高筒先生從中國回到日本後，總是對他們說，這些工作真有意思。這份投資給高筒的公司帶不來任何收益。雙方有約在先，不為高筒做任何宣傳。高筒光義樂此不疲，直到 1996 年，他的清掃公司破產。大概是怕陳平原等人過意不去，就託朋友高橋帶話：這幾年過得很愉快，不必掛念他的未來。此後，「國際友誼學術基金會籌備委員會」的伊藤虎丸、尾崎文昭、窪田忍和高橋信幸幾位教授從自己的工資中抽取了部分資金，繼續資助《學人》最後三輯的出版，直至停刊。

　　所謂理想，對於當事人來說，一定是有點「懸」的事，跟自身實力有差距。一個窮人可以把吃頓飽飯當成理想，百萬富翁吃牛猛海鮮也是小菜一碟。但這種知不可為而為之，且樂在其中的「理想」，卻給他們的人生染上了亮色。陳平原認為：「像高筒這樣的小企業家，略有贏餘，就開始『想入非非』……這種理想主義者，很容易失敗。可這種失敗，當得起『淒美』二字」。

（2009 年 1 月 4 日）

# 無名氏的股票

　　張昌華在《書窗讀月》裡有一篇文章〈哀無名氏〉，介紹了他和無名氏的交往，為我們保留了一段無名氏晚年的寶貴資料。

　　無名氏，原名卜乃夫，1917 年生，上世紀四十年代完成的《北極風情畫》和《塔裡的女人》等長篇小說曾經風靡一時。1997 年我從舊書攤上買到這兩部小說的盜版合集，該書封面介紹十分香豔，我以為是豔情書，懷著一種窺陰的心理帶回家，結果看到的是文采斐然的愛情小說。之所以說文采斐然，皆因我閱讀時對其文采根本沒抱期待。而那流暢的語言，曲折的故事情節，完全打亂了我既定的閱讀指向，甚至把我的心靈都悄悄淨化了一下。於是，我記住了無名氏這個名字。事後回憶，其實那就是瓊瑤小說的前身，如果我預知其面貌，或者有人提前給我介紹，我也不會產生這麼大的震撼。它是在我完全不設防時闖進來的。所以，一部作品好不好，跟閱讀期待也有關聯。一些作品，單拿出來還算不錯，可因為作者名聲太大或者炒作過火，其作品反而跟著吃虧。

　　不管怎麼說，無名氏憑著這兩部小說在文壇上有了一席之地。

　　上世紀九十年代末，為了出版無名氏的作品，張昌華開始和無名氏接觸。已經八十高齡的無名氏，從臺灣飛到南京，又應邀到復旦大學、南開大學去講學，隻身拎著一個很大很大的皮箱，單槍匹馬走天下。他從臺北打電話給大陸的朋友，一聊就是半個小時以上。張昌華收到的無名氏的信，接到他的電話非常多。無名氏十分健談，張怕他長途話費負擔過重，勸他省著點，他說自

己不在乎，難得找朋友聊天！張猜測，莫非是他孤身一人在臺北
太寂寞了？

無名氏私下裡說，近年來他的日子不好過，赴台後新組家庭的
破裂和寄人籬下的蒼悲，以及經濟的拮据，使他的身心受到了摧
殘。他說他很想在他能動的時候，多爬點格子，多攢點錢，以便到
杭州買房子，將來在西子湖畔度過他的餘年。

一個年過八旬的人，還在謀劃自己的未來，這是不是太過淒
涼？2002 年 10 月 10 日，無名氏黯然去世。張昌華翻出無名氏的
來信，讀到「但為了生活，仍不得老牛耕田也」一句時，不由得一
陣鼻酸，「殊不知這是一個孤苦伶仃的八十五歲的老作家煮字療饑
的悲吟」。

有一段背景張昌華沒在文中介紹，即，無名氏其實算不得臺
灣作家，1949 年以後，無名氏留在了大陸，度過了反右、文革那
段讓文化人備受凌辱的歲月。這期間，無名氏隱居杭州一隅，竟
獲全身。八十年代初，無名氏獲得平反，有了自由行動的機會，
卻在出訪香港時，輾轉到臺灣並定居　　他的二哥卜少夫是新聞
界的老前輩，曾任《中央日報》、《申報》總編輯和新聞天地社社
長，小弟卜幼夫也是臺灣新聞界的要人。當時的狀況是，大陸已
開始解凍，無名氏卻鬧出這樣一場小風波。誠然，臺灣也是中國
的一部分，在哪裡定居都一樣，但作為作家，要賣字維生，臺灣
的市場顯然不如大陸更廣闊。無名氏實際上也不是什麼政治人
物，他的出走如風吹水紋，轉瞬就過去了。臨終前幾年，他的收
入很大一部分還是來自大陸的出版界。設想，他當初若沒出走一
事，以他的名聲和閱歷，是不是更好混一些？以後大陸文學界也
會越來越現實，賣一天字吃一天飯，但起碼在無名氏活著的這段
時間，生存基礎顯然更好一些。

他在股票探底的時候都沒買，卻買了一支高開低走的股。人生如賭博，誠若斯也。

（2008 年 2 月 23 日）

# 朋友

　　張中行和季羨林二位先生，沒有做過同事，前半生好像也沒成為朋友。張中行大器晚成，到上世紀八十年代才出版了《負暄瑣話》《負暄續話》，暴得大名，成為一代宗師。而季羨林四十年代就是北大的東語系主任，國內外聞名的學者。文革後，因為單位沒有分房，張中行寄住在北京大學未名湖畔的女兒家中，和同時住在附近的季羨林、金克木並稱為「燕園三老」。

　　張、季二人本無來往，幾乎沒有互訪。有時候在樓下見面，彼此也只是點點頭，說上幾句話，季羨林這樣描述：「早晨起來，在門前湖邊散步時，有時會碰見他。我們倆有時候只是抱拳一揖，算是打招呼……」但是，張中行寫過一篇〈季羨林先生〉，季羨林寫過一篇〈我眼中的張中行〉。二人互相推崇。

　　張、季有個共同特點，那就是高壽。若有一個中年早夭，也便沒了後來的佳話。有些人沒有成為朋友，實在是因為活得還不夠老。等你登高一望眾山小的時候，看看身邊，只剩下咱倆了。那種淒涼、那種相互依賴，若非身臨其境，是想像不出來的。

（2007 年 7 月 24 日）

# 古稀之年

　　和一位朋友去探望作家 Y 老先生。其實，上大學時，我就知道他的名字。校報的編輯李先生跟他很熟，把他請來給我們這些校報記者做詩歌講座。演講完畢，幾位美女現場朗誦他的詩，還有答錄機配樂，煞有其事的樣子。那時候，我和周圍同伴都自負得不得了，天下的作家加在一起，就沒有我們敬佩的人。我們把整個過程像滑稽戲一樣欣賞，Y 老先生在上面講幾句，我們就在下面喊喊喳喳笑一陣。

　　後來，我當了編輯，朋友德北拿來一篇人物特寫，讓我給發一下。我一看，主人公正是 Y 老先生。德北說：「老爺子的東西現在是沒法看了，但他人很好，當年也幫過我不少忙。」我在排版時，配發了 Y 老先生一張照片，西裝革履，皮鞋上很多灰塵。這讓我無來由地產生了些許感動。

　　後來，他給我投稿，我卻發的很少。他的文筆並不賴，但路子老套。另外，那些地域文化史方面的內容也鮮有合適的版面。每壓下他一篇稿子，我心裡就產生一點愧意。我知道，老爺子寫東西很認真，列印出來以後，還用鋼筆修改一遍，然後才付郵。

　　我們斷斷續續交往也將近十年了。

　　到他家門口，老先生迎出來，說：「哎呀，國華這小夥子不得了，南方好多雜誌上有你的文章，我都讀了。你還到我家來看我，真是禮賢下士。」我趕緊握手作揖，連說不敢不敢。不管怎麼說，還要講老幼尊卑。在老人面前，我從來畢恭畢敬。這些年，接觸的

老人越多，我發現他們身上可學的東西就越多。我的敬畏之心多從他們那兒得來。

　　他拿出去年出版的新作《我的滿族族歌》（上下冊），贈送給我們。我和朋友坐在一旁抽煙，他在桌前給我們題簽。好半天，他才走過來。原來，他給我的贈言是一首詩：「國華進舍我動心／下仕禮賢少見人／有徑書山攜墨望／後繼又逢一代新」。

　　我們閒聊著。隨著話題的展開，記憶像竹筍一樣，層層剝開。

　　前一段時間，我在舊書攤上發現了一本上世紀七十年代初編印的小冊子，出版單位為長春市文化局，其中收有 Y 先生一篇文章。跟 Y 老先生提起來，他還記得：「那本書叫《散文小說選》，當時文化局搞了個徵文，我的文章入選了。」

　　那時，他還在九台縣（現九台市）當修路工人，已經在《詩刊》上發表詩歌，好像還有一個「大路詩人」之類的頭銜。我想，凡是成了名的，名氣沒有天上掉下來的，他們一定握住過時代脈搏，起碼在他們那一代人中，其能力是排在前列的。Y 先生從一個鄉下的小工人幹起，靠著寫作，硬是寫進了省城，成為省城作協副主席，這背後也有不少故事。

　　Y 老先生的客廳裡，書架占了整整一面牆，擺滿了書。他從書架頂端拿下一摞書。上世紀八九十年代，他的長篇小說《紀曉嵐外傳》、《紀曉嵐全傳》、《王爾烈全傳》等，曾經賣得不錯，這些繁體字印刷的書是在臺灣再版的，美國的華人社區也有銷售。

　　翻著那疊厚厚的書，我不知該說些什麼。有一次，Y 老先生跟我提到某報一個姓 X 的編輯，生氣地說：「X 某曾經跟別人講，老 Y 會寫什麼呀？！好，我不會寫，你會寫！」Y 老先生的口氣有點無助，又有點無奈。畢竟，他現在寫的東西很少能見報。那麼，在他眼裡可畏的後生們，一定寫得比他好嗎？幾十萬字的歷史傳記，姓 X 的也寫幾部來看看。如果有區別的話，那就是，一代人有一

代的話題，「後生們」關注的層面可能更符合時代潮流，Y 先生們摸不清目前的門路，說話的方式、內容不搭調，有點插不上話了，只能眼巴巴看別人的文章發得四處都是。此外，後生們握住了那麼一點話語權，掌控著版面。誰有話語權似乎就有「真理」，可以對人指手畫腳，任意褒貶。

據說，有人出了新作，要找位名人來寫個點評。相關單位負責人說，這事嘛，你得掏錢才能辦。對方說不想掏錢。負責人說，實在不想掏錢的話，我給你聯繫 Y 先生吧。果然，Y 老先生很快很認真地交上了點評。是 Y 先生不在乎錢嗎？未必。那位負責人大概知道，他更在乎寫，他更願意寫。

大浪淘沙，淘走了絕大多數的人。沒淘走的，則漸漸失去光澤，直至湮滅。將來我們也會被淘走的。不管你有多大的能耐，不管你多自信。這是自然規律。只是有人親歷了自己的規律，有人沒見到而已。

Y 老先生出生於 1938 年，到今年，正好是古稀之年。

（2008 年 9 月 14 日）

# 上官纓三題

　　上官纓，本名潘蕪，黑龍江賓縣人，1931 年生，1949 年開始發表作品。為人耿直、低調。上世紀五十年代因為雜文惹禍，被打成右派，下放吉林省乾安縣農村三十年。平反後任《參花》文藝月刊主編。著有《藝文亂彈》、《上官纓書話》、《描紅集》、《藝文碎片》、《東北淪陷區文學史話》等。

　　最近和於德北陪同來自通榆的葛筱強兄去探望上官纓（潘蕪）老先生。老人的幾個話題觸動了我。

## 一、關於汪曾祺

　　潘老說，他很喜歡汪曾祺的作品。提起汪曾祺的文章如數家珍，對其小說、散文、詩和畫，都讚不絕口。八十年代初，在北京舉辦的一次關於民間文學的會議上，自己很榮幸地見到了汪曾祺。他用了「榮幸」這個詞。

　　一個老人，每天都端著個超級大的茶杯，按時來到會場。據說杯子裡泡著近乎發黑的釅茶。他挑一個靠窗的位置坐下，不與人交談，獨自吸煙，喝茶，聽報告。非常準時地來，會議結束立刻離開。頗有點仙風道骨的意思。旁邊的人指指點點，說，那就是汪曾祺。

參加會議的人，一般都是兩個人一間屋，為照顧汪曾祺，給他一個人安排了一間屋子，就在潘蕪房間的斜對面。每天晚上，很多年輕人都聚到那個屋子裡，向汪曾祺請教，歡聲笑語陣陣傳來。

我問，你和汪曾祺談了些什麼？

答曰，我們沒有交談，他周圍有那麼多人。

潘老說，在吉林文壇這些年，自己從沒主動跟誰套過近乎，無論他有多大的名聲，他是多大的官。

但潘老把汪曾祺所有版本的書幾乎都收集全了。

## 二、關於藏書

潘老說，自己有兩位老朋友，買了很多書。但他們去世後，畢生積累的書都被子女賣了。他就曾在舊書攤上買到過老友的書。說到這裡，潘老有些傷感。「我一輩子愛書、藏書、買書、寫書，積攢了好幾萬冊書，在我百年之後，它們該怎麼辦呢？」老人引用了林黛玉的一句詩：「他年葬儂知是誰？」

為了搶救潘老的藏書，長春市圖書館專門建立了一個「上官纓藏書室」，把他的藏書陸續運到了圖書館。不過，我覺得藏書家的書在身後流入民間並不是件壞事。誠然，有的也許會被送到廢紙廠回爐，但大部分都將零散地進入其他愛書者的書房。願意花錢買下這些書的，一定是因為喜歡。這些書重新找到了知音，擺在書架上，並沒有死去，它們還會好好地活著。它們比被送到圖書館束之高閣更有價值。

願老爺子不再為他那些書擔心。

# 三、過去和現在

潘老說，我想寫篇書話，不知道你那裡能不能登。我連連答應，能，能。

他說，上世紀五十年代，寫了稿子就投給北京的《新觀察》、《說說唱唱》等報刊。有些真的發出來了。前幾年見到鄧友梅，潘老提到，對方當年在《說說唱唱》上編發過自己的稿子，鄧友梅還記得文章的題目。

潘老感慨，自己年輕的時候，不知深淺，只想在大報大刊上發表文章，現在能在《城市晚報》上發個稿子，自己就感覺不錯了。

我有點心酸。是誰，把文化老人們的文字逼到了這個地步上？不是他們自己，一定還有外力。

隨著年代的更迭，一些價值觀發生了變化，但還應有一些亙古不變的價值觀存在。

（2008 年 8 月 10 日）

下編

# 涵養不是天上掉下來的

　　章太炎大罵袁世凱的故事，曾經一度被傳得神乎其神。為了討要辦公經費，章太炎到總統府找袁世凱，袁世凱討厭他那死打濫纏的作派，找理由推託，他先說自己在接見總理熊希齡，又說在接見工商次長向瑞琨。章太炎一聽就炸了，他說，連向瑞琨這樣乳臭未乾的小孩子都見得，難道我就見不得？一怒之下，在總統府掀了椅子，踹了桌子，砸了花瓶。袁世凱派人把他拉走，軟禁到北京錢糧胡同一所新居。但軟禁歸軟禁，給章太炎送吃送喝，還允許他的朋友和學生前來探視。章太炎憋得難受，天天靠罵袁世凱消愁解悶。他常常一邊嚼花生豆一邊咬牙切齒地喊，殺了袁皇帝，殺了袁皇帝！在手所觸及之處，大書特書「袁賊」。袁世凱的兒子送來的被子也被他燒了無數的窟窿，扔出牆外。

　　袁世凱拿他一點招兒都沒有，也不能把他怎麼樣，兩人就這麼乾耗著。最後，袁世凱還是沒熬過章太炎，自己先死了。章太炎因為敢罵所謂的「竊國大盜」，名聲也更大了。事實上，這件事對袁世凱並沒有什麼損失，相反，倒為袁世凱增加了不少得分。拋開臉譜化的「大奸本色」且不談，單就其權傾一時的身份來講，能夠容忍外人這麼糟踐自己，其涵養就值得挑一下大拇哥。

　　這種文人與政客間的佳話，不是特例。當年，傅斯年要彈劾行政院長孔祥熙，蔣介石一面利用新聞檢查制度封鎖新聞，一面通過他的侍從室拿走全部材料。後來，見硬的不行，就來軟的，請傅斯年吃飯，問他：「你信任我嗎？」傅說：「我絕對信任。」「你既然

信任我，那麼，就應該信任我所用的人。」傅卻說：「委員長我是信任的，至於說因為信任你也就信任你所任用的人，那麼，砍掉我的腦袋，我也不能這樣說！」說到激動處聲音都變了。在座的人都為他捏了一把汗，在蔣介石面前沒有一個人敢這樣講話，蔣介石也感到愕然。不過，最後，孔祥熙還是下臺了，而傅斯年，反倒更得蔣介石崇奉。

政客有此包容心，殊為難得。文人大多活得憋屈，既要與圈內人爭個你死我活，又要時時看周圍武夫的臉色，個把武夫不跟他們較真，是他們的造化。別看他們聲色俱厲時顯得多麼激昂，在真正的強權面前，他們只能軟弱得像個雞雛。政客們能夠暫時按捺住一己之私，望著「人來瘋」的文人無奈地笑一笑，任他們像小孩子撒嬌似的耍上一耍，這種場面也並不易得。文人們之撒嬌，不在於明白自己的實力（畢竟，他們的實力要依託於對方的見識，對方看重你，你就有實力；對方不看重你，你就一文不值），而是在於明白對方的底線。可以假設，武夫若隨時都可以一刀剁過來，或者一言不合，立刻讓手下把你拉出去槍斃，還有幾個敢於站出來慷慨陳辭？我認為撒嬌的文人和無奈的政客之間是有心靈默契的，偶有違僭，也是如同蜻蜓點水，稍縱即逝。撒嬌的文人和無奈的政客，一定不是素不相識，他們首先是熟人，甚或有惺惺之誼。罵了，也讓你無法抹下臉來。無數的例子已經證明，只要強權者說一聲閉嘴，都乖乖斂聲。有不識相的，殺幾隻猴，告訴他們，我不是跟你鬧著玩，誰有心思跟你鬧著玩？放心，文人見勢不妙，立刻就隨風而倒。

政客眼中，沒有永遠的朋友，只有永遠的利益。他們各有自我的價值判斷，認為你說的對，就讚賞採用，認為不對的，當成放屁，但不會否定你存在的意義。只要願意包容，就是認為你在總體上益處大於無用，否則早就一腳踢開。無論如何，認為知識有用，總比認為無用好，讓說話，總比不讓說話好。不過，歷來只見文人向高

官垂首，不見強權向文化撒嬌，這一撒嬌，高下立見。雙方並不是一個平等的地位。並且，人跟人要靠撒嬌來確立彼此關係，本身就不可靠，人不是機器，難免有把握不準的時候，武夫什麼時候翻臉，翻到什麼程度，對撒嬌者的損害到底有多大，這都無法量化，全靠自己把握揣摩，見機行事。

涵養不可靠，因為涵養不會自己從天上掉下來。比涵養更可靠的是劍，是強力，是可以牽住你的鼻子的繩子。不信你打量一下歷史上的武夫政客，凡是禮賢下士之時，都是有外力牽制之時或者剛剛從一身冷汗中走出來，急需向知識份子示好之時。此時的政客，也許稱得上權傾一時，但絕對說不上一言九鼎。他們的權力是有限的，每一個號令都有掣肘，每一個舉措都有牽制。他們焦頭爛額，亦步亦趨。心煩意亂之際，他們把自己的底線降到最低，根本沒有心思與知識份子較真。跟巨大的牽制相比，文人們的撒嬌簡直可以算得上可愛，知識份子非但沒有顛覆他們的可能，並且雖罵而猶有建設性。是幫忙而不是蓄意顛覆。兩廂權衡，自然取其輕。

（2007 年 3 月 23 日）

145

# 子然獨立的獨立

　　1919 年 1 月份創辦的《新潮》，是繼《新青年》之後又一推動新文學，鼓吹新觀念的雜誌。《新青年》的讀者多為中青年知識份子，《新潮》則重點面向大、中學生。這是因為，創辦該雜誌的新潮社是五四前夕以北大學生為主組成的一個青年團體。其主要人物包括傅斯年、羅家倫、顧頡剛、楊振聲、康白情、俞平伯、高君宇、李小峰、孫伏園、葉聖陶（非北大學生）、朱自清等。其中，傅斯年被眾人公推為領袖，胡適成為該社的顧問。可以說，這是一個薈萃了當時知識精英的青年組織，組成人員多是自由主義者。他們在北大深受陳獨秀、胡適等人影響。五四以後，胡適和陳獨秀在思想上分道揚鑣，而新潮社的大部分成員依然保持了大學期間的獨立性格，繼續追隨胡適。傅斯年在 1919 年 9 月份第二卷第一期《新潮》上發表了一篇題為〈《新潮》之回顧與前瞻〉的文章，介紹了當時組社的目的：「至於新潮社的結合，是個學會的芻形。這學會是個讀書會，將來進步，有設備了，可以合夥研究幾件事務。最後的目的，是宣傳一種主義。到這一層，算止境了。我們決不使他成偌大的一個結合，去處治社會上的一切事件。發佈些小冊子，編輯一種人事學科的叢書，一種思想潮流的叢書，一種文藝叢書，和其他刊物，是我們的事業。」這跟他以後提出的「與其做官，不如組黨，與其組黨，不如辦報」如出一轍。五四運動中，傅斯年振臂走在隊伍最前面，但令他沒想到的是，激動的學生們會闖進曹汝霖家中，毆打曹家的客人並且縱火燒了房子，這已嚴重背離了和平請願的初

衷。這種情況下，傅斯年毅然決定退出運動，其改良思想、獨立性格、自由精神已經略見一斑。

在以後的日子裡，傅斯年和胡適亦師亦友，他們一直堅守著自己的底線：不官不黨，獨立批判。圍繞在他們周圍的，新潮社成員不在少數。1949 年以後，在意識形態極為單一，非彼即此的年代裡，許德衍曾經寫過一篇回憶錄，他說：「這個刊物（指《新潮》）主張白話文，偏重於文字改革運動，雖然在當時歷史條件之下，具有一定的進步意義，但對於反侵略，反賣國的運動卻起了不少的反作用。《新潮》雜誌的主辦人全部倒退，走向反動。」這個評價恰恰從另外一個側面證實了他們的獨立性。而能夠造就如此之多獨立性格的人，新潮社功不可沒。

筆者考慮的問題是：經濟的獨立才能保證品格的獨立，信仰的獨立。新潮社在組辦之初，並沒有經濟上的獨立，甚至，他們要靠政府的錢來印刷自己的刊物。他們創辦刊物的時候，找到北大文科學長陳獨秀，陳獨秀說：「只要你們有辦的決心和長久支持的志願，經濟方面，可以由學校擔負。」（據說，陳獨秀的同意協助，中間經過一個曲折。傅斯年原來是黃侃的得意弟子，而黃侃最為反感新文學。陳獨秀懷疑他是黃侃派來的「臥底」，後來經過胡適從中作保，才接受傅斯年的要求，由學校負擔經濟）而學校的錢，自然是北洋政府劃撥的。那時候，北京大學一個月的總花銷才四萬元，竟然肯拿出兩千元來給新潮社（許德珩在自己的回憶錄中說是四百元，但無論四百還是兩千，都不是一個小數目）。不過，經濟問題一直困擾著新潮社。李小峰在〈新潮社始末〉一文中提到：《新潮》雜誌出版以後，引起了不小的震動。北大內部的反對派、守舊分子都以學校當局補助《新潮》而責難校長。同時，北大又成立了好幾個出版雜誌的團體，加上正在醞釀中的，都朝學校伸手要錢。學校當然無法一一補助，但又不能厚此薄彼。校評議會只好想了一個折

中的方案，即，所有刊物一律墊款前三期，以後的刊物印費自理。
此時，《新潮》已經印了兩期，若是猝然中斷資金，刊物性命難保。
於是他們給評議會寫信，說明學校答應負《新潮》印刷費全責，不
受期數限制在前，通過只補助前三期的議案在後，應該維持原定辦
法，不受定期補助的議案約束。評議會瞭解了情況之後，同意維持
原案。這樣，印刷問題總算解決了。

　　由於《新潮》受到青年讀者的熱烈歡迎，不斷重印，漸漸收回
了一些錢，並略有盈餘。後來，新潮社的主辦者頭腦發熱，超量印
了兩本認為可以暢銷的書，造成積壓，資金鏈斷裂，舉步維艱。即
使這樣，他們也從沒有接受過外部的捐助。新潮社創辦之初就下定
決心，絕不接受本校以外任何個人、機關或團體的津貼。他們死死
地貼在母校身上。經濟上具有如此倚賴性，如何保證自己的獨立
呢？那是因為，他們背靠著一個獨立的北大。

　　《新潮》創刊以後，遭到了前所未有的攻擊。守舊派天天在報
紙上罵街，有幾家報紙幾乎就是以咒罵《新潮》為業。接著，有人
更是把《新青年》和《新潮》綁到一起，直接問責於北大校長蔡元
培。馬通伯直截了當地拿了幾本《新青年》和《新潮》，送給執政
者徐世昌。徐世昌又找到教育總長傅增湘，讓他提醒一下蔡元培。
「自《新潮》出版，輦下耆宿對於在事員生不無微詞……凡事過於
銳進或大反乎情緒之所習，未有不立蹶者」。蔡元培覆信，批判了
頑固派的指責，強調自己會繼續支持青年學生。

　　接著，參議院議員張元奇在參議院提出要查辦蔡校長，彈劾傅
總長的議案。國內譁然。但北大當局沒有屈服。而北洋政府最終也
沒有撤銷自己兩個人的職務。

　　北大的獨立性表現在，儘管校內的保皇黨和守舊派通過各種方
式來攻擊校領導，但校方始終保持了容留他們的雅量，任由他們攻
擊謾罵、使陰招。同時，新派知識份子亦可盡情回罵。蔡元培之後，

先後做北大校長的蔣夢麟、傅斯年（代理）、胡適等人也堅持了這種觀點。

　　蔡元培曾經發起成立了進德會，這個組織以不嫖、不賭、不娶妾為基本戒條；其他的還有「不做官」、「不做議員」、「不吸煙不飲酒不食肉」等。傅斯年等新潮社成員後來在「不做官」、「不做議員」上尤其遵守校長的倡議。這也許就是他們當初願意把自己的獨立跟母校捆在一起的原因。意念一樣，追求一樣，即使不獨立，也要讓自己的不獨立依靠在具有獨立性的支柱上。

　　沒有孑然獨立的獨立。一種獨立一定依賴於另外一種獨立。「母獨立」消失了，哪裡來的「子獨立」？《新潮》的獨立依賴於北大的獨立，北大能夠獨立，也是其來有自。獨立性格，向來是上面緊一下，下面可能緊兩下；上面鬆一下，下面也可能鬆兩下。當然，任何時候都沒有完全的獨立。但這一鬆一緊，大有文章。所以，苛求今天的知識份子應該怎樣怎樣，實在是強人所難。在他們經濟不獨立，人格不獨立的前提下，一切要求都是無源之水，無本之木。

　　　　　　　　　　　　　　　　　　　（2007 年 4 月 17 日）

# 魯迅的建設性

魯迅逝後二十多年，梁實秋在〈論魯迅〉一文中再次指責魯迅：

> 要作為一個文學家，單有一腹牢騷，一腔怨氣是不夠的，他
> 必須要有一套積極的思想，對人對事都要有一套積極的看
> 法，縱然不必即構成什麼體系，至少也要有一個正面的主
> 張。魯迅不足以語此。他有的只是一個消極的態度，勉強歸
> 納起來，即是一個「不滿於現狀」的態度。這個態度並不算
> 錯。北洋軍閥執政若干年，誰又能對現狀滿意？問題是在，
> 光是不滿意又當如何？我們的國家民族，政治文化，真是百
> 孔千瘡，怎麼辦呢？慢慢的尋求一點一滴的改良，不失為一
> 個辦法。魯迅如果不贊成這個辦法，也可以，如果以為這辦
> 法是消極的妥協的沒出息的，也可以，但是你總得提出一個
> 辦法，不能單是謾罵，謾罵腐敗的對象，謾罵別人的改良的
> 主張，謾罵一切，而自己不提出正面的主張。而魯迅的最嚴
> 重的短處，即在於是。

此即梁實秋和他的朋友們多次對魯迅提出的「拿貨色來」。胡
適有「大膽的假設，小心的求證」，有「實踐是檢驗真理的標準」，
還有包容、改良等主張，魯迅呢？他的主張在哪裡，他的建設性在
哪裡？面對梁實秋們的追問，魯迅似乎也沒正面回答過。可他沒有
回答不證明他沒思考過這個問題，他在〈一點比喻〉中提到，一隻
山羊領著一群綿羊，急匆匆地奔向屠宰場，這隻山羊起到了什麼樣

的作用？「往哪裡去？！」魯迅連續兩次問到「往那裡去」，作為知識精英，他對這個問題的焦慮既是提給別人的，也在逼問自己。沒有回答梁實秋，並非是他理屈詞窮，或許，他只是覺得對方的問題很可笑，根本不屑於回答。

因此，我們就有必要提到魯迅的文化身份。跟同時代的人相比，魯迅的草根性既非梁實秋們的說說拉倒，輕易就可跳脫出來，也非左派文人們的偏執和以之為旗、另有所圖。他一直把自己深深地置於民間。1926 年 1 月魯迅在《語絲》上發表〈學界的三魂〉，認為國魂有三：「而這三魂之中，似乎一是『官魂』，一是『匪魂』，還有一個是什麼呢？也許是『民魂』罷，我不很能夠決定。又因為我的見聞很偏隘，所以未敢悉指中國全社會，只好縮而小之曰『學界』。」事實上，他已把自己定位為「民魂」的一部分，並尤其注意到「民魂」的純潔性，以防其被玷污：「惟有民魂是值得寶貴的，惟有他發揚起來，中國才有真進步。但是，當此連學界也倒走舊路的時候，怎能輕易地發揮得出來呢？在烏煙瘴氣之中，有官之所謂『匪』和民之所謂匪；有官之所謂『民』和民之所謂民；有官以為『匪』而其實是真的國民，有官以為『民』而其實是衙役和馬弁。所以貌似『民魂』的，有時仍不免為『官魂』，這是鑒別魂靈者所應該十分注意的。」

基於此，魯迅為文為人的出發點皆有所本，遍覽其作品，他為遭軍警慘殺的學生鳴不平，披露革命青年遇難的真相，痛擊以復古為口號荼毒文化的官僚，群戰站在統治階層立場上的幫閒文人……與他的論敵相比，他所選擇的立場，在主政者那裡，自然沒什麼市場。梁實秋說他滿腹牢騷，的確如此。但這些牢騷更多地是在為無法發聲的那一群人發聲，是在為聲音微弱的那一個群體鼓噪。他的不舒服，即便並非全部是草根的不舒服，起碼也在很大程度上起到了替草根代言的作用。這個社會首先讓草根階層難過了，讓他不舒

服了，所以，他才要寫作，以筆為槍。一個人人怡然自得、安居樂業的社會，怎麼可以產生魯迅這樣的人？魯迅的「牢騷」其實就是「批判」，批判現實中一切他認為不合理的地方，而與他對陣的那一方，不願意，或者刻意躲避「批判」二字。批判是一種精神。換作另外一個人或階層來主政，只要他讓批判者和他身後那個巨大的群體感覺到不舒服，批判者就會繼續堅持自己的批判態度。美國總統布希在就職時說：「人類千萬年的歷史，最為珍貴的不是令人炫目的科技，不是浩瀚的大師們的經典著作，不是政客們天花亂墜的演講，而是實現了對統治者的馴服，實現了把他們關在籠子裡的夢想。因為只有馴服了他們，把他們關起來，才不會害人。我現在就是站在籠子裡向你們講話。」而魯迅對老大帝國的批判態度，對時下社會生活的強烈介入，不就是編織籠子的鋼絲嗎？誠然，一種制度的確立一定需要若干外力，但批判精神一定是外力之一。其生存空間、發聲空間一息尚存，他們就會在狹小的天地裡持續不斷地「謾罵」下去，讓主政者戰戰兢兢，成為被關在籠子裡的困獸。這才是他們的終極目的。

　　一條千瘡百孔的大河，它是我們安身立命的所在，誰也離不開它。有人提出疏導洪流，有人主張廢掉另外開挖一條，有人要植樹造林保持水土，有人要在河邊建一座廟求神靈保佑。各個都很有「建設性」。又有一個人，直接地指出，這裡有個漏洞，那裡有個漏洞，這裡有個蟻穴，那裡即將決堤。他心情急迫，聲色俱厲，難免讓人不舒服，尤其讓負責河防的人焦頭爛額，奔走不及。可他卻是最具責任感的人，他也許沒有什麼主義之類的概念，沒有琅琅上口的口號，你卻不得不承認，這種批判本身就是最大的建設性。

　　這，也是梁實秋們一直沒有理解的真諦。

（2008 年 8 月 13 日）

# 魯迅為何不愛旅遊

　　學者孫郁在一篇名為〈山水之外〉的文章中提到：「魯迅一生，不喜歡旅遊，有關外出觀感的散文，寫得很少。」大約在 1924 年，魯迅應西北大學及陝西省教育廳之邀，到西安講學。那一次走的是水旱兩路，沿途不少觀感。魯迅此前產生過寫一部關於楊貴妃長篇小說的念頭，但到了華清池，心目中的景致頓消，對楊貴妃的興趣降了大半。「這正是看景不如聽景的緣故。魯迅的這種心態，是他性格的昇華。他的思想庫中，缺乏自然倫理的因數。純粹的精神靜觀多，而實際考察的興致少。如有人於此下點功夫，寫寫魯迅遊興頗少的原因，當會是篇有意思的文章。」

　　孫郁自己給出了兩個原因：一是遊記主題過窄，後人用情過濫，反而讓人疏遠了。魯迅一生，鮮涉足於此種文體，大概有這方面的原因；另外一方面，魯迅覺得太安逸的環境裡，會消磨自己的意志，讓人陷入一種幻境。當年郁達夫要搬到杭州去住，魯迅就寫了一首〈阻郁達夫移家杭州〉，勸其從湖光山色中走出。「魯迅喜歡的是在蒼涼的境地裡掙扎、搏擊，厭惡的正是小橋流水式的平淡。」

　　以上原因有其道理，但我認為，這跟魯迅心底的極度自信有關。如果山水景致僅僅是茶杯、椅子一樣的物什，對人們來說，有無好惡也就無所謂了。關鍵是，山水景致是每個人都必須要發生關係的，人說：「仁者愛山，智者愛水」，它的博大、跌宕、細微、精巧、突兀，在在無法躲避。你不能無動於衷，視若無睹。湖光山色

是人類情感的另外一種表現形式。每一個有情感的人，都不得不正
視山水帶給你的衝擊。

山水不是用來平視的。

山水景致，悄然揭開人類的真性情。你一抒情，其實已嘆服
於山水。而魯迅龐大的精神世界已經足夠他馳騁了，他的自信讓
他難以嘆服任何事物，對山水的漠視只是他俯視世界的一種外
化。他從一涉世，就沒仰視過。山水在他那裡，真的就是山水而
已，真的就是對象而已。即便偶爾讓他震撼、憐惜，但波瀾不驚，
瞬間即逝矣。

魯迅之俯視山水，不同於毛澤東的豪情。毛澤東崇尚「與天
鬥，其樂無窮；與地鬥，其樂無窮」，他要人定勝天，要改造自然，
要「讓高山低頭，讓河水讓路」，要讓「高峽出平湖」，毛澤東也
在俯視山水，但他要征服它們。魯迅不然，他的俯視是沉鬱的。
他不會去主動傷害它們。他不嘆服，不征服。他與山水的隔膜不
可複製。

（2009 年 1 月 6 日）

# 周作人用典

　　周作人的隨筆喜歡引用典故，簡直到了無處不引，無時不引的地步。古今中外（這個「外」，又尤以日本為最）信手拈來。有一篇文章談故鄉風物「莧菜梗」，我以為他憑自己的見聞和記憶就足夠了，誰知僅僅兩千字的短文，卻先後引用了《齊民要術》、《爾雅》、《南史》、《王智深傳》、《蔡樽附傳》、《本草綱目》、《學圃餘疏》、《群芳譜》、《酉陽雜俎》、《詩》、《邵氏聞見錄》、《菜根談》、《醉古堂劍掃》、《娑羅館清言》等十四種典籍中的說法，而唯獨沒他自己的深切感受。他把自己淹沒在古人和外人的唾沫裡不能自拔。

　　這些典故嵌在文章裡，彷彿牙縫裡沾著菜葉，讓人一看就知道他剛吃過一頓豐盛的包子，有韭菜餡、茴香餡、三鮮餡、南瓜餡、茄子餡等等。我本想聽他說說話，卻聽不清他說什麼，只看到他牙縫裡一閃一閃的菜葉。我不知道別人讀這樣的文章是什麼感受。作者饕餮、咀嚼時，或許兀自爽歪歪了，可我實在希望他刷刷牙。

（2008 年 5 月 28 日）

# 胡適不捧場

謝楚楨寫了一本《白話詩研究集》，找到老同學胡適，希望他能過過目，給幾句好話。胡適讀完，差點沒吐了，認為這本書空前絕後地差勁，根本沒有出版的必要，於是直言不諱地指了出來。後來，《白話詩研究集》還是出版了。謝又來找胡適，請他在報紙上介紹一下這本書，胡適再次拒絕了。沒辦法，謝楚楨自己在報紙上登了個廣告，並拉來沈兼士等名人，寫了一大堆動聽的話。胡適對此很不屑，在當天的日記裡寫道：「我生平對於社會濫用名字的行為，最為痛恨。社會既肯信任我們的話，我們應該因此更尊重社會的信任，決不該濫用我們的名字替滑頭醫生上匾，替爛污書籍作序題籤，替無賴少年作辯護。」

胡適不是一個不給人面子的人，要不，也不會有「我的朋友胡適之」這樣的美譽。這次，之所以如此堅決，大概是因為老同學的要求觸及了他的底線。其實，給幾句好話也沒什麼大不了的，這種好話，要說不值錢，還真就不值錢，上嘴唇一碰下嘴唇，根本不費什麼力氣；要說值錢，那又非常值錢，因為這涉及一個人的尊嚴問題，尊嚴無價嘛！我估計胡適是這樣想的：我如果說這本書非常好，人家就會花錢來買。讀完以後，人家會想，這是什麼破玩意兒，你胡適還一本正經地向我們推薦，看來你的水準也不過如此啊！往後，人們就不再相信胡適說的話了，自己辛辛苦苦打下的基業，因為這幾句「好話」而煙消雲散。不向讀者推薦，最終是擔心讀者小

瞧了自己，從這個角度講，胡適主要還是從自己的利益出發。隨便給別人捧場，容易砸了自己的飯碗。

事實上，捧場絕對是一種美德。這個世界上，誰也不可能自己活一輩子，互相捧場，就是互相給面子。你給我捧場，到時候我也給你捧場，不是有這樣一句話嗎：捧別人就是捧自己。但如何捧場，捧到什麼程度，肯定具有相當高的技術要求。作家余華還不怎麼有名的時候，回到自己的家鄉，大家要跟他合影，他卻說什麼也不同意，他說自己早晚會出大名的（據《笑我販書續編》）。跟大家合了影，好像自己就會吃虧。這樣的做法大概沒人以之為然了，因為即便合了影，照片上的其他人最多也就是拿著照片跟外人顯擺一下，他們不會因為這張照片得到什麼，你也不會損失什麼。

胡適的做法雖然決絕，但並不討厭，他重視自己大眾偶像的地位，把自己的利益和大眾的利益結合起來；余華的做法讓人不屑，是因為他神經過敏地把自己和周圍人的利益對立起來。不就是捧個場，湊個趣嗎，還用得著這麼如臨大敵？

（2007 年 2 月 24 日）

# 研究者

　　胡適晚年把大部分精力投入到《水經注》的研究中，很多人不理解，但胡適堅持己見。其實這是個仁者見仁，智者見智的事。《紅樓夢》的研究開始之前，也不過是本豔情小說而已，經過胡適等「紅學」專家們天天提，日日講，逐漸引起越來越多人的注意，將其炒成了四大名著之一。一向喜歡開風氣之先的胡適先生，沒準把《水經注》當成了第二部《紅樓夢》。可惜，很多人認為他選錯了對象，《水經注》實在不值得他耗費這麼多的精力。

　　現在也有些研究者，喜歡搞冷僻的研究，把二三流作家當成舉世不二的天才吹捧。其實，二三流作家不是不可以研究，哪個層次的人都需要有人關注。但吹捧不能過分，不能因為把誰捧為天才而把別人都貶得連地縫都沒得鑽。尤其在研究方法上，若是將二三流作家的掌故擴大成時代的個案，也未嘗無益，但僅僅靠挖掘「天才」的雞毛蒜皮炫耀於人，恐怕終究走不遠。其研究也不過是「精神可嘉，於事無補」。

（2007 年 7 月 24 日）

# 古文人格

吳宓曾經在日記裡這樣評價葉公超：

> 超（葉公超）近年益習於貪鄙好利……對宓既失信又嫁禍且
> 圖利焉。宓平日對超極厚，至於請宴，更不知若干次。超每
> 於群眾中把臂附耳，外示與宓親厚，而實則宓完全在其掌
> 握，對宓既褻侮又不利……宓如李紈，超如王熙鳳；宓如陳
> 宮，超如曹操……今後只有疏遠而慎防之可耳。
> 遂益覺超似曹操與 Jonathan Wild 一流，專行霸道，尚權術，
> 不用感情……超既富有，乃恒計算小賬。
> 超等年利，在園中耕地，以種蔬菜。驅其夫人子女同勞作。

而吳宓與葉公超，曾經是非常要好的朋友。在清華大學任教的
時候，二人比鄰而居，往還頻繁，詩酒唱和，不亦樂乎。吳宓後來
在日記中對葉公超的評價，固然有其原因，並非空穴來風，但其嚴
屬苛責，似乎也很不客氣。我和青年才俊姚宏越談起吳宓，宏越君
如此分析：吳宓誠懇、厚道，但同時也是個偏執的人，他主持清華
大學國學研究院的時候，延攬梁啟超、陳寅恪等人，很有眼光和氣
度；學生錢鍾書笑話他笨，他也不以為杵，依然青睞和關照錢鍾書。
可以看出，吳宓在學術上，是有雅量的。但他往往在小事上斤斤計
較。主持《學衡》期間，他雖然憑著毅力將這本雜誌堅持了下來，
但他和「學衡」中的人關係都比較僵，在日記中，他動輒怨言滿腹，
總在發牢騷。

　　從吳宓主辦《學衡》，宣揚「國粹」，鼓吹用文言文寫作，再聯想到該時代一直堅決反對白話文寫作的林琴南、劉師培、黃侃等人，為人或許不壞，甚至可以稱得上忠厚，但性格上都有其狷介、偏執的一面。我不敢做「持古文者即狷介」的斷語，不過我想，這裡面是不是有那麼點內在的聯繫？或曰，有一種可以被稱為「古文人格」的東西存在，只是一度被我們忽略了？

　　這種「古文」人格，亦即古典文學（文言文寫作）上的典型性思維：堅持二元判斷，看重事物的正反兩面，非好即壞，非彼即此，正反兩面是對立的，沒有中間路線和調和方式，忽略人的複雜性，以及過渡過程中隨時可能發生的偏左偏右的不確定性。用詞嚴厲苛責，常作驚人之語。此種思維方式，一度影響了我國史料的寫作傳承，致使歷史上出現了很多頂天立地的大英雄、偉人，同時也出現了數不勝數的十惡不赦的壞人。而無論英雄或者壞蛋，其「好」的方面或「壞」的方面，均被無限放大。舉個簡單的例子，有人曾經提出，我國甲午戰爭紀念館的解說詞中，除了鄧世昌等少數幾個人之外，其他為國戰死的人「幾乎沒有幾個好人」，解說詞中極盡嘲諷、貶低之能事。事實上，在其他國家，凡是為國戰鬥而死的人，無論他有著這樣或者那樣的毛病，總要被認定為國家英雄，而不是以精神潔癖（或政治潔癖）的方式，將不屬我類者打入另冊。

　　縱觀我國歷史上的「好人」、「壞人」（這樣的分類形式很奇怪，它把絕大多數的中間人視若烏有，似乎世界上除了「好人」就是「壞人」，而這樣的分類卻幾成定式，沿襲至今），好人，幾乎沒有一個像「人」的，沒有七情六慾，不解人間風情，為了一個什麼概念或者「主義」，毫不珍惜自己與親人的身體、生命。「好人」二字，簡直和「人」就是尖銳對立的。比如，歷代文人政客們大肆宣揚的「二十四孝」中，要麼割股飼老，要麼埋兒養老，以近乎瘋狂的自殘形

式「孝敬老人」；而英雄們呢，非被打得皮開肉綻，甚至千刀萬剮，不能體現出他們的大義凜然和無畏不懼的精神。

由此生發開來，為了襯托好人的「好」和壞人的「壞」，傳統故事中常常出現莫名其妙的案例。古本的「包公賠情」中，包拯到赤桑鎮給嫂子賠情。嫂子問他為什麼鍘了侄子包勉。包拯說，眾大臣來為我餞行，包勉也來了，不知為什麼，卻當著眾人的面大罵皇帝，並要求我殺了滿朝文武大臣，自己當皇帝，然後娶皇后當新娘。他犯下了如此大逆不道之罪，我不得不忍痛將其送到鍘刀下面。這個理由看上去充分，實則十分荒唐。包勉為什麼要當著眾人的面罵皇帝？除非他是個瘋子！而如果他是個瘋子，瘋人瘋話，別人也不會計較，自然沒必要到皇上那裡告狀。總之，為了突出包拯的大義滅親，一定要給包勉安點罪行，即使是很牽強的罪行，粗糙到難以自圓其說的地步也無所謂。關鍵是這個「滅」字上。至於為什麼要「滅」，採取什麼形式「滅」，反而不重要了，包勉不過是個替死鬼，被拿來說事的。更荒唐的是秦檜殺岳飛。秦檜為什麼要殺岳飛？歷代傳奇小說中一口咬定秦檜私通大金國，他殺岳飛乃是受到了金國的指使。這個理由當然說不過去。有的則說他陷害忠良。但是在秦檜岳飛二人之間，到底誰對宋高宗更忠心？稍具歷史知識的人都能明白。讓人匪夷所思的是，這一切同樣不重要。在創作者那裡，只要符合二元選擇，讓受眾一目了然，輕易地得出「秦檜是壞蛋，岳飛是好人」就算完事。所以，文革期間樣板戲中的「高大全」形象，不是天上掉下來的，是有歷史傳統的。歷史上，我們從來就喜歡這樣的二元定律。

在二元定律的詞典裡，強調同仇敵愾、誓不兩立，唯獨缺少「容忍」二字。有恨，沒有愛，不懂得迴旋和包容，所謂「能容人處且容人」，只是一種說說罷了的消極教誨，絕對不鼓勵以德報怨，不鼓勵人與人之間的「大愛」。相反，而是以東郭先生和狼、農夫和

蛇的故事來告訴我們，對壞人不能姑息，一定要痛打落水狗，踩上一腳，讓他永世不得翻身。「害人之心不可有，防人之心不可無」，時時提高警惕。

這種簡單粗暴，對文化程度比較低的人們來講，確實易於接受，有利於他們立刻擺正立場，從而獲得佔據道德制高點的樂趣。因此，他們也願意聽這些，讀這些，在聽和讀的過程中，潛意識裡悄悄地把自己當成英雄。這種簡單粗暴，也確實有利於襯托英雄和「好人」。但真正面臨抉擇的時候，英雄的過於高大和遙遠，無法企及，付出的成本太高，中間階層的人只好偷偷放棄做英雄的念頭，甚至被逼到對岸去。至於有心向善的「壞人」，乾脆就只能做個純粹的壞人，他沒有其他道路可以選擇。

那麼，這一切跟文言文到底有什麼關係？我覺得，這是一個長期表達積累的結果。在上千年的文言文使用過程中，以之為晉身之階者居多，文以載道的功能過於強大，立言修身，聖人之道，都被過分強調。而這其中，尤其以八股應試的方式最極端。到了最後，其他的一切表達都被邊緣化，尤其是文言文的抒情功能、感性功能被弱化。古文中款款深情的東西本來就少，就算有，也是仰天長嘯，長歌當哭（依然是為了直接抵達最終訴求，缺少中間的過渡）。正是這種過度表達、誇張表達，使得文言文的文字和句式像磚頭、錘子一樣梆梆硬，不柔軟，態度上自然也柔軟不下來。因此，文言文利於罵街，不利於抒情，利於酣暢淋漓，而不利於辯證思維。

若從技術原因上分析，則可歸結為資源的有限。從甲骨到竹簡，再到紙張筆墨，在當時的經濟狀況下，都不易得，寫作者習慣性地要用最少的字來表達最直接的情感和想法，要在最短的時間內打動讀者，直達善惡的分野。於是，文言文在應用中不知不覺地就被賦予了如此的功能──簡練有餘，而情感不足，或者說，根本就不準備用於表達情感，而只用於說教。

　「古文」薰染下的人，難免不帶上這種古文人格。二元判斷，好則好上天，壞則爛透了心；愛則無原則地愛，恨則無原則地恨，不是將人分為三六九等，而是把人分為兩等。所謂客觀，所謂站在別人的角度，根本就是水中月鏡中花。

　當然，這不是說，古文就是古文人格、二元傳統的罪魁禍首。很多東西都是相輔相成的，古文，或許只是其中的表現之一，和其他文化相互關聯著。　有時，它還間接地影響這種傳統。但古文人格，一定應該是離我們越來越遠的「典型性思維」。

（2008 年 2 月 7 日）

# 名士風流

　　《學林散葉》（盛巽昌、朱守芬編撰，上海人民出版社 1997 年 9 月第一版，1998 年 3 月第二次印刷）收錄了四千多條學者、藝術家、政界名人的趣聞和軼事，一個故事長則上百字，短則數十，沒有體例和分類，只是信手拈來地輯錄，輕鬆而隨意。前些年有一本暢銷書，名為《非常道》，其實就是學這本書的路子。

　　轉錄《學林散葉》中的一些片段：

> 西南聯大教授劉文典，自以為是劉申叔的私淑弟子，根本看不起人，常說：「聯大只有三個教授，陳寅恪先生是一個，馮友蘭先生是一個，唐蘭先生算半個，我算半個。」

> 1927 年，陶行知在南京創辦實驗鄉村師範，向街巷貼出招生廣告。末了有這麼一行頗為別致：學費無，膳宿雜費詳簡章，小名士、書呆子、文憑迷、小政客最好不來。

　　錢鍾書只發表類似札記、隨筆性質的書和單篇論文。他在幾十年前就決定不輕易寫「有系統的理論書」，有的同學勸他寫部文學概論之類的書，他拒絕了。他說，那種書「好多是陳乏加空話」，即使寫得較好的也「經不起歷史的推排消蝕」，只有「一些個別見解還為後世所採用而流傳」。

　　丁文江初中跳級，一年跳三級，兩年就考進應該英國劍橋大學。

魯迅投稿，編輯者按字數計算稿費，時將標點除去。後又向魯迅索稿，魯迅乃精選一篇無標點稿送去，編輯者不能斷句讀，乃請魯迅自標。魯迅笑曰：「標點固須費事也，何不算稿費？」編輯者以後再也不除去了。

羅隆基受聘為天津《益世報》主筆時，提出條件有三：（1）不能刪改他的文章；（2）所寫之文，不能擱置不登；（3）不寫應時文章，如報紙必須刊載，應囑他人執筆，但報酬不能減少。

（數學家）蘇步青任復旦大學校長時說：「如果允許復旦大學單獨招生，我的意見是第一堂課先考語文，考後就判卷子，不合格的，以下的功課就不要考了，語文你都不行，別的是學不通的」。

黃自搜集史料兩三萬紙，準備寫四大卷《中國音樂史》，約200萬字。

高閬仙好吃肥肉，只肯吃白色的菜蔬，而極其厭惡菠菜、韭菜。

章太炎在日本填戶口調查表，「職業：聖人；出身：私生子；年齡：萬壽無疆」。

陳衡哲和任鴻雋結婚，胡適贈以對聯：「無後為大；著書為佳。」

林語堂在杭州玉泉購買一銅雀瓦，付款後對攤主說這是假的。攤主嚴詞詰問：「你為什麼要買假古董？」林則回答：「我就是專門收藏假古董的」。

這樣的例子真是數不勝數，轉不勝轉。轉錄時，我彷彿可以看到他們拔劍四顧，意氣昂揚的樣子。他們的言行，可以稱作名士風度：語不驚人死不休，敢講敢做。才華橫溢以至有如神助，自信以

至自負、認真甚至偏執、自我約束甚至自殘、天真以至可愛、敏感以至神經質、豪放以至無羈、怪異以至可笑。其最大的特點，就是特立獨行，不以約定俗成的慣例為定見，思維跳躍，敢於突破。名士之存在，是一個制度的可悲和可愛。可悲之處在於，並非人人有做「名士」的資格，只有才高八斗或者地位顯赫者才有這樣的佳話，因為並非人人有機會有膽量放狂，而即使有了機會，也不一定能夠流傳。可愛之處在於，畢竟還有名士能夠隨時發出不同聲音，做出驚世駭俗的事，以邊緣的言行衝擊主流。有時候，還能起到代民發言的作用。

其實，名士的言論，絕大多數成為不了主流，它們只是作為趣聞，以旁支的身份口口相傳，作為主流的一種反動被津津樂道。名士的意義在於，它讓人們意識到主流之外，還經常有不同聲音，人們跟隨主流的同時，也時時警惕著主流。名士的言論，在客觀上形成了對主流的監督，讓其必須時時修正自我，趨近完善，這對主流是有積極意義的，不至於萬馬齊喑，讓主流在沒有拐杖和明燈的路上，一條道跑到黑，自己把自己邊緣化。最近一段時間，中國文聯和作協有意收編幾個年輕人，結果，那些年輕作家和藝人大多對此不「感冒」，有人甚至聲稱以加入作協為恥辱。如果文聯和作協還認為自己對別人的收編是一種高高在上的恩賜，而不是服務，不聽聽各方面的議論，只能讓自己越來越邊緣化，有你不多，無你不少，偶一發聲便是自取其辱。當然，像文聯和作協這樣無實際意義的清水衙門，加入不加入確實無所謂。其他的衙門呢，如果沒有名士們的「放屁」聲，只聽掌聲，希望別人報喜不報憂，早晚也是這個下場。

名士言行，歷來是要被擠壓的。在名士的生態環境中佔有重要地位的兩大場地──報刊和大學，更成為被擠壓的重災區。上世紀二三十年代的上海，許多報紙雜誌，辦不了幾期，就要因自己的過

激言論被停掉。好在，只需換一個名頭，還可以接著來。因此，雨後春筍般新創辦的雜誌，只不過是新瓶裝舊酒，老一套。大學校長自然也要由政府任命，但他們中的一些人居然可以明確要求，不讓政治和黨派插手，大學裡不學黨義，允許容納異端，這些，便是名士的空間。如果不能實現全民的言說自由，給名士留出些空間來，也聊勝於無。

今天，名士們的聲音，只能在體制內報刊上發表，原則上，體制外不讓辦雜誌。而只要納入體制系統的，就必須受到管制。名士們的聲音可以發出多大分貝，多少數量，完全由報刊的直接管理者來把握火候，而這種意識形態的東西，並無具體標準，它跟數學公式不一樣，不能一是一，二是二地量化。那些直接管理者們，大多是從被管制的環境中摸爬滾打然上來的，是順從、聽話的代碼，良知還剩多少，膽量還剩多少，只能碰運氣。他們可以不懂業務，但一定懂「制度」。我沒有把管理者們一棍子打死的意思，畢竟，有些聲音還沒能被完全壓制，偶爾可以迸發出來。

舉個例子，學者龔明德在接受《藏書報》的採訪時，編輯刪去了他的一段話：「我供職的四川文藝出版社，自 1985 年春成立以來，六任社長都沒有把建立書刊資料作為自己的工作來抓，但他們都高度一致地強求坐班制。不少書稿，離開了相關的書刊資料，再認真再刻苦用功也是白搭。但我也無力說服他們。只好自己用可憐的工資和稿費大量買書，建立了自己的規模『藏書』。我的寫作，全靠我的『藏書』，在我的工作和生活中佔有很重要的地位。幾乎每責編一本書出來，或每寫一篇文章出來，我都要翻遍我自己收存的相關的書刊。」不排除編輯們在為龔明德做考慮，亦即保護自己的作者，但同時，肯定有自我保護的因素。龔的言論發表出來，白紙黑字，報社沒准就要吃官司，或者讓上級部門批評一番，事情搞大了，總編撤職停職也不是沒有可能。這種情況下，報紙是完全的

弱勢群體，毫無還手之力。因為他們在體制內，自己沒有權力。這樣一想，名士的特立獨行的聲音能發出多少來？

　　所以，名士無空間，體制上的擠壓要更多一些。稿子發不出去，沒人請你做演講，名士們的兩件利器：嘴和筆，都派不上用場，還何以為名士？在我看來，所謂權威，所謂體制，看似堅不可摧，其實脆弱得很，根本禁不住追問。客觀上講，體制外的生存空間的確很小，沒有報紙刊號，沒有政策支持，沒有經濟來源。但是，空間是需要自己爭取的。要有名士言行，先得把名士和名士的陣地保存下來。我在電話裡跟伍立楊先生談到謝泳被聘為廈門大學教授一事時，他並不樂觀，認為這只是一個個案，不足為憑。不過我想，這種個案如果多起來，也就成為好事了。所以，抗爭是有意義的，名士都有機會恢復為名士。

　　　　　　　　　　　　　　　　　　（2007 年 8 月 1 日）

# 世間漸無編輯家

　　上世紀二十年代到四十年代，很多作家、學者都曾兼職做過編輯，而且頗鬧出些名堂。魯迅、茅盾、巴金、林語堂、葉聖陶、顧頡剛等等，本身懷有長技，同時又操作報刊，呼風喚雨。另有夏丏尊、鄒韜奮、孫伏園、靳以、李小峰等人，其作為編輯的身份都十分響亮，稱之為「家」，咸所認同。「編輯家」這個詞，很難給出完整的定義，但起碼應具備一些要素，比如，專業知識精深，視野寬泛博大；是一個出版社、一份報刊或者一個欄目的主持者（精神核心），且該出版社、該報刊或者該欄目在讀者中有一定影響；周圍團結了一批可以形成影響的作者，且與作者有著良好的互動；具有相當的人格魅力，即使離開了目前所在地，換到另外一個地方，作者和讀者也都會跟著走，風格能夠延續不變。

　　整理古籍、珍本，歸納當今文化重點，誠是編輯家的任務之一，如孔子之於《春秋》、《尚書》，如魯迅之參與編選《中國新文學大系》，但「編輯家」之存廢，最明顯的表現還是在和作者的關係上。讀者反而其次。茅盾編輯《小說月報》時，每遇新人的佳作，必親加按語給以肯定；巴金在文化生活出版社工作了十四年，寫稿、看稿、編輯外，親自校對，跑印刷廠。胡風編輯《七月》和《希望》雜誌，培養了路翎、彭柏山、阿壠、鄒荻帆、彭燕郊、綠原等大批年輕人，結成終生友誼，這些朋友即使在他最困苦的時候，也不忍落井下石。

　　這樣的編輯作者關係中，編輯成就了作者，作者也成就了編輯，雙方都不愧對「家」字。而前些日子在一個撰稿人集中的網站上，恰好看到有作者發帖子憤怒聲討編輯，他說通過技術手段查到，自己用電子信箱發過去的稿子，編輯並沒有看，直接刪掉了──這樣的編輯太不負責。我覺得很好笑。怎麼叫不負責呢，如果這個編輯主持的版面很糟糕，他的領導會說他不負責，可以扣他的工資；讀者說他不負責，可以拒訂該刊。作者卻無權因為自己的稿子沒被看而說他不負責。舉一個例子，你到商場買東西，必須挨個兒看一遍，問一遍價格嗎？顧客可不可以不問價，目不斜視地走過去？如果答案是肯定的，編輯的做法就沒有問題。這是因為，現在絕大多數的作者和編輯，幾乎就是純粹買賣關係，你的稿子給我，我用了以後給你稿費，如此而已，再無其他。發到編輯信箱裡的稿子，是作者主動上門推銷的商品，不是人家訂的貨物。看不看貨，買不買貨，全是買主說了算。再者，你自認為是茅臺，可有人偏偏喜歡小燒，不喜歡茅臺，這有錯嗎？茅臺酒雖然好喝，有時候也要在櫃檯上一擺幾個月，無人問津。如不積極推銷，極有可能砸在自己手裡。這就是買方市場的殘酷。雙方都按市場規律說話。當然，並非說編輯不需要作者，但作者隊伍夠用就行了，不可能無限擴大，選誰不選誰，權力在編輯手中。

　　編輯給作者修改稿件，提出意見，扶掖後進，擱在以前似乎天經地義，今天的編輯卻沒有這樣的責任。為什麼編輯們的耐心一代更比一代低？再進一步問，當年的編輯家為人作嫁，僅僅靠奉獻精神支撐嗎？非也，這不是發揚風格的事。追究起來，當年編輯家都有理想主義的一面，為了某種理想，某個目標，他們寧可忍饑挨餓，生活上受點苦更無所謂了。做編輯工作時，他們沙裡淘金，或是基於一種責任感，要為新人新作開綠燈，或者乾脆就是為了在自然來稿中發現同道，以便結成同盟。而投稿者除了稿費外，也真是有話

要說，要表達出點什麼來，對社會造成點什麼影響。在這裡，文字起碼是一種高尚的東西，不僅僅換錢，還能承載微言大義。今天我們接觸到的編輯、作者，大多只為稻粱謀而已。為稻粱謀沒有罪，起碼比偷盜搶劫好，但只為稻粱謀者，就要遵循為稻粱的規則。轉換觀念，接受現實。我們身邊肯定有懷揣夢想的編輯，也一定有懷揣夢想的作者，但就怕剃頭挑子一頭熱，理想主義者碰到文字商人，道不同不與之謀，你就是個賣稿的或者買稿的，他跟你有什麼話講？只有雙方都是理想主義者時，才能碰撞出火花，編輯如獲至寶，手把手地傳授；作者虛心請教，對編輯的指導感恩在心，也只有如此，才能產生編輯家和編輯家引領下的學者、作家。

所以，編輯家的日漸缺失，首先是理想主義的缺失。

傳播技術上的改變，也正在為編輯家們挖掘墳墓。以前的出版社啦、報刊啦，都掌握在少數人手中。資源稀缺，管道有限，作者們要想有所為，首先跳過編輯這道門檻。對於編輯來說，操縱了資訊發佈權，就有了指點江山的資本。編輯家們為了讓自己的報刊、欄目更好看，常常對來稿進行修改潤色。而在網路越來越便捷的今天，資訊發佈者可以迅速地直達受眾終端，到論壇上粘一個帖子，全天下的人都能看到，溝通無極限。設想，當年明月若是把《明朝那些事兒》送到出版社投稿，再碰到個「不負責」的編輯，後果會怎樣？比起來，直接拿到網上去接受讀者的驗證，就方便多了。這樣一看，編輯的收集、整理、加工、扶持功能的確在日漸消失。最近幾天和編輯家張昌華通了兩個電話，他說自己不會發 email，沒有手機。昌華先生生於 1944 年，是資深文學編輯，曾任江蘇文藝出版社副總編，和很多文壇老人有所往來。我把他的堅持看作是老編輯家們對漸漸興起的資訊管道的抗爭。問題是，多年以後，書籍、報刊還能不能存在下去，存在多長時間，真不好說。如果這樣的載體沒有了，作為資訊中轉者，原先

的編輯或許會轉化為一個稱職的斑竹，一個認真的網站管理員，但就不要提「編輯家」這個詞了。

編輯家是什麼？是精神導師，是指引道路的明燈。

他們永遠活在我的心中。

（2008 年 2 月 29 日）

# 蔣廷黻與《中國近代史》

一提起什麼什麼史，很多人的腦子裡立刻可以勾畫出厚厚的，晦澀的，頭緒紛繁，讓人一看就頭大的「長篇巨著」形象，是的，這是現在的印象。而在以前，僅僅七八十年前，「史」完全可以不這樣寫。蔣廷黻的這本《中國近代史》，看名字好像煞有介事，其實就是一本三五萬字的小書，從當今書商的角度看，僅僅靠這些文字，根本就撐不起一本書，充其量不過一篇長文章而已，若是不兌點水、加點其他東西（比如圖片什麼的），值不值得出，都是個問題。

那麼，這一些有限的文字，能把事情說清楚嗎？依我看，只要抓住要害，找好了角度，不求面面俱到，但求攻其一點，重點突出，應該是沒有問題的。何況，在事實上也並沒有任何人可以做到真正的面面俱到。這本《中國近代史》，主要寫 1840 年以後到民國建立後十五年的歷史，分為〈剿夷與撫夷〉、〈洪秀全與曾國藩〉、〈自強及其失敗〉、〈瓜分及民族之復興〉四章，層層遞進，得出結論，認為中國要進步，不僅要有國防革命、技術革命，還要有政治上的，方方面面的革新才行。

這本小書，有兩個比較明顯的特點。其一：他的文章中提到的歷史人物，幾乎沒有一棍子打死的，都是從相對客觀的角度來考慮當事人的處境和選擇。比如他這樣分析林則徐：林則徐原先基本上是清議派的，但到了廣州以後，看到西洋的軍械輪船，覺悟到了本國的落後。覺悟到了又怎麼樣呢？──他不肯公開提倡改革。「他

讓主持清議的士大夫睡在夢中，他讓國家日趨衰弱，而不肯犧牲自己的名譽去與時人奮鬥。林文忠無疑的是中國舊文化最好的產品。他尚以為自己的名譽比國事重要，別人更不必說了。」談到洪秀全的提倡男女平權和均田主義，蔣廷黻說，「他的宮廷裡充滿著妃妾」，「他的均田主義雖有詳細的規定，並未實行。是他不願意實行還是感覺實行的困難而不願意試呢？就現在我們所有的史料判斷，我們可以說洪秀全對於宗教革命及種族革命是十分積極的，對於社會革命則甚消極。」對於曾國藩的湘軍，蔣廷黻認為湘軍是軍隊私有化的肇始：「在道、咸以前，地方大吏沒有人敢擁兵自重，與朝廷對抗，私有的武力是太平天國內亂的意外副產品」，「湘軍的組織和精神傳給了淮軍，淮軍又傳給了北洋軍，以致於流毒民國（此指民國的軍閥混戰）」。關於李鴻章和康有為，蔣廷黻認為，李鴻章是中國的先知先覺者，早在日本明治維新的初年就看清楚了日本是中國的勁敵，而他後來借重俄羅斯牽制日本，又不啻於引狼入室。康有為的成功之處在於他借孔子的語言來說西洋的話，用傳統的「皮」來包裝改革，易於為人接受。

　　蔣廷黻的這些觀點，有的到現在看還很新穎，另外一部分雖不新穎，但經過多年的轉圈，又繞回了蔣廷黻那一代人定下的調子。歷史就是這麼好笑和殘酷：你可以在某些時候欺騙所有的人，你可以在所有時候欺騙某些人，但你不可能在所有時候欺騙所有的人。到最後，曾經被臉譜化的一部分人和事，又被儘量地還原回了最初的狀態。可以說，那些刻意將歷史臉譜化的人是有罪的。他們的簡單粗暴，混淆了歷史，顛倒了是非，誤導了人民，造成了混亂，讓人對歷史沒有一個清醒的認識，以致不能看清過去，鑒於未來。也就是說，篡改歷史者延緩了我們的社會進步。在以後，人們應該提高對此類行為的警惕和抵制，以免繞來繞去，總在「交學費」和「撥亂反正」之間徘徊。

　　蔣廷黻的認識有沒有局限性呢？有。他認為孫中山的三民主義和革命方略是「我民族惟一復興的路徑，我們不可一誤再誤了」。他的論斷，在當時或許屬於新潮的「主流話語」，但「捧殺」是「棒殺」的對立統一，兩者的危害相同。這也算是一種局限性吧。蔣廷黻推崇孫中山的「軍政‧訓政、憲政」三階段論，「一般淺識的人承認軍政、憲政之自然，但不瞭解訓政階段是必要的，萬不能免的」。蔣廷黻說的也許有道理，但以目前的經驗看，「唯一」這種詞，最後不要用在治國大事上。一個人或者一種主義，都無法救國、治國，任何時候，相容並包，廣納言路和智慧，才是根本。

　　第二個特點，是其語言的淺白。「到了道光年間，我們的法制有名無實，官吏腐敗，民生痛苦萬分，道德已部份的失其維繫力。我們一面須接受新的文化，一面又須設法振興舊的政教，我民族在近代所遇著的難關是雙層的。」這樣的話，無需繞彎子，讓人一看就懂。其實，蔣廷黻也不是特例，他的好友胡適寫的《白話文學史》、《國語文學史》等，也是如此明白曉暢，除了上述二者，這樣寫作的，在同時代不乏其人。那個時代，白話文初興，有著蓬勃的朝氣，包容性也強，到了今天，學術成了霸權。廈門大學教授易中天曾經把一篇「論文」投給一家雜誌社，主編看完之後很生氣，「論文怎麼可以這樣寫呢！」在他的腦子裡，學術論文大概是有個固定模式的。學術論文，已經被嚴重拘泥，有自己特殊的語境，自己的敘述方式，除此之外，都是下三濫，不入流，其目的似乎要堅決拒絕常人的介入。

　　像這樣把自己玩死的，以詩歌最明顯。詩歌在唐宋時期，也是一種比較通俗，大家都可以接受的東西，連妓女都可以吟上兩首，超級男生柳永給妓女獻詩，如同當今的歌星給老百姓簽名，或合影留念，每個得到他詩歌的女性都要高興得直蹦。後來寫詩越來越繁瑣，講究頻繁用典、格律、平仄，等等等等。常人欣賞不了了。再

後來，發生白話文革命，古詩退出，白話詩登上舞臺，輝煌一陣以後，操作者覺得不過癮，寫朦朧詩吧。很快，朦朧詩與普通百姓越來越隔膜，直到退回沙龍和同志的圈子裡去。即使有些寫的真不錯的，也被掩蓋了。集體沉沒以後，誰也別想脫身；覆巢之下，鮮有完卵。

學術也是如此，更應改變目前這種八股狀態，同時提倡多種嘗試。若是有人走向了民間，願意利用電視傳播的方式給老百姓講講歷史，我們應該向他們鼓鼓掌，感謝他們的努力；若能提出一些善意的意見，指出其硬傷，促其完善，那就更好；內心裡如果不平衡，裝沒看到就行了，沒必要一定要謾罵詆毀，以顯示自己的無能和弱智。

蔣廷黻（1895-1965），中國歷史學家，民國時期外交家。1911年由教會資助赴美求學，先後就讀於派克學院、奧柏林學院和哥倫比亞大學研究院，攻讀歷史，獲哲學博士學位。1923 年回國，先後任南開大學、清華大學教授，清華大學文學院院長、歷史系主任。1935 年 12 月以非國民黨員的學者身分參加國民黨政府，任行政院政務處長，從此離開清華大學。後從事外交事務，1945 年被任命為中國駐聯合國常任代表。

這本小書，適合所有初高中文化以上程度的人讀，它語言淺顯，內容並不淺，觀點很鮮明。對普及歷史知識，梳理明晰的思路頗有好處。

（2007 年 8 月 29 日）

# 熊十力動手

有位瘦小的教授跟我說，十個大漢跟我找茬兒也沒用，我一個
腦袋一張嘴就把他們制服了，十個體力也抵不過一個智慧。

我覺得他說的有道理，但黃裳提供的這段軼聞卻又讓我有點
迷惑：

> 廢名平常頗佩服其同鄉熊十力翁，常與談論儒道異同等事，
> 等到他著手讀佛書以後，卻與專門學佛的熊翁的意見不合，
> 而且多有不滿之意。有餘君與熊翁同住在二道橋，曾告訴我
> 說，一日廢名與熊翁論僧肇，大聲爭論，忽而靜止，則二人
> 已扭打在一處，旋見廢名氣哄哄地走出，但至次日，仍見廢
> 名又來，與熊翁在討論別的問題矣。

爭論學術問題，為什麼要動手？那只有一種可能，即，他們誰
也沒辦法用智力征服對方，在這裡，智慧驟然失效，他們只好退而
求其次，改用拳頭這種最原始的方式。

其實，若實在說服不了對方，雙方保留各自意見也就萬事大吉
唄，為什麼非要強加於人？一有強加於人的想法，人就變得愚蠢，
有智慧的人也不例外。

（2007 年 9 月 21 日）

# 劉半農的「她」

　　「假如將韜略比作一間倉庫罷，獨秀先生的是外面豎一面大旗，大書道：『內皆武器，來者小心！』但那門卻開著的，裡面有幾枝槍，幾把刀，一目了然，用不著提防。適之先生的是緊緊的關著門，門上粘一條小紙條道：『內無武器，請勿疑慮。』這自然可以是真的，但有些人──至少是我這樣的人──有時總不免要側著頭想一想。半農卻是令人不覺其有『武庫』的一個人，所以我佩服陳胡，卻親近半農。」魯迅在〈憶劉半農君〉中說的這段話，一時傳為經典。　劉半農胸無城府，清澈見底，確實值得一見而親近。

　　北京大學成立三十五周年，讓他寫點拜年話，他上來就說：「瞧我們的校徽罷！『北大』兩個篆文，外面一道圈子，是不是活畫了個愁眉苦臉？」為什麼要這樣說呢？「瞧瞧歐戰以後的德國人罷！他們真能在愁眉苦臉之中蠻幹。他們痛苦時只是抬起頭來喘口氣，喘完了氣還是低著頭幹。而我們呢？在我們的帳簿上，只怕除去呼口號，貼標語，開會遊行示威，發通電之外，所餘下的也就近於零了罷！」

　　劉半農說話口無遮攔，做學問也喜歡直達內心。他在五四之後創立「歌謠學」，認為「歌謠」和詩歌一樣重要，並親自採集、編輯。他操刀創作的《教我如何不想她》，就是典型的歌謠模式。在這首歌謠裡，劉半農第一次用到「她」這個字。此前，只有「他」，沒有「她」字，間或用「伊」代替，十分不便，劉半農提出應該創造一個能體現性別的「他」，這樣，他提出來以後，並身體力行了。

他為人暢快，喜歡「淺顯」，卻不能在「淺」裡自得其樂。周圍的朋友們說他「淺」，這裡應該是說他做的學問「淺」吧？他於是跟「淺」較了一回勁。乾脆跑到歐洲遊學，發誓要搞個博士頭銜回來，後來他如願以償。博士答辯那天，他生生考了七個小時，完事以後被別人架出考場。

劉半農活了四十三歲，正是年富力強之時。如果多活幾年幾十年，一定有更大的作為。人生的後期，他已經把學問做得很「深」了。雖然，學問再深也比不上他創立的這個「她」。

（2006 年 11 月 22 日）

# 不刻意

　　民國期間的文人辦刊物，隨意性很強，常常是幾個朋友飯後湊在一起核計一下，你出一點錢，我出一點錢，一本刊物就辦起來了。辦刊物是件小事情，或怡情或圓夢，雖然有的也為傳播些什麼東西，但不是很刻意，不過就是個玩嘛！不小心被停了刊，換了一個登記號重新再來。有的甚至是辦幾期覺得沒意思，自己停了。所以，當時的新刊物多，短命的更多。管理登記的人好像在夢遊，只要你換了名字，要登記就登了。

　　這種「不刻意」，在當年的刊物上體現於各個方面。比如說內容上，他們很少進行所謂選題策劃，也很少篡改作者的來稿。要麼退稿，要麼發表。

　　所以，我很希望將來自己辦一份民刊。這份民刊的主題待定，但我會堅持如下兩個原則：一是堅決不修改作者的稿子，錯別字也不改（哪怕是明顯的筆誤），這樣，作者的真實水準盡現於紙上。為了堅持這一原則，我會讓所有的作者都發電子郵件來，不收平信投稿，因為我若重新列印，無法保證跟原稿連標點符號都一絲不差。編者選稿只有「是」和「否」兩個字，不能發的不發，能發的，一字、一標點都尊重原作。其二，拿出將近三分之一的版面發讀者來信，對當前大家關心的事件和雜誌上發表過的東西暢談自己的感想，來信也需電子文本，無須抬頭、落款，直接談事。這種面對面的交鋒一定充滿了無數的懸念，給讀者以期待。

　　當然，這樣的雜誌其實也很刻意，但由於它是在用極度的「不刻意」來否定「刻意」，所以尚可原諒。總之，這會是一種非常有意義的嘗試。

（2007 年 10 月 14 日）

# 尋找冷板凳

讀民國時期學人的傳記，常常驚訝於那時人們的博學和高產。像胡適、吳宓、陳寅恪等人，不僅國學功底深厚，而且動輒就是上千萬字的著作。他們能創造出如此輝煌的成果，除了天賦和個人的努力之外，還有其他的原因嗎？我想是有的。七、八十年前的學者們，手頭最易獲得的資料，必然以文史類居多，就像我們今天的生活，每天打開電腦，成千上萬個兇殺暴力的資訊撲面而來，讓你躲都沒處躲。胡適們耳濡目染在國學的氛圍裡，儘管這潮流那潮流已經開始湧入，但他們的資訊接受系統中，其主流依然是幾千年流傳下來的東西。這種資訊接收，跟現在相比，很單調很專一。今天的學者，他們主動或者被動接收的資訊，較前輩們可要複雜的多了。這裡面，垃圾資訊尤其多，而他們自己又不懂得過濾。此外，胡適們沒有電腦，沒有電視，更沒有網路。他們只能從薄薄的幾個版的報紙上獲取資訊，除此之外，每天面對的，也就是大量的書籍了。這樣，他們更容易靜下心讀書寫作。心有所專，來源於書，最後落實於書。是時代為他們減少了負累，創造了條件，讓他們有機會坐在桌前窮經皓首。

當然，這不應成為今天的學者教授們為自己開脫的理由，在任何時候，做學問都是需要坐冷板凳的，來不得半點投機。今人有了更為便利的技術條件，他們在充分利用這些條件的同時，也應該刻意避開一些東西。

（2007 年 4 月 12 日）

# 譚其驤代筆

顧頡剛做學問傾向於大膽假設，想到的觀點就要見諸文字，立論恢弘而不計小疵，譚其驤則善於小心求證，非有十分把握不發議論，非有十分證據不寫文章。顧頡剛認為新的觀點要趕緊發表，學術文章能多寫快寫的，也不能為求成熟而拖延。譚其驤則以為文章千古事，自己都不滿意如何能發表？學術研究不能趕時間。如在學術爭論中，他們可以相得益彰，但要合作完成一項事業，又沒有第三者來協調，就只能南轅北轍。

1934 年，顧頡剛邀請自己的學生譚其驤一起創辦歷史地理雜誌《禹貢》，但譚其驤性情緩慢，做事拖拉，在顧頡剛因事去南方期間，委託譚其驤主編的雜誌總是脫期，因此，顧頡剛先後寫了兩封信指責（或者說教訓）譚其驤。上世紀八十年代，有人拿著這兩封信來請譚其驤發表看法，但譚其驤始終未置一詞。不過，這不證明譚其驤沒有自己的想法，他後來把自己的真實想法告訴了自己的學生葛劍雄。在譚其驤去世以後，葛劍雄寫下了以上評述。

而且，葛劍雄還記錄下一件可以稱得上鮮為人知的掌故，「顧頡剛約稿甚多，他一般有求必應，但他往往找人代筆，有時講一些觀點，有時就讓人照題目寫，有時他修改一下，有時連看也來不及看，所以直到現在，有些署名顧頡剛的文章還不知究竟出於何人之手。」

（2007 年 10 月 1 日）

# 從「歌謠研究會」到教授何為

　　1920 年末，北京大學成立了一個「歌謠研究會」，由沈兼士、周作人做主任，積極參與者包括顧頡剛，鍾敬文等學者，定期在《北大日刊》和《歌謠》週刊上刊登自己搜集的歌謠。「在對待歌謠的態度上，歌謠研究會之外的知識界，大致上有三派人：一曰賞鑒派，這一派認為歌謠只不過是「小玩意」，不但及不上那些噴飯下酒的歪詩，甚至也及不上那些消愁解悶的唱本。二曰混合派，他們把歌謠、謎語、方言、鄉曲、唱本看作是不堪入目的下等作品、下賤品。三曰笑罵派，這一派的人數非常之多，勢力甚是強大，他們是舊文化的衛道士。即使歌謠研究會的一般會員──收集者們，在老百姓中收集歌謠時，也往往受到保守主義和在保守主義思想控制下的習慣勢力的限制與阻礙，其困難是我們生活和工作在世紀末與世紀初的人們很難想像的。（據《民間文化論壇》）」

　　顧頡剛在〈從我自己看胡適〉一文中，這樣回憶此事：「那時北大師生都覺得奇怪，說，日刊是有尊嚴的，為什麼要收這樣的東西？」不過，幾年後，歌謠的力量便開始顯現出來，五卅運動期間，顧頡剛把反對英日侵略的行為寫成一首歌謠，傳單發出去以後，街頭巷口的大人小孩兒都在唱，「我認識到對民眾宣傳教育，這實在是一條大路。」「九一八事變」後，顧頡剛又創辦「通俗讀物編刊社」，用大鼓書和小說的形式，配合圖畫，出版抗日和歷史上的抗金、抗元、抗清故事，每版由五千冊擴展到十萬。「這件事情，可

說是由研究轉向實用的一回試驗。假使沒有歌謠研究會的工作，這條大路是不會給我發現的。」

事實上，歌謠研究會是具有顛覆意義的白話文革命的一部分，引來眾多非議和攻擊，似乎也在情理之中。好在，當時的「歌謠研究會」得到蔡元培等當政者的支持，幾乎佔據了中心話語權，而白話文也已成大勢所趨，因而，他們居然將聞人們所鄙夷的東西發揚光大成了一門學問，鍾敬文便吃了一輩子的「民謠民俗」飯，並在大學校園裡佔有一席之地。

但歌謠民謠畢竟是上不去「大雅之堂」的，除非你擁有教授頭銜，且有能力把歌謠打扮成做學問的樣子。當時有眼光有見識的學者教授敢於、願意做這種文化整理和普及工作，功莫大焉。他們在精英知識份子和盡可能多的民眾之間架起一座橋樑。由此，引出另外一個話題，即，教授到底應該做些什麼事？比如現代，一些教授用現代思維方式解讀古書，到電視上演說，他們做的事跟「歌謠研究會」相比，是不是也有些相似之處呢？因此，我們必須先解答完以下問題才能找到答案。

其一，「講座講授」們可不可以用現代方式解讀古書？答案是，可以。古書一經成為文本，便不再是它們自己了，一百個讀者眼中有一百個哈姆雷特，本來每個時代就該有每個時代的解讀方式。朱熹當年不也是硬將自己的觀點強加於孔夫子的典籍之上嗎？他剛一冒頭的時候，反對者甚至動用了官方的力量來打擊他，最後，因為時代的需要，又將他捧上了天。而今天的教授們解讀出來的東西，並不多麼驚世駭俗，你可以說它庸俗化，也可以說它偏激，但這都算不上離譜，起碼在絕大多數人的承受範圍內。畢竟，我們的教授還沒有形成互相爭論的風氣，沒有形成為真理而較真的氛圍。

其二，是否需要教授來幫讀者念書？答案是，需要。我國的教授多如牛毛，他們平時都在幹些什麼？這些年，也沒見他們為國家

文化經濟發展做出多麼明顯的貢獻。他們掙著國家的錢，幹著自己的事，是騾子是馬應該拉出來遛遛，讓老百姓看看，他們在象牙塔里到底皓首窮了一些什麼經？和普通觀眾一起讀讀傳統典籍便是其選擇之一，讀書總比教人打麻將高尚。再說，讀者的文化層次分三六九等，各個層次都需要有人餵養。因此，教授們做的這些普及工作，還遠遠比不上「歌謠研究會」的前輩們，他們要做的還有很多很多。並且，後者沒有利益訴求，純粹是為了挖掘民族遺產，前者卻可以大量出書，賺取版稅。

其三，為什麼講座的教授們遭遇這麼多的謾罵？答案是，有人出於慣性，對什麼新事物都罵，如同蜀犬吠日；有人出於嫉妒，認為自己比那做講座的教授不差，為什麼他能把自己搞得那麼火，而我不能？其實，只要人家能而你不能，你就一定有不如人家的地方；有人出於炫耀，看，我挑出了他的一個錯誤，我比他高明；有人出於無聊，有人出於偏執……總之，大多心態不正常，批評者拿不出比「講座教授」們更好的傳播方式，引不起讀者和觀眾的興趣，寫不出更雅俗共賞的文字。「講座教授」們最大罪過乃是引起了轟動，如果沒有出成績，沒有人追捧，很多人是懶得批評的，沒准，他們甚至會為「講座教授」鳴不平，說「講座教授」深刻的講解曲高和寡。

其四，可不可以批評「講座講授」？答案是，當然可以。指出他們的錯誤，讓他們的講座更完美，這沒錯。關鍵是，批評不是讓他們滾蛋，更不是要把他們一棍子打死，而是為了讓他們的講座更嚴謹，更有趣。

教授何為？介入生活，做點有用的事，不要高不成低不就，一瓶子不滿半瓶子咣當；多爭論一下，知錯就改，讓自己做的有用的事惠及更多的人。這種簡單的要求，不知有多少教授能做到？

（2007 年 5 月 7 日）

# 作家當教授

　　最近，我的朋友于德北被聘為吉林藝術學院傳媒學院客座教授，主講大學語文。德北高中畢業，能當上教授，肯定跟他的創作成績有關。他是「全國十大小小說作家」之一，同時也寫童話、散文和長篇小說，大概出了二十多本書，一副意氣風發的架勢。他請我們吃飯，說自己心裡沒底，我們就鼓勵他說，沒事，憑你的學問，唬唬大學生，還是綽綽有餘的。

　　碰巧，這幾天讀到韓石山先生的一篇文章——〈教授不是好當的〉。韓石山是我比較認同的少數幾個作家之一，他的文字淋漓酣暢，恣意汪洋，條理清晰，讀來頗爽。但我必須說，他這篇文章讓我不怎麼認同，於是，我決定以此為山頭，拿他說說事。他這篇文章的中心思想是：教授不一定會寫文章，只要專業能力強就行，並舉例說當年沈從文、蘇雪林在大學裡委瑣不得意，皆因為他們學問不夠，沈從文當年被劉文典取笑說：「我替莊子跑警報，你是替誰跑警報啊？」言外之意：我死了沒人講《莊子》，你死了怕什麼？韓石山還說，他上大學的時候，有一位叫張一純的教授，古代史上無論什麼典故，五分鐘之內肯定能查出來。所以，作家要去當教授，得掂量掂量自己的分量。

　　以上說的，我都同意。如果大學教授真有這樣的學問，授業效果肯定錯不了。可我要問，目前的大學裡，這樣學問深厚，能夠笑傲沈從文的，能有幾個？可以五分鐘之內查出自己專業問題的教授，又有幾個？我和韓石山都沒有做過具體的調查，我們都只能根

據自己的觀察和見聞來分析。我上大學時，遭遇的多數教授，以我做學生的水準，反正沒看出他們有什麼讓人拍案的地方。某次課堂上，大家都昏昏欲睡，教授在上面講課。一個學生站起來對教授說，老師，你那裡寫錯了，中間不應該是加號，應該是減號。教授一愣，慢吞吞地改了過來，說，哦，原來你在聽啊！

前幾年，只有高中學歷的流浪漢夏忠俊憑著街頭買來的「碩士」文憑，竟在寧波的一所高校授課一年多，還當上了教育教研室主任。後來記者採訪夏忠俊的學生們，竟回答，沒看出他有多差來。由此可見，要麼是這個冒牌貨肚子裡有真材實料，要麼就是其他教授本來都不怎麼樣，和這個冒牌貨水準相差無幾。

我也接觸過一些不攙假的擁有「教授」頭銜的人。他們談起功名利祿來，都一套一套的；他們幾乎從不談業務，只談待遇和掙錢，見個芝麻大的官，都低頭哈腰向人家諂媚，毫無不亢不卑的從容。至於喝酒打麻將，他們比正宗的酒徒賭徒還專業。胸懷錦繡的教授有沒有？肯定有。關鍵是比例占到多少？不能說好教授占九成，孬教授占一成，而這百分之十的水貨都讓我碰上了，我怎麼就這麼倒楣？只能說，擁有教授頭銜的水貨絕非個別。

再來說作家當教授的優勢。搞創作出身的人，為了充電一般都要讀一些書（當然，也有一些不讀書，靠抄襲別人就能成名並致富的「作家」，但這樣的人不在其列，雖然他們也加入了中國作協）。他們選擇的書具有典型性、貼近性、實用性，劍走偏鋒，對學生們或許會起到意料之外的作用。有些作家本身就兼學者。作家不一定非教寫作不可，教大學語文，教文學史、思想史、哲學什麼的，都可以。而且也不一定非有系統的課表，能就某一方面說深講透，就不錯，在大學教授裡面就能算得上佼佼者。

作家們身上的散漫氣也值得說一說。一次，跟省文聯幾位領導吃飯。一位領導向另一位領導告某作家的狀。他說，那天文聯開會，

一個簽約作家問旁邊的人，喂，上面講話的那是誰？告狀的領導憤憤地說，這太可笑了，新領導上任三個月了，他都不認識！我在旁邊聽著，暗暗為這位作家叫好。什麼叫作家，這才叫作家！沒這點特立獨行的心勁兒，還當什麼作家！作家，只要會寫東西就足夠了，憑什麼非要認識領導是誰！這種不屑權威的散漫氣（或曰名士風度）若能帶到大學裡，就會逐漸形成一種氛圍，即使不靠蔑視權貴以彰顯學術之清高，起碼也要以無視權貴來保障人格之獨立。

教授的責任是言傳身教。言傳學問之外，更應以自身的人格魅力去影響學生。陳平原在他的〈即將消逝的風景〉一文中說：

> 記得剛進北大時，在未名湖邊留連，學長指著日後逐漸熟悉的老教授的身影告知，此乃燕園裡最為「亮麗」的風景。如今，秋風凋碧樹，風景日漸暗淡，常聽人感歎「江山依舊，物是人非」，其實，既然哲人已逝，「江山」就不可能真的「依舊」。

> 還會有博學之士入主燕園，但不見得「有韻」且「有味」。作為「閱讀對象」的學人，知識淵博固然重要，更值得欣賞的，卻是其個性、氣質與才情……

> 江山代有才人出，單就「授業」而言，所謂「青黃不接」，大概屬於危言聳聽。不過，學生閱讀的不只是「書本」，更包括「導師」。而我們這一代教授，是否經得住學生們挑剔的目光，是否還能為學生提供精神的乃至審美的享受，實在沒有把握。

陳平原這番話可以稱得上微言大義，他的擔心是有道理的。既然這樣，大學校園裡就不怕多幾個「作家」教授。「作家」教授身

189

上的毛病自然會有社會各階層的人（包括學生）去修理，但他們身
上的優點卻可以給校園帶來幾分異樣的氣息。他們的才華、他們的
不羈、他們的另類味道，都會令人耳目一新。

（2007 年 11 月 24 日）

# 文人從政論

　　文人從政，歷來是個有吸引力的話題。這裡的文人，不單指作家、詩人或者哲學家、歷史學家，而是泛指各類專家、學者以及一切具有相當知識儲備，在本專業上可以一覽眾山小的人，比如研究地質學的李四光，研究數學的蘇步青等，都應該納入到文人範疇。文人從政，經典範例是在民國年間。那時候，一大批文人走上政壇，以蔡元培始，其他的如張伯苓、于右任、王寵惠、張君勱、顧維鈞、王雲五、翁文灝、陳布雷、王世杰、蔣夢麟、羅家倫等，這些人身上也存在著某些固有的缺點，比如眼高手低，嫉妒、怯懦，等等，但相對於這些缺點來說，他們的自由主義精神更為閃光，他們有胸懷，有眼光，有專業知識，群策群力，創造了一定的輝煌。尤其是蔡元培提出的「思想自由，相容並包」的辦學方針，不僅為北大培養出了大批優秀學子，而且惠及後來的西南聯大的年輕人們，像楊振寧、李政道、王浩、汪曾祺等人，都得益於辦學的自由，思想的自由。這種相容並包的意念也幾乎影響了整個思想界，從而波及政界。大家都以容忍、建設為榮，以偏激、自私為恥。那彷彿是一個群星燦爛的年代，讓人一些提起來就不由神往。

　　事實上，文人從政，並不新鮮，中國歷史上，歷來是學而優則仕，很多文豪級別的人都做過官。尤其宋朝時，王安石、歐陽修、司馬光、蘇軾乃至秦檜（仿宋體書法的創立者），哪個不是手握重權？從秦至清，這樣的人數不勝數。他們創造過輝煌，也集體創造

了中國幾千年的陋習、落後和積弊。這個帳怎麼算？起碼對半對半吧？所以說，文人從政，並沒有什麼可以特別褒揚的。

　　民國期間的文人從政，使當時難得的一點自由主義精神得以保留。這是一直為人津津樂道的。但是這種「保留」有其特殊性。首先，走近了打量那些從政的文人，他們大多一生灰頭灰臉，並不得意，也就是說，他們的理想並不那麼容易實現或者部分地實現。而到最後，下場也很淒涼，有自殺的，像陳布雷，有落落寡歡的，像于右任，有鬱鬱不得志的，像胡適，有得到了機會卻沒法施展的，像王雲五、翁文灝。總之，他們並沒有一帆風順，意得志滿，和歷史上的其他文人一樣，他們遭遇到腐敗政治的夾擊，圍攻。

　　其次，也是最重要的一點，當時的自由主義和專制主義的鬥爭，並不是主要矛盾。民國自肇始至完結，國內形勢基本就沒消停過。北洋時期，軍閥混戰，城頭變換大王旗，一會兒直系，一會兒皖系，一會兒又奉系，皇帝輪流做，今日到你家，明日到他家，哪裡還有機會整治內政？不是他們不想整治，而是根本沒有時間和精力，若稍有喘息機會，就一定會騰出手來收拾一下攎翅的文人，邵飄萍、林白水之死就是明證。北伐勝利後，中原大戰、國共之爭、抗日戰爭以及嗣後的國內戰爭，一波接著一波，各方各派，也無法靜下心來收拾內務。手握大權的人們要抓主要矛盾，對於自由主義，他們能壓一下就壓一下，若壓不下就裝沒看見，反正「秀才造反，十年不成」，他們更在乎的是軍隊，是槍桿子。甚至，他們還要儘量表現得有雅量一些，來吸引中間力量，以便形成有利於自己的統一戰線。凡此種種，都給自由主義創造了生存發展的空間。因此，我們可以說，自由主義在民國期間的保留和發揚，並不是誰恩賜的，是當時的內外環境使然，它只是特例，是個案，不可複製。這與文人是否從政無關。文人當政，只是「統一戰線」的需要，是團結大多數的需要。

　　那麼，不讓文人從政，讓誰從政呢？我的理解是，還是讓政客來當政更好一些。文人有文人的弱點，在最初的激情過後，他們的偏執、單一、窩裡鬥都會漸漸暴露出來，他們的隨心所欲，不講規則，也不容忽視。我覺得，規則勝過一切。經過打磨的，惟利是圖的政客，他熟悉規則，遵守規則，在鐵硬的規則面前不敢觸碰底線，這比什麼都重要。他沒有專業知識不要緊，只要他不瞎指揮，不仗勢欺人，一切按規則辦事就行。熟悉規則的人，總比意氣用事、激情滿懷的人靠得住。政治的事，交給政客來做，文人們自有自己要做的事，他們只管把自己的事做好就行了。

　　在這裡一定要注意，政客從政是有前提的，即，制度完善，規則合乎人倫天理，人人有言說自由，生活無後顧之憂。若是這些都解決不了，所謂政客從政只是空談而已。人們呼籲文人從政，大概也是以專制統治為前提，他們希望讓文人的激情和愛來消解一下專制統治的死硬和冷血。不過，這終究屬於所有策略中的一環，並不是根本所在，通過一切能發動的力量，一起來推動制度的進步和完善，這才是根本。

（2007 年 9 月 26 日）

# 親歷和他歷

1943 年，黃仁宇作為戰地記者隨軍服役，奔赴緬甸戰場，併發回一篇篇報導。後來以《緬北之戰》為題結集出版，成為黃的第一本著作，據稱，黃仁宇成名之後對這部少作依然情有獨鍾。

我一邊讀一邊想，我為什麼要讀這本書？因為作者是黃仁宇？或許。但這並非一部學術作品，跟作為歷史學家的黃仁宇關係不大。因為涉及抗日戰爭？可我對這段歷史沒有太大的興趣。看來，最主要目的似乎還是獵奇。關於緬北之戰的資料貌似浩如煙海，其實並不多，也不細緻。如果擺在我面前的是一部《伊拉克戰爭》，即使作者再有名氣，也難勾起我的閱讀慾望。隨便在網上一搜，就有無窮多的信息撲面而來。雙方每一次對攻、每一次人肉炸彈襲擊、各種細節各種角度淋漓盡致，何須找大部頭的文字來苦讀？

此即傳播手段對藝術（文學作品、紀實作品、電影、畫作、攝影等）的威脅。人們閱讀、欣賞藝術作品，除了流連於藝術特有的角度之美外，最重要的就是獲取資訊。撥開文字的迷霧，他只要看到事實真相，聽到一個離奇的故事。文字再優美，畫面再震撼，也是為了把故事講得更生動、更真切一些而已。資訊閉塞時代，有消息來源的人，會講故事的人，等於掌握了稀缺資源。因為手段落後，人們能獲取的資訊有限，小說、筆記、報告文學就大受歡迎。閱讀，等於隨著作者的筆鋒遊歷全過程。引領者的角色不可或缺。

但是，你今天寫一部《汶川大地震親歷》，一定沒《唐山大地震親歷記》更有賣點。汶川大地震時，電視報紙全方位直播，每天

都有最新消息，跟唐山大地震時相比，已是天壤之別了。人們對資訊有閱讀期待，也有閱讀疲勞，汶川大地震的資訊轟炸，足夠人們疲勞了。他起碼目擊了真相的大部，幾乎等於親歷。無需作家或者藝術家再幫他親歷。某種意義上講，十個小報記者或者一個網站，完全可以抵消一個頂級的作家。當年我邀請作家干元濤到東北師大做文學講座，他說過一段迄今難忘的名言，大意是，憑什麼要求讀者必須讀余華？小報上面，各種稀奇古怪的故事都有，你余華還能比他們講得更好聽嗎？傳播手段發展到今天，各個網站首頁上的社會新聞，天天都有猛料，各種八卦新聞更是事無巨細，這些，對文學、對藝術的衝擊在所難免。

難道，我們就不需要讀點有品味的文學作品嗎？當然需要了。可什麼叫品味？不是自稱有品味你就有品味了。有時候，有品和無品，只是資訊的不同包裝方式而已。

殘酷嗎？就是這麼殘酷。也許，我們的確需要高屋建瓴的作家幫我們梳理結構、反思人性。可你是否意識到：若有足夠的資訊做支撐，不必作家、哲學家替他反思，他自己完全可以反思。關於人性、關於人生、關於世界觀，即使他無法像哲學家那樣表達得完備，但他內心裡已有了答案。

這麼說，當然不是希望作家和藝術家都去死，他們自然還有出路。只是，他們必須面對讀者已有太多親歷的事實，在親歷中獨闢蹊徑，創造更好的「他歷」。

（2008 年 12 月 13 日）

# 怪才豈止盛家倫

　　上個世紀四十年代，重慶有個「二流堂」，這是一個自發形成的小圈子，成員均為帶有自由主義傾向的作家、畫家、音樂家，其中包括吳祖光、丁聰、黃苗子、馮亦代等人。裡面還有一個怪人：盛家倫。

　　這個人怪在什麼地方？怪就怪在他學識淵博，能說能唱，但幾乎從不著述。後來很多「二流堂」成員的回憶錄中都提到了這一點。吳祖光說：「盛家倫是著名的音樂家，但他的學問遠遠超過音樂的領域之外，多少學術界知名人士把盛家倫當做諮詢、解答問題的大家，可以坐在他的大書桌對面傾談終日。新中國成立前後，他定居的北京東單西觀音寺樓上那個大房間裡，桌上、床上、地板上全是書；中文書、外文書、線裝書，一堆堆垛得像小山一樣。琉璃廠的個體書商三天五天地給他送書來，外出歸來，也很少不捧著或挾著書的。任何時候闖入他的房間，你總會看見他或坐或臥，或在窗前、或在燈下，一定是在看書。……但是朋友們難以理解的是他從來沒有進行過任何寫作。他沒有留下一篇文字材料……」吳祖光猜測：「或許他曾經有過研究、寫作的計畫，然而未及著手便在他的壯年的 1956 年，也即『反右派運動』的前夕因病逝世，給人留下永遠的遺憾。」

　　我身邊也有一些這樣的人，而且據我所知，幾乎很多文化圈子裡都有這種胸有千壑、口若懸河的怪才，大家公認其見多識廣，個性鮮明，願意向他們請教，怪才們也樂於表達自己的見解，但不知

是因為「知深而不述」還是懶惰心理作祟，他們卻很少動筆。文化之流傳，文字是最直接的方式。多少人憑著所謂的勤奮，將自己並不高明的見識記錄下來，並代代相傳，而怪才們脫口而出的驚人之語，卻在說過之後的第二天就被人忘記了。因為他們的驚人之語太多了，他們新的大論馬上覆蓋了昨天的高論。

怪才的周圍總是名流如雲。再拿盛家倫為例，他是電影《夜半歌聲》插曲的主唱，隨著《夜半歌聲》的走紅，盛家倫的名字也家喻戶曉起來；當年，電影演員秦怡參加大合唱時，盛家倫就是指揮者；除了二流堂成員外，他還和聶耳等音樂界人士同出同入；他教給新鳳霞發聲技巧和音樂理論，使這位評劇演員的表演更上一層樓；他在三十年代曾以英文版和日文版《共產黨宣言》，指導過包括陳荒煤、金山等革命青年……

像盛家倫這樣的怪才，本身沒多少著述，他們只能活在名流們的筆下。那些深深為其折服的名流們通過各自的理解來記錄和描述「怪才」之怪。但是，他們很少直接記錄「怪才」的高論，而是記錄「怪才」之怪，怪才之才，記表象而不記實質，這就讓「怪才」們的形象更加撲朔迷離。其實，這也未必不是一件好事，像那些一瓶子不滿，半瓶子逛蕩的人，自己吹得很大，但大量的文字卻使他們露了餡，人們只消讀一讀他的文字便能分辨出來：哦，原來不過如此啊。

（2007 年 3 月 2 日）

# 唐德剛打靶

　　當初迫切地要找這本《胡適口述自傳》，不為看胡適，而為看唐德剛。這本書由胡適口述，唐德剛記錄整理，最初以英文面世。1979 年，唐德剛將其譯成中文，加了注，在港臺出版，隨後又被介紹到大陸。這本書再版多次，頗受知識界歡迎。該書最為人稱道的，大概就是唐德剛加的「注」了。胡適口述，固有可嘉許之處，而唐德剛的「注」，簡直稱得上喧賓奪主。洋洋灑灑數萬言，一瀉千里。事實上，在動手翻譯《胡適口述自傳》之前，唐德剛應臺灣《傳記文學》主持人劉紹唐之囑，先寫一篇〈導言〉或〈序文〉，結果，唐德剛下筆如有神，塗抹了十多萬字，這篇〈序〉只好改名為《胡適雜憶》，單獨出版。而唐德剛想在《胡適口述自傳》中說的話，只好通過這些「注」來傳達了。

　　唐德剛的「注」，與其說是「注」，莫如說是「批」，金聖歎批西廂，把批語夾雜在正文中，而唐德剛批胡適，是以「注解」的形式放在文後，這給讀者閱讀造成了困難。如果讀一段胡的自述，再讀一段唐「注」，往往就被唐「注」吸引住，進入唐德剛的語境，轉回去接著讀胡適自述時，還得從頭再捋。而唐「注」太誘人了，讀者又往往不得不看。我只好採取如下方式：先讀完胡適的口述，再單獨閱讀唐在每章後面做的批註，全書讀完後，再把胡適的原話和唐的批註一一對照。除了一些必要的「注解」，唐的所謂批註，絕大多數都是他的感想，胡適說一句，他能說兩句。他的「注」時而貼身緊逼，時而若即若離，拋開事主，信口開河，漫天漫地談開

去。在「胡適博士學位疑案」等問題上，他旁徵博引，一「注」就是數千字，堅決維護著胡適；而在另外一些問題上，則大批特批自己的恩師。因此，在一些讀者眼中，唐德剛貌似得到了胡適真傳，繼承了他的衣缽。這種真傳便是客觀、公正，不為尊者諱。

但是讀完整本書，我總覺唐德剛批得太意氣，即使不為嘩眾取寵，起碼也達到了嘩眾取寵的效果。他的語言的確很生動，讀來非常痛快。細品之下，卻並不令人信服。若胡適健在，起碼要和他辯論一下的。可惜這些「注」寫於適之先生去世 17 年後，逝者已無辯解能力。好在書本就在那兒擺著，白紙黑字，鐵證如山，凡是讀到的人們，誰都有權發言。只要有人拋磚引玉，總有明眼人看出其中的門道。

唐德剛批評胡適，主要集中在他的超然上。且看這一段：「就在全美排華最烈之時，也是胡適之先生這一輩『庚款留學生』大批來美之時。而這批少爺小姐們留美期間，對上層白種美國人，真是桃花潭水，一往情深！而對在此邦受苦受難的最下層黃皮膚的自己同胞，卻未聽過他們說過一句話，或寫過一個字！也真是咄咄怪事！」在胡適談到自己留美期間，積極參加政治活動時，唐德剛抽冷子蹦出這麼幾句話，乍一聽來，確如驚雷貫耳，不禁倒吸一口涼氣。他的這種底層立場，我們應該很熟悉。當胡適不無誇耀地說到自己留美期間的幾位同學——宋子文、孫科、蔣夢麟、張奚若時，唐德剛又不失時機地潑冷水：「……所以那時公、自費學生一旦出國，真是立地成佛。……這樣一群花花公子，鍍金返國之後，要做什麼樣的『大事』或『大官』才能繼續他們在國外當學生時代底生活水準呢？因而回國的留學生如維持不了以前的標準，則難免自歎『懷才不遇』，『食無魚，出無車』了……他們眼中哪裡還有汗滴禾下土的老百姓呢？結果弄到民不畏死，鋌而走險，不是順理成章的事嗎？……庚款留學生是近七十年來我國建國的棟樑之材，但是這

些棟樑和一般老百姓距離多遠啊！」唐德剛之所以這樣憤慨，跟他
的個人經歷有關。胡適等人一輩子高屋建瓴，指點江山，很少為日
常生活發過愁，雖然他們亦有困頓的時候，但他們的所謂困頓，在
唐德剛看來，也已經是天堂了。唐德剛在美留學期間，每天工作十
二至十四個小時，每週工作七天，身上常常只剩下一兩個銅板，吃
了上頓沒下頓；他身邊的同胞更是窮困不堪，比他還慘。他從社會
的最下層跌跌撞撞一路爬上來，吃盡了苦頭，傷痕累累。這也就難
怪他責難胡適看不到普通華人的疾苦，只關注自己所謂的「民主和
自由」。他認為「胡適之先生生前所宣導的『自由』，是直覺上的『為
自由而自由』的『自由』；是一項不折不扣的孤立價值的『自由』，
孤立的『自由』自有其哲學和宗教上的情趣，在社會科學和行為科
學上便完全失其意義了。」

　　從前面的案例推導出後面的結論，這個過程看似順理成章，實
則犯了非此即彼的錯誤。民生和民主之間是一種什麼關係？遠隔重
洋、水深火熱之中的祖國，她到底需要什麼？事實上，當所有矛盾
聚集在一起的時候，主要矛盾和次要矛盾，都要有人抓。有人關注
同胞的具體生存問題，也要有人關注民主和自由。我們不是不需要
民間立場，而是相當需要，但是，需要歸需要，卻不應該用它來代
替一切矛盾，民生需要解決，民主和自由問題同樣需要解決。或許，
前者更迫切一些，就在眼皮底下，但誰說後者不是更重要呢？在「胡
適的政治思想」這一節後面，唐德剛舉過一個例子：「……美國加
州一條法律規定，在公路駕馬車而過的小販，不收費，或收費甚輕；
步行挑擔的小販，則付重稅，重於馬車數倍，何以故呢？就是『主
人』（即美國）家裡的人都是乘馬車的。那些挑擔的廣東小販，站
都站『不直』……」唐德剛借此來批評胡適不關注當下。可是，若
沒有胡適之強調的民主和自由，這些問題能解決嗎？反之，只要真
正的民主和自由步步落到實處，種族歧視、社會不公，自然有進一

步解決的可能；若無此前提，不僅當下的苦難仍是苦難，而且明天的苦難還會增加。唐德剛的邏輯錯位了，他把互相之間並不衝突，甚至是一脈相承的東西對立了起來。

退一步說，一個多元的、健康的，有發展前景的社會，總要許可多種關注並存，既有精英立場，又有平民情懷。目前和未來，都要有人規劃。接著舉例——胡適根據自己棄農學文的經歷，說：「……我後來在公開講演中，便時時告誡青年，勸他們對他們自己的學習前途的選擇，千萬不要以社會時尚或社會國家之需要為標準，他們應該以他們自己的興趣和秉賦，作為選科的標準才是正確的。」

唐德剛對此很光火，「胡適是個『大學者』、『大使』、『大文豪』……總之是個大『有成就』的人。可是這個世界裡萬分之九千九百九十九，都可說是『沒有成就』的普通人……所以我們的教育——尤其是中學教育，是應該教育一個人怎樣做個『沒有成就』的普通人……『中學生』之中，文才橫溢的『小魯迅』真是千千萬萬，但是社會上對『魯迅』的需要量（著重這個『量』字）便遠不如對『會計師』、『繪圖員』等等的需要量大。如果一個中學生聽了胡適的話，此生薄會計師而不為，非『魯迅』不做，豈不是誤人誤己？……總之，胡適之先生那一輩的老知識份子，頭腦裡始終未能擺脫科舉時代的舊觀念，受教育的人一定要出人頭地，一定要錐處囊中。」

算唐德剛聰明，他在後面又找補了一句：「胡適之先生如仍健在，他聽到筆者對學生的勸告，一定大不以為然。因為胡先生所要教的是一些將來和他（具體而微）一樣『有成就』的學人專家；筆者所要教的則是一些和我一樣『沒有成就』，但卻有個『正當職業』的普通人。」

單看兩個人的兩段話，其實是各說各的，它們分別是真理的兩極，互不抵觸。在這裡，胡適只說興趣是最好的老師，並沒有要求

青年們去追求出人頭地，這是唐德剛強加於胡適的。這一點恰恰暴露了兩個人的真正分歧，即，唐德剛一廂情願地判斷胡適不僅只關注精英問題，而且一以貫之地站在精英立場，疏遠芸芸眾生；相反，唐本人卻注意實用，腳踏實地，和勞苦大眾打成一片。唐德剛的出身和自身經歷，讓他對胡適的關注點耿耿於懷。他將這種差別放大成對立的立場，於是就有了唐德剛的嬉笑怒罵，冷嘲熱諷。這讓他的「注」看上去非常解氣，很具閱讀的快感，但他批判的那個人，與真正的胡適卻大相徑庭，相去甚遠。準確地說，他嘲諷的不是胡適，是另外一個人。他只是在拿這樣一個著名的靶子說事而已。胡適呼籲「多研究些問題，少談些主義」，著力從最可入手的地方，一步步改良現實。這種從實際出發，實事求是的原則，事實上已經影響了後世的執政者。而他畢生追求的民主和自由，也隨著民生的逐漸解決，成了越來越迫切的事。今日胡適被頻頻提起，其頑強的生命力恰恰證明，他關注的問題是如此地切合中國的實際。良好的精英立場，看上去無論多麼遙遠，最終總會有切實的落腳點。

　　文革期間，一切事物最後都落實到階級鬥爭上。愛情、親情、友情，都是扯淡，即使有情，只能有一種，即階級感情。答案中只有 A 和 B，沒有 C、D、E，這種非此即彼的單項選擇，著實讓我們吃盡了苦頭。唐德剛先生深陷個人經驗之中，將這種憤懣撒在老師身上，真是撒錯了地方。

（2007 年 5 月 25 日）

# 「客裡空」曹聚仁

　　上世紀五十年代，客居香港的曹聚仁屢次以記者的身份北上，訪問北京，並遊歷大陸各地，然後在海外報刊發表文章，介紹自己的見聞。由於當時的政治環境特殊，對外封閉，資訊隔絕，海外的讀者非常關心大陸的情況，曹聚仁的文章顯然迎合了他們的需求，提供了一個視角。曹聚仁對自己的這種角度是很自信的，他說：「我是一個絕對不帶政治色彩，也不夾雜政黨利害關係的記者，而我們的報紙，也正是一份不帶政治色彩，不夾雜政黨利害關係的報紙」。後來，這些文章彙集成一本名為《北行小語》的小書。在書的前言中，曹聚仁多次重申自己的「客觀、中正」立場，他舉了一個有名的例子：客裡空。客裡空是當時蘇聯一個著名劇本中的主人公。此人是個記者，善於捕風捉影、憑空臆造，並以此惑人。曹聚仁斬釘截鐵地說：「做新聞記者決不可以耳為目，閉門造車的，他們的最大錯誤，乃是描寫得最天花亂墜的地方最不真實，要說他們一點也沒有根據，也不能這麼說的，只是他自己並不曾看見，也不曾推尋過就是了。」

　　那麼，曹聚仁到底看到了些什麼，又寫了些什麼？他是如何堅持「客觀立場」，並杜絕「客裡空」的？且讓我們以他筆下的那些文人為例來看一看。五十年代發生巨大改變的，除了政治、經濟以外，莫過於知識份子的命運了。他們的命運就是一個國度的命運。海外的讀者們在問，當年叱吒風雲、顯赫一時的文人們，今天過得怎麼樣？

　　曹聚仁在〈與李微塵先生書〉一文中組團回答了這個問題。「老舍、馬寅初都在休假，不在北京。……儲安平剛從新疆回來，來不及約晤了。張恨水，也因要離開北京，只好等待下月去看他了。」囉嗦了半天，人們關心的這幾位，他都沒見著。不過，他倒是見到了梁漱溟。梁氏剛從北戴河回來，住在什剎海附近小銅井胡同，「臨著湖邊，風景很好，夠得上幽靜的標準，開門進去，小小花園，原是四合院的房子。」梁漱溟「那哲人的神情，『先天下之憂而憂，後天下之樂而樂』的胸懷，還是和先前一樣」。梁漱溟原是北大哲學系教授，三十年代開始在河南、山東各地進行鄉村建設教育，致力於從基層一點點改造中國社會，他奔走呼號，指點江山，既著書力作，又不捨親身實踐，在海內外享有盛譽。這樣的人物自然惹人關注。但是，對於有緣見面的梁漱溟，曹聚仁只是輕描淡寫地給了上面這幾句。因為他們見面後，「彼此未討論中國問題，只談彼此別後的生活，以及海外故舊的消息。」對於一個終生熱中天下事的學者來說，不討論中國問題，這樣的會面還有意義嗎？如果不談，是什麼原因？是梁有意避開，還是擔心對牛彈琴而不屑於？曹聚仁沒有給出答案。

　　還有張東蓀的消息：「張先生依舊住在燕京大學（今已改為北京大學）的教授宿舍中，每月照舊有月薪可拿，生活也還不錯。不過，很少看見他的言論文字就是了。有一時期，政府很借重他的，因為他是民社黨中比較進步的一個。後來，他被證實為和某國有關係的，因此賦閒下來了。只是賦閒而已。並未變成為黃秋岳，依舊住在老地方。」如此看來，這位當年的和平主義者生活得應該還不錯。值得注意的是，曹聚仁拿黃秋岳來和張東蓀進行了對比。黃秋岳，名濬，號秋岳，曾任國民黨中央政治會議秘書。1937 年，「八一三」淞滬抗戰爆發的第二周，他以暗通日本人，出賣軍事機密罪，被當局明令處決，在社會上曾引起過極大的轟動。張東蓀既然「被

證實為和某國有關係的」，還能留一條命，並且有月薪可拿，這一比較，高下立顯。但是，曹聚仁早年又偏偏在另外一篇文章中替黃秋岳叫屈，認為黃秋岳沒有出賣國家機密。張東蓀呢，他真的裡通外國了嗎？這且不說，單看一看此後張東蓀的命運：1968 年 1 月，他以 82 歲高齡被逮捕，關入北京郊區的秦城監獄。1973 年死於獄中。他的二兒子和三兒子先後自殺，大兒子在長期的監禁中精神失常，兩個孫子也分別在監獄裡待了十多年。跟黃秋岳比起來，張東蓀的命運實在沒好到哪兒去，甚至比前者更慘。

其時，海外充斥著對國內知識份子處境的猜測，流傳著各種各樣的謠言。這些謠言，有善意的擔憂，更有幸災樂禍和惟恐天下不亂。曹聚仁顯然是要迎擊（或說「反擊」）這些謠言的。為什麼要這樣做，今人已不得而知，但在那時，他似乎滿懷著使命感。而且，他再三聲明這種使命感來源於他的「自由主義精神」，而不是別的什麼。

在〈再記右派分子的終局〉中，曹聚仁提到了吳祖光：「戲曲界知名之士吳祖光氏，他也曾有取劇協領導地位而代之的野心，他也在私人生活上翻了筋斗。他搜藏了很豐富的淫書淫畫，已見之於公開文件。他欣然就道，到東北黑龍江地區參加農場的勞動生活。海外論客，或許對於農場的勞動生活，看作是地獄生活；事實上，記者（曹聚仁自稱，下同）親身所見，那的確是使身心愉快的修養。」這樣的文字，已經很難說沒有傾向性。若說張東蓀的慘烈境遇尚在曹聚仁寫完之後若干年才發生，那麼，吳祖光在當時就已經走到了有目共睹的懸崖邊上——妻子新鳳霞被逼迫著和吳祖光劃清界線（其實就是離婚），幸虧新鳳霞堅定不移，寧折不屈，否則，吳祖光一定是家破人亡了。即使沒有妻離子散，留給他們全家人心靈的傷害也一輩子抹不去，而絕對不是「身心愉快的修養」。

曹聚仁單獨寫了一篇〈沈從文教授在北京〉，專門介紹沈從文的近況。在這個文章中，曹聚仁通篇都在引述馬逢華（沈從文的學生）的文章──〈懷念沈從文教授〉。

馬逢華在臺灣的《自由中國》上發表文章，描寫了「沈教授所受的思想改造與精神虐待的情況」：沈從文先是吞服了煤油，用利器割傷了喉頭和手腕的血管。自殺沒有致命，被救過來後，昏迷不醒。……在對舊知識份子團結改造和治病救人的呼聲中，沈從文的自我檢討文字，一直沒有過關。原先的沈家氣氛融洽，其樂融融，但解放後，一下子失去了多年以來的歡樂。沈從文的夫人被送到大學改造，兩個孩子，在中學的小龍是共青團團員，在小學的小虎加入了少年先鋒隊。小虎在作文〈我的家庭〉寫到：「我們一家四人，除爸爸外，思想都很進步。媽媽每星期六回來，就向爸爸展開思想鬥爭。我想，如果爸爸也能改造思想，那麼我們的家庭，一定十分快樂。我已經和哥哥商量，以後一定幫助媽媽教育爸爸，好使我們的家庭成為一個快樂的家庭。」沈從文在這篇作文上無可奈何地加了個眉批：「鬥爭兩字像打架。你媽媽不是會打架的人，改用兩個別的字好不好？」家庭成員互相之間生分到這個地步，對於沈從文來說，這個家還有何意義呢？

曹聚仁這樣反駁馬逢華：「對於他的描述，記者可以承認他儘量說得很真實，但越真實，他這篇文字的煽動性就越大。」因為，「我要你先把馬君的寫稿日子看清楚來！我們可以相信他的話，對一九五三年說是真實的，對一九五六年說卻是不真實了」。「記者就在四個月前，看見過沈從文教授，他還是做他的教授，同時，也在《北京日報》、《人民日報》的副刊上寫稿了。記者看他神情，也很愉快似的，並沒有什麼自卑的怪癖，記者相信他的態度，並非裝出來的。」洋洋灑灑一篇兩千多字的文章中，只有最後這一句話是作者自己的觀察。這跟〈沈從文教授在北京〉顯然是文不對題。曹聚

仁和沈從文沒有對話，沒有交流細節，也沒有沈從文的身邊人對曹聚仁描述的沈氏現狀。甚至可以說，這篇文章只見色厲內荏，而沒有回答人們的疑問，叫人不由得懷疑作者是不是真的見到了沈從文。要說曹聚仁不會寫文章，不知道謀篇佈局中該多設置一些讀者關心的東西，似乎也不對。你看，他在〈寄徐伯訏先生〉一文中專門介紹北京作家的生活時，就列舉了大量資料：「那位翻譯《鋼鐵是怎樣煉成的》的梅益，就是這一種譯本，拿到人民幣十五萬元的稿費，而那位寫《保衛延安》的青年作家杜鵬程，也在一年之中，得到了人民幣十五萬以上的稿費（合港幣四十萬元上下）。……，杜鵬程的《保衛延安》，全書三十七萬字，第一個十萬冊付印時，就可以支取每千字人民幣百元的稿費，這樣，他就可以一次取得人民幣三萬七千元的稿費了，當第二個十萬冊付印時，他可以支取同樣的稿費。到了第三、第四回付印時，每千字的稿費以次遞減，但總數還是可觀的。他這一本小說，已經銷了七十五萬冊，所以他的稿費收入，就在人民幣十五萬以上；他的錢並不是不勞而獲，但他自己已從不知道怎麼花才是了。」這些東西，活潑靈動，有理有據，寫來有說服力。但不經意間也透露出一個資訊，即，志得意滿、揚眉吐氣的只是這些新新人類，跟那些被批鬥，被「團結」的知識份子們關係不大。

只要提到舊文人，曹聚仁就不由自主地犯「隔靴搔癢」的毛病。「在東四牌樓八條胡同，記者訪問了章士釗先生。這位有志於做王者師的政論家，他不久就要去香港了。他答應送我一把扇面，寫著他自己所做的詩。」完，僅僅這麼一句話，就把大名鼎鼎的北洋教育總長給交代了。這樣的人物都沒什麼可寫的了嗎？

一篇名為〈北京的老文人〉的文章似乎可以來回答這個問題。此文中，曹聚仁提到有人託他找朱光潛的著作《文藝心理學》，曹沒有找到，就給朱寫信討要。朱回了一封信：「得來函，知近已抵

京,甚慰!頃為整風問題,幾乎每天到處赴會。如能抽出時間,當前來奉訪。拙著《文藝心理學》,久已絕版,院系調整時,弟因恐外調,把一部分用不著的書籍都售去。目前《文藝心理學》,只剩了一本,自己還要用,不能割讓,尚希見諒」。禮貌的語氣中透出拒之千里之外的冷漠。可以看出,他對曹聚仁並不熱心。也許是因為艱苦的處境而自顧不暇?也許是因為明瞭曹聚仁的立場而不願與之糾纏?總之,曹聚仁很難真正走入那些受訪者的內心,他甚至進入不了那些人的視野。他們彼此隔膜,懷著戒心。遭受到如此冷遇,遇到這些讓人感覺傷自尊的事兒,在曹聚仁那裡似乎完全無所謂。大概是他已習慣了這種損毀?

還是在〈與李微塵先生書〉中,曹聚仁神采飛揚,且信誓旦旦地說:「我知道你一定以為我羨慕大陸學人的生活了。是的,『民亦勞止,汔可小休』,我也正希望有這麼一天到圖書館去啃舊書呢。」結果大家都看到了,他並沒有留在大陸,他一直很滋潤地生活在香港,幸運地得到了善終。

(2007 年 7 月 20 日)

# 《傅雷家書》長銷的背後

　　《傅雷家書》已經出了很多版次了吧？我手頭上的這本是三聯書店的第五版，上面標著：第二十次印刷，印數是一〇六萬。上世紀八十年代初，我在偏遠的農村讀小學。有一次在老師的辦公桌上看到一本書，書名為《傅雷家書》，之所以留下深刻的印象，是因為在我們那裡，還很少能見到如此像樣的書，這本《傅雷家書》沉甸甸的，擺在老師的書桌上，肅穆，莊重，像是一個儀式。可以說，《傅雷家書》是文革以後第一本真正意義上的暢銷書，當時的廣播中和報紙上幾乎是在連篇累牘地介紹它，或者選播、選登部分章節。此後，有的書也許印數超過了它，但其影響力卻遠還不及。

　　《傅雷家書》收錄了翻譯家傅雷於 1954 年到 1966 年間寫給兒子傅聰的一百二十多封信。其時，傅聰正在國外學習音樂。在信中，傅雷以一個父親和朋友的身份，和兒子談了很多關於人生、音樂、學習的道理。誠如他對兒子說的那樣：「第一，我的確把你當做一個討論藝術，討論音樂的對手；第二，極想激出你一些青年人的感想，讓我做父親的得些新鮮養料，同時也可以間接傳佈給別的青年；第三，借通信訓練你的──不但是文筆，而尤其是你的思想；第四，我想時時刻刻，隨處給你做個警種，做面『忠實的鏡子』，不論在做人方面，在生活細節方面，在藝術修養方面，在演奏姿態方面。」由此可以看出，這些文字不是私密意義上的家信，它們記錄了傅雷的所思所想，是作家的「立言」。各類家書歷來出版的不

少，為什麼唯獨這本書如此暢銷和長銷呢？在這裡，我想從其特定歷史時段做一分析。

文革以後，人們打開了「八個樣板戲一個作家」的狹窄視野，渴望看到更鮮活的東西。而「家書」兩字，本身就極具親和力。傅雷語氣雖然娓娓，但不掩其一本正經的嚴肅面目。這是一個嚴厲的父親，兒子在他面前只有正襟危坐，認真聽講的份兒。哪怕兒子已經長大，有資格和他對話了。當然，《傅雷家書》總不失為一本充滿溫情的書。「昨夜一上床，又把你的童年溫一遍。可憐的孩子，怎麼你的童年會跟我的那麼相似呢？我也知道你從小受的挫折對於你今日的成就並非沒有幫助；但我做爸爸的總是犯了很多很重大的錯誤。」這種父性是傅雷在四十五歲以後才覺醒出來，而且，它一發不可收，常常讓人讀著讀著就產生淚流滿面的衝動。「分析這兩天來精神的波動，大半是因為：我從來沒愛你像現在這樣愛得深切，而正在這愛得最深切的關頭，偏偏來了離別！這一關對我，對你媽媽都是從未有過的考驗。別忘了媽媽之於你不僅僅是一般的母愛，而尤其因為她為了你花的心血最多，為你受的委屈──當然是我的過失──最多而且最深最痛苦。」從僵硬的思維、色厲內荏的口號中解脫出來的讀者們，看到的是一個恬淡的，充滿了人情味的場景。無須再去刻意煽情，這足以感動成千上萬的他們。其次，《傅雷家書》內容廣博，從某種意義上講，它甚至稱得上一本普及版的百科全書。我的老師大概讀不懂信中所講的音符和樂理，但它不妨礙我的老師把它作為一個標高。知識份子重新得到重用，科學的春天生機勃勃，人們對知識的迫切是三十年後的今天難以想像的。圖書出版遠遠滿足不了人們的需求，《傅雷家書》則是人們比較容易得到的能夠解渴的書籍之一。這樣，人人爭睹的場面也就自然可以理解了。

210

　　《傅雷家書》暢銷，還有一個非常重要的因素，即它佔據了出版先機。出版家范用在一篇文章中介紹了該書出版的來龍去脈。他聽傅雷的老朋友樓適夷先生介紹，傅聰手裡存有一批傅雷的信箋，產生了極大的興趣。「然而，出版傅雷家書卻遇到阻力。說受書者傅聰是『叛國』，說出版這部書是提倡走白專道路。傅聰本來就是在國外學習，何來叛國？他不過是對父母在『文革』慘遭迫害致死，心存悲憤有所表示，事出有因。至於提倡走白專道路，何謂白何謂紅，誰也說不清。提倡專，有何不好？不僅現在，將來我們也還是要提倡專。專除了要具備天資，更多是靠勤奮與毅力。傅雷的教導，與傅聰的苦學苦練，在這方面作出了榜樣，值得向世人介紹。」幸運的是，范用得到了一份胡耀邦關於邀請傅聰回國講學問題的批示，批示中說：「傅聰的出走情有可原，這是一；出走後確實沒有損害黨和國家的行為，這是二；出走以後，仍舊懷念國家，忠於自己的藝術，治學態度很嚴謹，博得學生和人們的同情，這是三。這些必須充分理解和體諒。他回來演出，教學，要完全允許他來去自由；不要歧視，不要冷淡。據說他生活並不好，應根據他的工作給予應得的報酬，並可略為優厚。應指定專人對他做點工作，要較充分體現國家對這樣一個藝術家的慈母心腸。」我們幾乎可以相信，這封信對《傅雷家書》的出版起到了一錘定音的效果。該書之幸在於，范用是傅雷先生的崇拜者，有責任心、有條件為之奔走呼號，同時又有國家領導人的寬廣胸襟做後盾。《傅雷家書》初版的時候，好書太少，讀者有時間靜下心來細細研讀。沒有電視，沒有網路。在資源和條件極其有限的年代，一本優秀圖書的品質最能被充分挖掘出來。晚幾年後，禁忌越來越被打破，藝術水準更高的圖書次第問世，但人們的眼界和心境卻悄悄變化了。一本書的暢銷，內在品質是一方面，各種有機的外在條件尤其不可或缺，二者互為因果。這樣說，絲毫沒有損毀《傅雷家書》意義的意思。人們對《傅雷家

書》的購買慣性證明，這的確是影響了一代人的一本書，它並沒有因為時間的流逝而磨滅了自身的光輝。

（2006 年 10 月 14 日）

# 鄧拓身上的「士大夫」氣

　　我對文化界的翻箱倒櫃並沒有意見，在故紙堆裡多扒拉幾下，沒准什麼時候就能檢出點寶貝疙瘩來呢！現在，很多骨灰級的垃圾都被翻檢出來，重新大示於天下，就很有意義。讓我們再一次看看，垃圾，到底垃圾在什麼地方，也算起了點借鑒作用。當然，有時候他們得出的結論很「另類」，比如，他們認為胡蘭成身上有「士大夫氣」，這是仁者見仁，智者見智的事，但無論如何，這種結論都值得旁觀者仰天大笑三聲！一個人身上有什麼氣，讀其文章是完全可以讀出來的。且不說文如其人，單從行文的口氣上就可略見一斑。就是說，文中是可見「氣」的。我從胡蘭成那裡看到的，只是油滑的味道。這當然不能算做「士大夫氣」。「士大夫氣」最起碼的要求是敦厚、誠懇。

　　按這個標準，具「士大夫氣」的書還真發現了一本，即，我手頭上這本《燕山夜話》，敦厚，誠實。成書於 40 多年前，至今讀來，依然有一股淳樸之風撲面而來。

　　我把《燕山夜話》定位為文人小品。作者馬南村（鄧拓）讀書甚多，涉獵甚廣，一百五十篇舉重若輕的小文章，足可以讓後來者仔細研究幾年。單從文本意義上講，這本書起碼是 1949 年到 1976 年將近三十年間最具普及作用的文人小品。其散發出的人道氣息、人文態度、求實心理、樸素風格實在彌足珍貴。

　　那麼，這本書到底談了些什麼？首先，它談了讀書。讀書人喜歡談讀書，這是通病。《燕山夜話》中，馬南村的讀書感受頗多，

如〈三分詩七分讀〉，說有的詩寫的不好，只好靠朗讀的聲調去影響別人的視聽，掩蓋詩句本身的缺陷。特別是有些新詩，簡直就是把本來不大好的散文，一句一句地拆開來寫，排成新詩的形式。這種評價一箭中的，提到的那些毛病至今仍存在。〈楊大眼的耳讀法〉、〈不要空喊讀書〉和〈有書趕快讀〉，提倡見縫插針，能讀就讀，實在不行，讓別人讀，用耳朵聽，也算間接讀書了，不要「明日復明日，明日成蹉跎」。其次，談了藝術。《燕山夜話》中吊書袋的文章很多。作者讀的古書似乎不計其數，無論講到什麼，信手拈來都有典故。〈從張飛的書畫談起〉，通過幾個事例及流傳下來的資料，認為張飛極有可能是個書法大家；〈評《三十三鎮神頭圖》〉考證了一張歷史上記載過，但已經失傳的古畫。這張名為《三十三鎮神頭圖》的古畫描述的是唐宣宗大中年間的事。當時日本的王子訪問中國，獻給唐皇許多禮品。唐宣宗設宴款待日本王子，並且演出百戲雜技，歡迎貴賓。日本王子擅長圍棋，要求與中國的棋手比賽。宣宗指定了第一流的棋手名叫顧師言的，跟日本王子比賽。雙方各下了三十三著棋，不分勝負。顧順言使出了一個絕招，即所謂「鎮神頭」的一著棋。日本王子估量自己贏不了，就要打聽顧師言是第幾流的棋手。在旁邊看棋的唐朝官員騙他說是第三流的。王子要求見第一流的。那個官員又說：必須贏了第三流的才能見第二流的，贏了第二流的才能見第一流的。日本王子長歎一聲說「小國當然不如大國」，於是認輸。〈創作新詞牌〉呼籲充分吸收古代樂府、詞、曲的傳統優點，按照今天的時代特點，製成一大批新的曲譜，「以表達我們這個時代的人民的喜、怒、哀、樂等各種感情。」

〈古代的漫畫〉一文則認為八大山人筆下變態的、畸形的山水人物，均屬漫畫性質，特別是羅兩峰的〈鬼趣圖〉，具有優秀的漫畫傳統。再次，談了科學。〈圍田的教訓〉針對解放後曾經風行一時的圩田造地運動，舉歷史上的例子來證明這是飲鴆止渴，殺雞取

卵。「有人說，搞圍田的地方是因為耕地不足，不得不搞。所以歷代圍田常常廢除了很久以後又興起了。我們如能批判地接受這個經驗，難道不好嗎？這個論調顯然還是不對的。殊不知，我們現在的社會歷史條件，根本不同於過去的任何時代，如果說，過去在人多地少的南方水鄉，人們與水爭地似乎出於不得已，那麼，我們現在一切都能通盤籌畫，又何必偏偏要在人多地少的地方與水爭地，而不肯另想辦法去擴大耕地面積呢？」誰說百無一用是書生？他們正確的焦慮有誰真正傾聽過呢？

鄧拓言猶在耳，看今天南北大地上，河流越來越少，水患卻越來越多，後人正在品嚐前人栽下的苦果！〈茄子能成大樹嗎？〉輯錄了史載的十年不死，需攀緣摘之的茄子樹，說「這是特殊的現象，如果要使這個特殊現象變成為一般的現象，那還必須使許多地方普遍地都具有一定的條件。這是一個前提，它不但符合於茄子的變化規律，而且符合於一切事物變化的規律。」其時，「大躍進」的浮誇風影響尚在，國家受的傷尚未撫平，作者對農業自然也就更多了幾分關注，像〈大豆是個寶〉、〈多養蠶〉、〈向徐光啟學習〉等，即通俗又有知識含量。再次，這本書中談的最多的就是掌故。〈你知道「彈棋」嗎？〉一文說，很多書中都記載了古代的一種遊戲：「彈棋」，但後來失傳了，如果能挖掘一下，也許有些意義。〈「扶桑」小考〉中則明確提出：「扶桑」這個地方，應該指的是墨西哥。還有，平時人們常說一句口頭語：「將夠本」，其實，這句話應該是「薑夠本」，在〈薑夠本〉一文中，作者考證，薑是一種非常耐旱且高產的作物，古時候人們在地裡種薑，從不賠本，所以說「薑夠本」。〈「玉皇」的生日〉是「正月初九」，〈中國古代的婦女節〉其實就是「七夕」。這些，都很有趣味性，也是文人喜歡用來閒磨牙的小知識。如果一篇篇讀下去，一定會愛不釋手。

此外,《燕山夜話》中,一些文章體現出來的特定年代下的特定思維,從另一個埠給人以閱讀的期待和感慨。「家中的父母叫我畢業以後,趕快回鄉參加生產,一是跟我父親種菜,二是跟我哥哥去學理髮,三是在農場的公共食堂當炊事員。我想了想,我家沒人讀過書,只我一人現在初中剛畢業,幹麼又回去生產呢?再說,種菜、理髮、做飯有什麼學的?將來見到同學們一個個升學幹大事,自己也怪難為情的。請你說說,我該怎麼辦?」在〈行行出聖人〉中,作者就對這個提問的青年講了一通古今例證,最後告訴他種菜、理髮和做飯都能幹大事。理兒倒是這麼個理兒,但在現有條件下,誰都知道在理髮和上大學該選擇哪一個。也不知道那個青年是否真按作者教導的那樣回鄉勞作去了,後來的發展如何。在〈為什麼會吵嘴〉中,作者聽一位目擊者講述,一個壯年人在上公共汽車時和售票員發生爭吵,還大罵旁邊為售票員幫腔的青年。「為什麼經過解放後十多年的社會主義改造和幾年的大躍進之後,現在還有人這樣愛吵嘴呢?」作者的解釋是:「那個四十多歲的乘客,不管他是否意識到,他實際上代表了社會上很少數的落後分子……他們滿腦子還是舊思想舊社會的壞習慣,壞作風的殘餘,有時就不免暴露出來。」剛好,我讀到賈植芳的一篇文章──〈1979 年進京記〉,他在文中講述自己文革後第一次進京,去食品店買蛋糕,向服務員要盒子,服務員態度蠻橫地說:「老頭,這是你自己的事,你自己想辦法去。」同時,賈植芳回憶自己三十年代在北京上學時,到飯店吃飯受到的熱情招待,不由感慨道:「今昔對比,想不到北京人會變得這樣沒禮貌、蠻橫和冷漠,把客人當敵人,人都變成野獸了。其中的原因,鬥爭哲學難辭其咎。」兩文對比,叫人唏噓。

　　要說這本書的文章一點諷喻也沒有,對作者來說亦不公平,他身居高位,看到的聽到的並由此想到的,總會自覺不自覺地在文章有所體現。只是,即便那算作雜文,也不是魯迅樣式的雜文,而是

點到為止，語氣溫和，絕少冷嘲熱諷，尖酸刻薄。《燕山夜話》中有對事後諸葛亮和馬後炮的讚揚，對說大話的諷刺，對吹牛皮的諷刺，常常會讓人心裡一動。

　　現在的官僚體系裡，還有像鄧拓這樣讀書多，文筆好，氣質儒雅、面相可愛的文化人嗎？不管怎麼說，《燕山夜話》是一本有趣的書，好玩的書。如果沒有那段歷史公案，這本隨筆集就會更多地散發出原生態的芬芳。可惜，塗在它身上的痕跡永再無法被時光抹掉。

（2006 年 8 月 16 日）

# 馮至崇拜郭沫若

　　馮至寫過一篇〈我讀《女神》的時候〉，介紹自己少年時如何受新文學的影響，尤其是郭沫若的《女神》一書，對他影響巨大。「總之，有了《女神》，我才知道什麼樣的詩是好詩，我對於詩才初步有了欣賞和批判的能力；有了《女神》，我才明確一首詩應該寫成什麼樣子，對自己提出較高的要求，應該向哪個方向努力。」恰好這篇文章後面注明了寫作日期──1959 年。不排除馮至先生自始至終一直堅持文中的觀點。但我總覺得他在那一年寫出這樣的文章來，一點也顯得不高明，我甚至以小人之心去懷疑他說的是不是真話。因為，那時候，正是郭沫若在政壇上如日中天的時候。其在政壇的地位，為他博得了文壇老大的地位。大家公認文壇排名是「魯（迅）郭（沫若）茅（盾），巴（金）老（舍）曹（禺）」，魯迅已經去世，活著的人中，郭沫若是當然的老大。

　　假設這篇文章寫於上世紀三十年代，或者九十年代，我一定相信他說的是真話。

　　現在有些作家，比如謝泳，寫文章時喜歡在文後注明寫作時間，這是一個好現象。通過寫作時間，你可以結合當時的環境去理解其人其事其想法，理解他為什麼那樣說，為什麼要用曲筆，為什麼酣暢淋漓等等。作家寫出某些文章，並不稀奇，就看你是什麼時候寫的。有人成名，是因為在不合適的時機說出了該說的話，有人因文獲罪，是因為在不合適的時機說出了不該說的話，有人遭到非

議，是因為在合適的時機說出不該說的話，而大部分沒成名、沒獲罪，也沒遭非議的作家，是因為總在合適的時機說著合適的話。

（2007 年 9 月 26 日）

# 不罵幫助過自己的人

　　謝泳先生寫過一篇文章，其標題就是我這篇文章的標題，本來我想繞開他的標題另起爐灶，但我發現，無論怎麼表述，也沒有這幾個字來的更準確和酣暢。我只能說，謝泳先生的總結太到位，太貼切了，一下抓住了問題的牛鼻子。在這篇文章中，他舉了翁文灝的例子：翁文灝曾經被共產黨列為戰犯，後來返回大陸，但他表示自己在聲明中只做自責，不能附和時局罵蔣介石，因為蔣對自己有救命之恩；另有廢名為例。廢名是周作人的學生，後者因為漢奸罪入獄。從監獄出來後，最關心他的是廢名。謝泳總結道：「中國傳統文化很講究知遇之恩，因為人生總有第一推動力，世界上沒有所謂應該的事，一個人再有才能，他還得遇到機會。給你機會並幫助過你的人，在人的一生中最為重要！西方人講的是『吾愛吾師，吾更愛真理』，這句話雖然不錯，但這句話常常成為背叛恩情的一個藉口。我還是感覺中國傳統在這方面更近人情，因為『真理』是抽象的，而『吾師』卻是具體的，在這方面最能考驗一個人的品質和道德。」他舉了上述兩個例子，該文就可以拿到《南方週末》上當作學問之一種發表，倘若舉兩個普通人做例子，大概就只能拿到《讀者》上去當「心靈雞湯」。但不管發表在哪裡，這些文章都是試圖理順人和人的關係，人和社會的關係，讓社會走得更穩健，更坦蕩。所以我說，天下文字，殊途同歸。有意義的文字概莫如此。

　　為什麼要提出「不罵幫助過自己的人」的命題？看看周圍就明白了。你幾乎隨處可見忘恩負義、過河拆橋、吃裡爬外、落井下石。

不知道這個標題能讓幾個人捫心自問。我數了數，踏入社會這十年來在我人生轉折時扶過我一把的人，除了一個人失去聯繫，其他的都保持著相當良好的來往。這讓我稍微舒了口氣。沒有自我標榜的意思，我的確是在拷問良心。他們對我的幫助，在他們也許屬舉手之勞，但在我卻是雪中送炭，必不可少的。

　　不罵幫助過自己的人，誠然是「知恩圖報」，不過這只是最後的底線，一個最起碼的原則。在此之前，應該是善待幫助過你的人，盡你所能為他做事。這種做事當然不是作秀，而是發自肺腑的，快樂地還債。對方當初幫你，並沒當成放債，而你卻總能給他一些小小的驚喜，及時伸出援手，於人於己不都是件幸福的事嗎？人之為人，也正靠這種情感因素來緊緊維繫。在「恩人」春風得意時送上一份祝福，自然理所應當；若他遭遇困境，幫他解圍，為他辯駁，也是人之常情。什麼時候不罵呢，那就是「恩人」成了眾矢之的，而你又面對強大的外力時。不附和、不幫腔，保持沉默，也是一種姿態——我實在維護不了他的利益和尊嚴，但我要對得起自己的良心。就是這麼低的要求，又有幾個人能堅守？

　　幫人的人偶能得到回報，可就應了一句話：「幫人即是幫己」；被幫的人總是卸磨殺驢，到最後一定成為孤家寡人，也是應了一句話：「多行不義必自斃」。「知恩圖報」是一種傳統的「義」，歷久彌篤。

（2007 年 11 月 2 日）

# 尷尬的代表作

　　上小學時讀許地山的〈落花生〉，沒覺出怎麼好來，前些日子又有機會讀了一遍，還是沒讀出「好」來，父親以花生喻人，教育兒女：「你們要像花生，因為它是有用的，不是偉大、好看的東西。」這不就是典型的心靈雞湯嗎？《讀者》和《青年文摘》上有無數這樣的短文，而且，比喻更精妙，文筆更華美，比許地山強多了。心高氣傲的少年不由自主地想：這樣的東西我也能寫啊。他們的東西憑什麼可以上課本，而我的文章連報屁股都上不了？

　　楊朔的〈荔枝蜜〉〈茶花賦〉也是如此，以物喻人，以蜜蜂來形容「勤勞的人民」，這算什麼呢？如同把人比喻成鮮花，毫無創意可言。為什麼要說他「語言精美，含蓄新巧」呢？

　　此外，還有朱自清的〈背影〉，看到父親費勁地跳過月臺去給自己買橘子，心裡一酸，這是人之常情，很多寫親情的文章，情節比這個更感人，卻遠不及朱自清的文章影響大。有一次，和詩人梁小斌吃飯時談到這個問題，梁小斌說，「五四」以後，青年們高呼打倒孔家店打倒封建主義，但是人們並不知道這個「封建主義」的帽子到底該扣在誰的頭上。然後再看巴金的《家》，曹禺的《雷雨》，發現大家其實都在潛意識裡把父輩當成了封建主義的代理者、代言人。然後，抗戰來了，人們通過朱自清描寫的這一小小畫面突然意識到，父輩原來和他們一樣，也是無能為力的流民。朱自清這篇文章一下子觸到了人們內心深處最脆弱的部分。

　　他這一解釋，我們都豁然開朗。事實上，是時代成就了某些作品。很多東西拿到現在來看，根本不足一道，而在當時，要麼在純文本上，要麼在思想刻度上，一定有其獨到之處，即使不是石破天驚，也是有所開拓。最典型的例子應該數劉心武的〈班主任〉，他那　篇著名的段落是這樣寫的：「從這對厚嘴唇裡迸出的話語，總是那麼熱情、生動、流利，像一架永不生鏽的播種機，不斷在學生們的心田上播下革命思想和知識的種子，又像一把大條帚，不停息地把學生心田上的灰塵無情地掃去……」直白得就像在喊口號。可在那個時代，這已的確屬於很前衛的東西了，並且著實引起了轟動。

　　所謂文學即人學，如果不能對社會有所影響，不能介入人們的生活還叫什麼文學呢？很多「成功」的作品，就是因為打上了濃烈的時代烙印，才得以大紅大紫。但可悲的是，又正因為介入當下太深，這些最初的開拓者，就只能作為過渡型作品存在。沒有他們邁出的這一小步，就沒有以後迅速行進的大踏步。它們或多或少地推動了社會、文化的進步，爾後又不得不被發展的社會所拋棄。大浪淘沙，總有一些東西被淘掉，雖然殘酷，但是必要。否則人類怎麼前進？而且，誰敢說，我們現在的努力不也是過渡呢？或許有一天，後人看到我們的東西，忍不住撇起嘴說，這都什麼呀，這樣的東西居然也算文章？殊不知，那是我們殫精竭慮，日夜煎熬才爬出來的，真可謂字字皆辛苦，聽到這樣的評價，我們若是地下有知，會做何感想？

　　不管當事人如何認為，在大家的共識中，〈背影〉就是朱自清的代表作，〈班主任〉就是劉心武的代表作。這些人的其他作品，可能比所謂的代表作要成熟許多，通暢許多，但是都沒有其代表作影響大。他們的代表作，為他們打上了鮮明的標籤。他們背負著自己的代表作，供一代一代學子展覽。這種展覽，越往後越顯滑稽，

因為，他們的作品離自己的讀者越來越遠，如不結合作者寫作時的情境，讀者只能一頭霧水。這樣看來，若是把他們的文章從課本中淘掉，作者會有所欣慰也未可知。

（2007 年 6 月 1 日）

# 文學活動家

牛漢在回憶錄《我仍在苦苦跋涉》中說，「樓適夷很少寫什麼。樓適夷一生的作品（創作、翻譯）基本上沒有可以留下的東西。」「我平反前後，還編過《荒煤散文選》，他提出來的，只有十幾萬字，勉強編成」。

樓適夷和荒煤，在文壇上都以著名作家的身份出現過。牛漢所言，或有偏頗，但目前看，二人確無傳世之作。他們在文壇上混跡多年，是以另外的身份——用個比較中性的詞，即文學活動家。這樣的人不止他倆，還有很多。他們在圈子裡遊走，周圍聚攏著一批文人，還有很多人感激他們，維護他們，不是因為他們的作品出色，而是他們手裡掌握著若干資源——雜誌、出版社、作家協會的各類評獎。他們可以分配榮譽、賜予機會。

因為文化資源掌握在國家機器手中，他們實際上是官方意志的代行者。對於真正的創作者，他們一定是先限制，再發糖。若其中一些人還能留下美譽，那是他們對文化起了一些保護、推進作用，與他們相遇，相當於專制下的臣民碰到開明君主，概率很低。或者說，他們是矬子裡頭拔大個兒拔出來的。你可以數一數，60 年來文學活動家如過江之鯉，能獲正面評價的有幾個？他們的個人眼光、視野乃至閱歷都嚴重制約他們所起的作用。

很多雜誌、出版社的主編、社長們，以及各級作家協會的大佬，多屬此列。而一些人底氣不足，或者本身不屑「文學活動家」這種身份，就說自己是詩人、評論家、小說家……反正話語權在他們手

中，他們怎麼說就怎麼是吧，沒人較真兒。其他國家的文學活動家是什麼樣子呢？我想像不到。我只是覺得一個健康的社會，編輯家就是編輯家，活動家就是活動家，身份應該更明確，不往作家序列裡面擠，他們一樣能得到應有的尊重。

（2009 年 1 月 20 日）

# 過時的文字

在 1979 年 5 月出版的《新文學史料》第三輯中，讀到姜德明先生的舊作〈魯迅和錢玄同〉。這是一篇資料詳實，分析透徹的長文，只是，文中充斥著若干如下語言：

> 當《新青年》開始介紹和宣傳馬克思主義時，胡適一直反對，十分懼怕。出於他反動的立場，曾經想盡辦法來扼殺這種影響……

> 思想倒退的錢玄同，自以為是與世無爭的學者，其實在政治觀點上已經同反對馬克思主義的反動勢力站在一起。

沒有責備賢者的意思，姜德明先生是我比較尊敬的一位學者，我買過他的一些書。之所以摘錄這幾句話，是想到了他寫作此文時的處境——其時似乎已在「撥亂反正」，對胡適的重新評價也有了鬆動跡象，但舉國上下仍是一個聲調，洶湧起伏。在那種語境下，沒有幾個知識份子可以發出截然相反的聲音。即便搞學問，也必須是當時意識形態容許下的鑽研，否則就有生命危險。等到這種意識形態消散了，很多文字就變成了垃圾。而姜德明這篇文章起碼至今還有可取之處。

那麼，我們今天的寫作是否存在這種情況？——因為我們深陷某種意識形態中，昏昏然不自知，或者自信得不得了，有朝一日價值觀突然被顛覆，我們的文字隨之也就失去了任何意義。當然，今

天的觀點將來成了小兒科，倒無所謂。畢竟社會要進步，目前很新穎的想法，過後卻是盡人皆知，這是正常的。而有些文字已經「現世報」了，比如余秋雨老師的含淚勸告文、王兆山主席的替鬼代言詩，甫一問世就成過街老鼠；還有一些，當下尚可悠哉遊哉，怡然自得，未來能否成為笑柄，誰也說不準。

　　為準繩之一，多約束一下自己，視野再開闊一些，畢竟不是件壞事。

（2008 年 9 月 9 日）

# 大牌

「連黃裳都成權威了！」和朋友對飲時，他不無揶揄地說。

是的，在某幾個小圈子裡，黃裳確實被當成了頂級人物。但我想告訴朋友，其實沒幾個人認為黃裳水準有多高，只是因為他歲數最大而已。而且，除了幾個小圈子，知道黃裳的人並不多，儘管我也買過黃裳的幾本書。

朋友這麼說，不代表他自己的識見讓勝於黃裳，他這樣說，是因為他讀過太多的好書。下蛋下到什麼份上，且不去說，什麼樣的雞蛋好吃，他是自有其標準的。

身邊很多大牌，我們尊敬他，買他的書，也時時把他尊稱為大師，其實內心裡還是會把他劃到二流、三流人物。

讀書人裡傻子多，可真傻的不多。

（2008 年 10 月 28 日）

# 無影龍套黃宗洛

　　「黃氏四傑」中，黃宗江、黃宗英都是享譽國內外的文藝家，黃宗漢則是著名企業家，唯獨黃宗洛，演了一輩子小角色，只算是混了個臉熟，因此，他自稱「著名龍套」。

　　其實，這小角色演好了，也不是件容易事。排演《龍鬚溝》時，黃宗洛和其他幾十個群眾演員一起走街串巷，像魔怔了一樣體驗生活，回來還要寫演員日記、寫角色自傳，雖然他們在戲中不過就是露一下臉而已。他在《茶館》中扮演松二爺，第一幕和第二幕之間只有幾分鐘的換裝時間，卻要表現出相隔十多年的時代變遷，小辮、牙齒、衣著甚至裝飾都要一絲不苟地搞出差別來，松二爺一出場，「嘩」，掌聲一片，這就是功夫。

　　但是，認真琢磨角色和戲，並不就一定能演好，太認真太入戲的「龍套」容易陷入另一個怪圈，即搶戲。因此，黃宗洛總結了一個經驗：「越是有戲的角色越要悠著勁，見悲節哀，遇喜忌逗。如果逮住戲不撒嘴，編、導、演朝著一處使勁，極盡渲染之能事，不偏也得邪……已然寫足了的戲，早晚是你的，大可不必再傷多餘的腦筋。」我猜，這經驗一定是黃宗洛從自己的演出中總結出來的。他跑了一輩子龍套，知道龍套的位置。當年，國慶日觀禮，梁思成負責設計天安門上的觀禮台，他在不起眼的位置搭了幾條木板，來賓往上面一站，高瞻遠矚，視野廣闊，還不影響整個宏大的場面，這就是最高超的技巧。假如把幾組富麗堂皇的建築搬到天安門上，倒是舒服了，但整個佈局都將大打折扣。一個出色的龍套也是這

樣，需要出現的時候，滿屏都是你，需要消失的時候，立即消失，且不能留下任何痕跡，要給主角騰出所有的空間。如果你已經離開了，觀眾還在尋思：「剛才那個小角色挺不錯啊，什麼時候再能看到他呢？」甚至沒有注意到主角已經出場。這個龍套就是失敗的。別說龍套影響不大，一個時刻留影的龍套常常因為突出了自己，而把整齣戲搞砸鍋。

（2006 年 10 月 21 日）

# 爛到肚子裡的東西

　　資中筠在〈馮友蘭先生的「反芻」〉一文中講到這樣一件事：馮友蘭晚年在失明以後，完全以口授的方式「吐」出其所學，繼續完成了《中國哲學史新編》，他自己把這戲稱為「反芻」。資中筠先生由此反思道：「如果我現在雙目失明，不能再閱讀，肚裡能有多少東西供反芻呢？不覺為之悚然和惶然。因為我覺得真是腹中空空，真正屬於自己的學問太少了。離開了那隨時翻閱的大厚本書，大量的資料文件，爛熟於心，可以源源不斷如蠶吐絲般地貢獻出來的東西能夠有多少呢？」

　　與馮友蘭相似的還有陳寅恪，他五十五歲時失明，在以後的二十四年裡，一直憑著畢生所積在大學裡傳業授課。雖然有人幫他們搜集資料和念一些東西，但如果沒有以前的「爛熟」，是無論如何也做不出學問的。資中筠這樣的學者都發出如此感慨，我輩捫心自問，誰不惶惶然？看來，做學問的時候，求甚解和不求甚解是無法分開的。不求甚解，為的是讓去蕪存精；求甚解，為的是讓精華滲入骨髓。

（2007 年 4 月 12 日）

# 「錢鐘書」與「錢鍾書」

　　楊絳在她的書中，堅持把「錢鐘書」寫作「錢鍾書」，這個「鍾」字，在簡化字系統裡是不存在的。但既然楊先生堅持這麼寫，就一定有她的道理。並且，錢鍾書生前也極力堅持要把自己的代表作《管錐編》用繁體字出版，他的理由應該是這樣的：簡化字把很多繁體字聚攏到　起，本來在繁體字系統裡，既有「後」、又有「后」，既有「里」，又有「裡」，以「後」代「后」，以「里」代「裡」之後，兩個字原來的含義就混淆了，而《管錐編》裡面，有關這樣的知識就講不通了。

　　無獨有偶，陳寅恪先生生前留有遺言，自己的作品不能用簡體字出版，只要出版，一定要繁體豎排。我想，在這兩位學問大家那裡，繁體字和簡體字，分別承載著大相徑庭的內涵，它們在所謂進步的基礎上，更像是兩套單獨的語言系統，有時甚至誓同水火。

　　錢、陳已經離世，跟他們有過親密接觸，理解他們的心情，並恪守他們原則的人早晚也會離世。等這些人都走了以後，繁體字和簡體字之間的差別是不是就徹底消失了？我們是不是可以坦然地一意孤行，裝得就像根本不知道這些知識存在過一樣？

（2007 年 9 月 21 日）

# 一定要表態嗎？

　　羅飛在「胡風集團」裡面一定屬於年紀比較小的了，他生於 1925 年，即便這樣，他也已經是年過八旬的老人。隨著當事人的漸次離去，親歷者帶有濃烈情感色彩的敘述將越來越少，那場空前的冤案，最後也許只能出現在專門研究者的視野中，並越來越簡化為一個乾巴巴的符號。羅飛的新作《文途滄桑》出版了，印數五千冊。假設一本書的傳閱率為百分之百，就有大約一萬個人在閱讀它。我慶幸，自己是這萬分之一。

　　羅飛是個詩人，但客觀地說，他流傳的詩並不多，影響似乎也僅僅在圈子裡。起碼，我是最近兩年讀與「胡風事件」有關的記載，才知道羅飛其人的。一個詩人，一生中真正寫詩的時間並不多，這實在可悲。在他風華正茂的時候，被剝奪了寫作的權利，年近花甲才重新獲得提筆的機會。而此後，他又不得不為那場糾葛中未竟的恩怨一次次作文辯論、爭鬥、澄清，作為蓋棺定論的政治文件解決不了這背後一件件的小事，還得靠當事人自己去解決。他本人那一顆作詩的心，就這樣繼續一天天耗費下去。

　　我總是在想，作為胡風、羅飛等人對立面的一方，他們難道沒自己的判斷嗎？為什麼連一些所謂的大學者也跟隨其後，惟恐被人爭先？成千上萬的知識份子去落井下石，在別人身上踩上一腳，這背後是一種什麼樣的心理在支配在著他們？有一些即得利益者，直接歸周揚領導，行動係身份所牽，要看主人的眼色行事，似乎還有情可原，而另一些人，跟衝突雙方都沒有什麼過深的交往，他們甚

至對雙方爭論的緣起、過程均無瞭解，以他們的身份和地位，充其量也只能當個旁觀者，他們怎麼還要如此積極地湊熱鬧？羅飛在一封信件中就憤怒地提到了唐弢是如何心口不一，在上世紀五十年代和八十年代，前後自相矛盾的說法。正是這些人，為悲劇推波助瀾，使悲劇轟轟烈烈，如火如荼，若是沒有他們的積極參與，整個事件就會冷清許多，悲劇當事人也不會受到這麼大的傷害。那麼，推波助瀾者的獨立人格都到哪裡去了呢？最直接的一點疑問是，當你內心還沒有一個明確的判斷時，你是不是可以暫不表態，選擇沉默？

答案是殘酷的：不可以！當時，一個運動接著一個運動，在這接踵而至的一場場運動中，人們都在急於表白自己的立場，證明自己的正確，以區別那些陸續被拋開的人。這樣的機會，大家都在天大盼，日日等，好不容易來了，哪裡還會錯過？因此，我們總能看到，運動一到，這些懵懵懂懂者（不排除一些刻意投機的人）一定要急不可耐地跳出來，裹挾在人潮中，似乎也看不到自己的愚蠢和盲從了。

那麼，到底是一種什麼的力量讓他們不得沉默？這些人也是身經百戰，有過生活閱歷的，他們起碼有一個最基本的是非判斷。若不是強力推動，他們應該有所保留。這種恐懼到底從何而來？

有一種力量，叫做恐怖。像希特勒對猶太人實現的種族滅絕，讓你直面血淋淋的死亡，讓你心如死灰，徹底絕望，除了奮起決鬥、玉石俱焚之外，別無出路。而當時的知識份子們面對的，顯然不是這些。他們眼前有一條條出路。當政者走群眾路線、大家建立統一戰線，一起來批評和自我批評。讓你自己選擇。你可以選擇沉默，但那樣，你就是自絕於群眾，自絕於集體，自取孤立。請注意，這種孤獨還不是那種「道之所在，雖千萬人吾往矣；義之所當，千金散盡不後悔；情之所鍾，世俗禮法如糞土」的大義凜然，若是那樣，自然有人寧可代表少數真理，敢於為之獻身的。你所要避開的，是

一種被證明了的「偉大光榮正確」，其成績歷歷在目，大多數人在發自肺腑的為之歡呼雀躍，你的被拋棄，是被偉大的群體踢開。

當然，這種孤獨也不是單純的孤獨，待遇與之緊密相連，政治待遇、生活待遇，等等等等，隨著你的被孤立而漸被剝奪。在集體中生活，丟失了的東西，你想憑自己的力氣去掙都掙不來。沒有了待遇，你就更加一無所有，甚至連家也養不了。

這種情況下，獨立人格只能被抹殺，熱情只能被利用。誰是正確的，誰是錯誤的？當然誰的嘴大，誰有話語權，誰就是正確的。這個巨大的權力（包括權利），必然落實到某些具體的像我們一樣有血有肉，有七情六慾的人身上，被偷樑換柱，滿足私慾。

因此，悲劇的發生也就是一種必然了。

（2007 年 3 月 4 日）

# 犯人格

　　《裡面的故事》，一看這個題目，就使人聯想到高牆。不過，高牆和高牆也是不一樣的，監獄和看守所都屬於高牆之內，如果說前者是犯人待的地方，那麼後者就是嫌疑犯待的地方，有沒有罪，還不一定。但在一般讀者的頭腦裡，它們沒什麼有這個區別，只要進去了，就失去了自由，不再享受常人的待遇。裡面與外面，截然兩重大。本書作者朱正琳的文字也印證了這一點。他在進去以後，兩眼直愣愣地看著牆上的鐵窗。原先以為鐵窗就像一個鐵柵欄門，如同電影裡演的一樣，能夠手扶著鐵窗和窗外的人對話，而事實上，鐵窗兩米多高，十分狹小，遙遙地從裡面可以看到外面牆頭上的電網，電網上方還可以看見一段長滿青草的山坡。估計每一個初進大牆的「犯人」，心中最後一絲期待，都會被這高不可攀的鐵窗打碎。後來，朱正琳居然還很哲學地發現：鐵窗與普通窗戶的主要區別不是有沒有鐵柵欄，而是有沒有窗簾。鐵窗是不用窗簾的，鐵窗之內無隱私，遮擋起來想幹什麼？

　　在我個人的字典裡，監獄跟精神病院是同義詞。我把犯人首先看作是精神病患者。請注意，這裡的「精神病患者」是個中性詞，不帶感情色彩；而「犯人」，也是指一般意義上的犯人。本無罪過，含冤入獄的不在其列。芸芸眾生都是普通的人，他們在規則之內規規矩矩地生活著，不越雷池半步。外面的天空足夠大，足夠他們折騰了。而「犯人」們，不論出於什麼原因，當他決定打破規則的一刹那，他就跌破了常人的底線，這個過程中，精神

上思想上，應該是有過一個鬥爭的，不會像吃喝拉撒一樣來得自然通暢。經過了思想鬥爭，最終選擇了超越，在精神上，這就屬於病了。表面上看，他們與常人的區別在於是否採取了行動，而本質上，他們和常人的區別乃是他們的抉擇，是他們決定方向的一剎那。因此，大牆裡面，是一群有病的人。這樣一些人混雜在一起，是否也有自己的規矩呢？

當然有。朱正琳說，人有人格，犯人有「犯人格」。做了犯人，就要像個犯人，裡面有裡面的做人準則，不要把外面的那一套帶進來。這「犯人格」的第一準則便是「見官就賴」。所謂「見佛就拜，見官就賴」，指的是見勢不妙，隨時服軟，像個三孫子一樣求饒哭訴，甚至撒嬌。比如管教人員要給你帶手銬了，犯人不僅裝得很誠懇，而且要裝得可憐，說話帶著哭腔，若能擠出兩滴眼淚來更佳：「幹部，我錯了，你饒了我吧，給我開了吧，我好疼啊，哎喲⋯⋯」，他們能這樣做，是因為人到牢裡以後就覺得所有的遮羞布都多餘了，一點尊嚴都沒剩下的時候，還遮著醜處做什麼？而管教人員明知犯人是故意做的這種樣子，但久而久之，也便習以為常，成了一種儀式。該儀式由管教和犯人共同維護，體現的是在靈長類動物中普遍通行的示弱原則，即等級低的必須經常用一種具有象徵意義的姿態向等級高的示弱。那些在監獄裡待久了的老油條們，「見官就賴」的本領極高。一個老犯，站起來時總是一隻手摀著肛門部位，自稱是痔瘡導致脫肛的毛病。據說他自打入獄就這麼摀著。作者通過自己的觀察，不相信那人真有這樣的毛病，可是五年如一日摀著肛門部位，也真不容易，那需要極高的定力！但有了這個毛病，可以不當值倒馬桶，可以不受罰戴銬子，後一點好處，在牢裡算是巨大的利益。老犯們像泥鰍一樣滑，隨時準備逃竄。比起那些剛入門的「倔驢」們，他們確實少吃了很多虧。但這不是說，犯人們就全無心肝，他們還有一條準則，即「告密可恥」。犯人們對這條準則

的要求，比外面的花花世界還嚴格。儘管裡面告密的事實際上總在不斷發生，卻沒有人敢明目張膽地做，並且每個人提起告密者來，都要表現得義憤填膺。作者分析，「告密可恥」其實與「見官就賴」基於同一種認識，就是前面說的「都走到這一步了，你丫就別裝了」。在外面裝積極是有所圖，到了裡面已然成了壞人，打幾個小報告恐怕與事無補吧？但不管怎麼樣，這是他們維護自己尊嚴的最後方式，在大牢裡，一個有骨氣的犯人同樣受人尊敬。

上世紀八十年代初期，下海者、倒爺、大款中竟有相當數量的人都入過獄，「正人君子」們看他們發財了，頗為不平。不過細一分析，也有時代的合理性。在大家都舉目觀望的時候，他們經過了牢獄裡的歷練，更容易脫離常規（有一些也是出於無奈，因為常規秩序中根本沒有他們的位置），做別人不願做不敢做的事。其次，在做事時，他們也易突破正常人的底線，「見官就賴」，如魚得水。別人抹不下臉來，他可以輕而易舉地抹下臉來，哭、鬧、笑、耍，別人需要什麼樣的表情，他就提供什麼樣的表情。而「告密可恥」的尊嚴表述，又契合了中國幾千年來形成的「公理」，豪爽俠義，講究江湖義氣，想不成功都難。

在世俗社會中，一個具有「犯人格」特質的人，和一個只具有「人格」的人競爭起來，哪個更容易勝出？已經一目了然。這聽起來讓人有點悲哀。大牆內的監禁、改造和教育，為的是讓犯人們人格健全，最後卻培養出了大批具有「犯人格」的人，而且他們能夠如魚得水地遊弋在世俗社會中，也恰恰是沒有人格而只有「犯人格」，這到底所為何來？

（2007 年 1 月 23 日）

# 不笑的權利

　　四、五十年前，正是人鬼不分的時候，知識份子被打進十八層地獄，今天你鬥我，明天我鬥你，打倒以後再踩上一腳讓你永世不得翻身。人人自危，防不勝防，整天生活在這樣的環境中，人們的心情之壓抑和鬱悶可想而知。可是，如果你有幸看到那時侯流傳下來的老照片，特別是一些宣傳照片，簡直是人人帶笑，而且笑得開心，笑得爽朗，笑得就連旁觀者也禁不住要心花怒放。如果沒有文字解釋，再過若干年，或者幾百年以後，後人還真的以為我們曾經有過一個難得的盛世，在這個盛世裡，我們是那麼為之自豪。好在，這些事情過去的時間還不是很長，許多親歷者依然活在世上。因此，我們能夠知道那笑容是絕對的表演。可是，這種笑容是怎樣製造出來的，表演者又有過什麼樣的心路歷程？他們表演時和表演後有著什麼樣的酸甜苦辣？高爾泰先生的《尋找家園》一書中，就給出了答案。

　　高爾泰是有名的畫家，美學研究者。1957 年，年僅二十一歲的高爾泰還是蘭州的一個普通教師，他寫的〈論美〉發表在北京《新建設》雜誌上，引起了朱光潛、宗白華等眾多學者的關注。幾個月後，同樣是這篇文章，讓他被打成了右派，發配到酒泉的夾邊溝農場進行勞動改造，1962 年「釋放後」，他進入敦煌文物研究所工作，並在這裡度過了「文革」的艱難歲月。如今，高爾泰旅居美國，成為內華達大學的訪問學者。《尋找家園》是一本帶有自傳性質的散文集，其中有多篇文章記敘了他在夾邊溝和敦煌文物研究所時的情

況，這些文章曾以專欄的形式在《讀書》雜誌上發表過，結集以後，更顯其完整，前後印證，勾勒出一個個生動的場景。

書中有一篇文章叫〈幸福的符號〉，第一句話就是：「夾邊溝人創造了一個幸福的符號：一種舉世無雙的笑和舉世無雙的跑步姿勢」。單說這個「笑」──有一個不知什麼名目的參觀團要來夾邊溝，農場領導指示要搞出個新面貌。韓幹事主抓工地氣氛，從打擊抵觸情緒入手，讓勞教人員們白天互相監督，晚上揭發批判。於是，到了晚上，大家就聽到了這樣的指責，某某老是吊著個臉，你是對誰不滿？某某一天到晚悶聲不響，你打的什麼鬼算盤？某某抬籮筐一步三搖，你是要給誰看？⋯⋯這樣揭發下來以後，工地的氣氛很快就變了，人人都在微笑，一天到晚地笑，隨時隨地笑。笑著掄鎬，笑著使鍬，笑著抬筐跑上坡，笑著下坡往回跑。邊笑邊跑邊喊號子。讀者朋友們可以自己想像這種場面是如何的尷尬和滑稽，明明心裡苦澀得像鹽鹼地，你還得裝出一副非常開心的樣子，你的這種開心還要發白肺腑，不能有絲毫的破綻。其實，夾邊溝只是整個國家的一個縮影而已，不僅在夾邊溝，在任何地方，你都得做出這種樣子來（我們看到的那些老照片即為明證）。否則，你就是對制度懷有敵意，就是叛徒，就是壞分子。古代的皇帝，讓某個大臣去死，不說要殺你，而說是「賜死」，被「賜死」的人還要跪地磕頭，謝主隆恩。如果稍有不滿的表示，就是對皇上不忠，人都死了，還有什麼忠不忠的！忠又怎樣，不忠又怎樣？不過，為了讓自己的一家老小免遭和自己一樣的結局，他們只能裝出一副情願受罰的樣子。心有所忌，才不得不這樣。同樣，高爾泰等「勞教分子」也是因巨大的恐懼才「笑著掄鎬，笑著使鍬」。恐懼感已經浸入他們的骨髓，一分一秒都疏忽不得，一個小小的疏忽都會置他們於死地。他們沒有任何權利，連不笑的權利也沒有。惡劣的「相互監督」制度把每個人都異化為告密者、損人自保者和窺人隱私的小人。「文革」開

241

始後，此風更漲。高爾泰和他周圍的同事都相互提防，有人晚上明明沒有睡著，但也裝得鼾聲如雷，以顯示自己心中坦蕩；有人故意在夢中高呼革命口號，第二天又裝出若無其事的樣子探問別人的反應。更有意思的是，在學習王傑和焦裕祿的討論會上，大家必須「感動」得哭出來。高爾泰蒙著臉，從手指縫裡觀察別人，發現有好幾雙晶瑩的淚眼也在閃閃地窺探自己。

人要活下去，自保是一種本能，以害人為自保也是一種本能。武則天時，「上頭」鼓勵告密，於是告密成風，但我們不能說，「告密」始自唐朝年間，同樣，今天的社會惡習也不是始自四、五十年前，可是四、五十年前達到又一頂峰的惡習，的確使這種風氣至今還沒有擺脫波峰。一種醜陋的東西，要經過多少年的消磨，才能回復到自然狀態？怕就怕，它們剛剛回復，就來一次新的運動！

（2007 年 1 月 2 日）

# 豐子愷：1972 年的另類寫作

作為漫畫家的豐子愷（1898-1975 年），為文恬淡雋永，耐讀耐品，我雖沒有系統地讀完，但曾經蜻蜓點水掠過的幾篇文章，都留下了很深的印象。《豐子愷經典作品選》是一本大路貨的選集，在舊書市上花五元錢買來的，印刷還算精美，內中收有〈牛女〉、〈酒令〉、〈食肉〉、〈豐都〉、〈塘西〉、〈工囚因〉、〈算命〉、〈吃酒〉、〈四軒柱〉等散文。這些文章中頗多精彩片斷，且錄兩節——

> 那時我僦居在裡西湖招賢寺隔壁的小平屋裡，對門就是孤山，所以朋友送我一副對聯，叫做「居鄰葛嶺招賢寺，門對孤山放鶴亭」。家居多暇，則開坐在湖邊的石凳上，欣賞湖光山色。每見一中年男子，蹲在岸上，向湖邊垂釣。他釣的不是魚，而是蝦。釣鉤上裝一粒飯米，掛在岸石邊。一會兒拉起線來，就有很大的一隻蝦。其人把它關在一個瓶子裡。於是再裝上飯米，掛下去釣。釣得了三四隻大蝦，他就把瓶子藏入藤籃裡，起身走了。我問他：「何不再釣幾隻？」他笑著回答說：「下酒夠了。」我跟他去，見他走進岳墳旁邊的一家酒店裡，揀一座頭坐下了。我就在他旁邊的桌上坐下，叫酒保來一斤酒，一盆花生米。他也叫一斤酒，卻不叫菜，取出瓶子來，用釣絲縛住了這三四隻蝦，拿到酒保燙酒的開水裡去一浸，不久取出，蝦已經變成紅色了。他向酒保要一小碟醬油，就用蝦下酒。我看他吃菜很省，一隻蝦要吃很久，由此可知此人是個酒徒。」（〈吃酒〉）

抗日戰爭期間，我避寇居重慶，有一次乘輪東下，到豐都去遊玩。入市一看，土地平曠，屋舍儼然，行人熙來攘往，市容富麗繁華，非但不像陰間，實比陽間更為陽間。尤其是那地方的人民，態度都很和氣，對我這來賓殷勤招待。據他們說，此間氣候甚佳，冬暖夏涼。團體機關，人事都很和諧，絕少有糾紛摩擦。天時、地利、人和，此間兼而有之，我頗想卜居於此。

我與當地諸君談及外間的謠言，皆言可笑。但據說當地確有一森羅殿，即閻王殿，備極壯麗。當年香火甚盛，今則除極少數鄉愚外，無有參拜者。僅有老道二三人居留其中，作為古跡看守而已。……殿內匾額對聯甚多。我注意到兩聯，至今不忘。其一曰：「為惡必滅，若有不滅，祖宗之遺德，德盡必滅；為善必昌，若有不昌，祖宗之遺殃，殃盡必昌。」其二曰：『百善孝當先，論心不論事，論事天下無孝子；萬惡淫為首，論事不論心，論心天下無完人。』前者提倡命定論，措詞巧妙。後者勉人為善，說理精當。(〈豐都〉)

這些文章的特殊之處就在於，每篇後面都標有「1972 年」字樣。1972 年是什麼年代？恰是所謂「十年浩劫」最甚的時節。我一邊讀，腦子裡一邊畫問號：這樣的文章當時能發表嗎？什麼報刊發表？他為何有如此心境寫這樣的東西？再進一步，他怎麼敢寫這樣的東西？除了他，還有多少人有機會寫、敢寫這樣的文章？

這些文章至今讀來依然生動有趣。只是，這樣談玩談吃談性靈的小資產階級情調，這樣宣揚宿命的封建迷信，在舉國上下只有八個樣板戲和一個作家的情狀裡，這些文字，說的話太像人話，思維太像正常人的思維，所以，已是明目張膽的反動，完全的另類，完全地背離了時代的「大潮流」。此非危言聳聽，誰都可以明白，隨便一個帽子就可以要作者的命。

　　1949 年，幾乎是所有中國大陸作家的分水嶺。一個運動接著
一個運動，作家們戰戰兢兢，噤若寒蟬，每一個字都有可能成為罪
證，在劫難逃。很多正當壯年的知識份子，創作生平到此戛然而止，
直至 1976 年的簡歷中幾乎成了空白。曹禺、沈從文、巴金等均是
明證──越是聲威大的人，越是萎縮得徹底。這其中，似乎有過一
個曇花一現般的反覆。1960 年到 1962 年之間，大躍進造成強烈的
後遺症，爆發了所謂「三年自然災害」，生靈塗炭，餓殍遍野。政
治上的困頓，卻使文化上出現了一個小陽春。從 1949 年到 1976
年，以這三四年最為活躍。文藝界雖依然有著強烈的意識形態的印
跡，但也出版了一些就文藝談文藝的書籍，報紙上也開始刊登一些
符合人類正常思維的散文、小說。這期間，周恩來和陳毅主持的全
國話劇、歌劇創作廣州座談會以及紀念曹雪芹誕辰兩百周年等活動
都引起了較大範圍的反響。小高潮過後，毛再彈「千萬不要忘記
階級鬥爭」的老調，挾持數億人進入長達十四年的萬馬齊暗狀態。
而豐子愷，居然就是在這最壓抑、最消沉的時光裡寫就這一篇篇
散文。今天，這些文字很容易淹沒於浩瀚的海洋裡。但因其在黑
鐵時代保留了點點人性光輝而顯得尤其珍貴、特殊，不知道該時
還有多少類似的文章問世？不敢說豐子愷絕無僅有，但肯定也是
鳳毛麟角。

　　我在網上搜索了一下，查到以下資料：

　　　豐子愷曾於 1957 年 11 月，將建國前的舊作《緣緣堂隨筆》、
　　《緣緣堂再筆》、《車廂社會》、《率真集》以及抗戰中的散文
　　自留稿選出五十九篇，由人民出版社出版新版《緣緣堂隨
　　筆》。1962 年，他又應人民文學出版社上海分社之約，將 1956
　　年至 1962 年間創作的三十二篇散文隨筆編成《新緣緣堂隨
　　筆》，後因發表在 1962 年 8 月號《上海文學》上的散文〈阿

咪〉受批判牽連，這本散文集終未能出版。「文化大革命」開始後，豐子愷受衝擊，身心備受折磨，一度曾被關進「牛棚」。1971 年 4 月開始，豐子愷利用凌晨時分悄悄創作《往事瑣憶》系列隨筆（1973 年修改時，改名為《續緣緣堂隨筆》，最後定稿時取名為《緣緣堂續筆》），一共三十三篇。這些隨筆作者生前未發表過，其中十七篇曾收入浙江文藝出版社 1983 年 5 月出版的《緣緣堂隨筆集》，1992 年 6 月浙江文藝出版社和浙江教育出版社聯合出版的《豐子愷文集》第六卷收入了全部三十三篇隨筆。

另外，葉兆言就此發表過評論：

豐子愷先生在 1972 年，寫過一組很漂亮的散文，在「四人幫」最猖獗的日子裡，這組散文的意義，在於證明有一種寫作不僅行得通，而且能夠存在。這也是錢鍾書全力以赴《管錐編》的時候，寫作和發表是兩回事，寫沒寫是一個問題，能不能發表又是另外一個問題。我想一定有作家深深後悔，在過去的幾十年裡，他們被不能寫的藉口耽誤了，就像一首流行歌詞歎息的那樣，想去桂林時沒錢，有錢去桂林卻沒時間。時間不饒人，後悔來不及，我們已習慣於這樣的思維，很長一段時間，中國知識份子尤其是作家，身心遭受嚴重迫害，被剝奪了寫作的權利，但是一個顯然的事實，就是他們並不比真正勞動人民的日子過得更糟，生存環境並不比普通百姓壞到什麼地方去，如果作家真的要寫，絕不是一點機會都沒有。說白了一句話，中國作家既是被外在環境剝奪了寫作的權利，同時也是被自己剝奪了寫作的機會。如果寫作真成為中國作家生理上的一部分，不寫就手癢，就彷彿性的慾望，彷彿饑餓感，彷彿人的正常排泄，結局或許不會這樣。

　　葉兆言的說法不是沒有道理，作家們在那個時代的吃穿用度，確實不比真正的勞動人民更糟。但我們也需看到，作家們對創作的恐懼，一定大於不會搞創作的人。「牛鬼蛇神」們互相監督，互相揭發，人人都處於被監視的透明狀態中，說話尚且小心翼翼，白紙黑字地寫作，簡直就是在加油站裡玩火，要冒巨大風險，甚至掉腦袋，進 18 層地獄，讓你生不如死。這樣說一點都不誇張。寫作這件事，哪裡還能像吃喝拉撒那樣隨意？讓人以性命為代價，這代價是不是忒大了點？

　　所以，豐子愷終究只是另類，是個案，不足為訓，雖然我們很希望看到更多的類似個案。

（2008 年 4 月 4 日）

# 浩然的時代脈搏

　　有些書擺在書店裡，一擺好幾年都沒人買。這些書中有的曲高和寡，天生就是小眾讀物，作者（或編者）心知肚明，坦然面對。有一些，作者費了九牛二虎之力，憋著勁兒要討個好彩兒，結果卻賣不出幾本，乾著急沒辦法。這是什麼原因呢？我認為，這是由於作者沒有抓住時代的脈搏。所謂「時代的脈搏」，本是個已被大家用濫的辭彙，但琢磨琢磨，除了這個原因之外，似乎也找不到其他原因了。只要你抓住時代的脈搏，哪怕文筆不好，思想不成熟，主流話語拒絕你，你依然可以暢銷。可以這麼說，所有的暢銷書，一定是抓住了時代脈搏的書，且不說這部作品到底有多大意義，以後還會不會暢銷，最終能否經得住歷史的考驗。這些暫且都不用考慮。

　　還有的書後反勁兒，剛出版時，一點動靜都沒有，幾十年後甚至一百年後，忽然暢銷，被人們奉若神明，尊為寶典，甚至形成一種專門的「學問」，養活了一代代「×學大師」，這樣的書，只能說它碰巧觸到了後世的脈搏，若說作者在當初就是為後世所寫，未卜先知，這當然是扯淡。因此，有人要是聲稱「我這不是給當代人寫的，是給下個世紀的人讀的」，我們不妨把他看作騙子──你知道幾十年後的世界會如何變化？這種神漢巫婆的把戲，最多騙人一回罷了！

　　但作者需要警惕的是，「時代的脈搏」不是口號，不是任誰這麼一說，就算把握住「時代的脈搏」了，不少「緊跟型」作者就上過這樣的當，辛辛苦苦按上邊的指示趕出一部作品，「上頭」一看，

哦，不錯，摸到「時代的脈搏」了，結果，擺在書店裡沒人買，只得重新送回廢紙廠。

「時代的脈搏」不能是人為的，也不能是單一的。想當年，全國只有一個作家（浩然）的時候，一部《豔陽天》，一部《金光大道》，在全國多麼暢銷啊！你能說它抓住「時代脈搏」了嗎？後代如果根據這兩部作品去研究那個時代，也許會以為那時候整個中國都充滿了階級鬥爭。而實際上，天天喊，夜夜叫「階級鬥爭」的，也許只有那麼幾個人。所以，若一個時代都是一個聲音，那麼，這個時代一定有強大的外力介入了，是虛假的，不真實的，很多人的聲音是言不由衷的，需要人們反思。

真正的「時代脈搏」多種多樣，誰也別想獨霸天下；當然，你只要能抓住時代的某一方面的準確動向，也就算得上聰明人了。

（2007 年 10 月 3 日）

# 蘇雪林，壽則辱

　　古語有「仁者壽」之說，又說「壽則辱」，這樣一推理，就成了「仁者壽而多辱」了。越是仁義的人活得越長，而活得越長，遭的罪就越多，仁義的人在世俗中本已吃虧，再讓他壽而多辱，豈不是趕盡殺絕？幸虧還有一句話：「好人不長壽」，慨歎「仁者」活得不夠長。因此，「仁者壽」也好，「好人不長壽」也罷，都是一個美好的希望，希望仁者長壽，好人有好報，其實，壽不壽的，跟好人壞人沒有必然的關係，並且，活得長，也不一定就是好事。

　　1899 年出生的蘇雪林，直到 1999 年去世，足足活了一百歲，到了晚年，已獲「文壇常青樹」的尊號。但在日記中，她頗記錄了一些晚景慘狀，讀來唏噓：「今日為元旦除夕，曾服通便藥二粒。晨起覺有便意，急赴廁所，誰知內褲及另條長褲已遺有糞跡，老人之苦，大小便出皆不自知，就廁排泄，又苦不暢，只好將污褲脫下，用衛生紙拭去糞跡。」有一次，她去取掛在牆上的毛巾，一不小心，失去重心，「身跌地，不能坐起，再計努力均無用，念門不開，女工不能入，以臀部著地，徐移身近門，小寢室算是開了，又移身出門，至走廊中……」當年與魯迅論戰，女人蘇雪林頗具男性風格，嬉笑怒罵，身手凌厲，哪裡想到自己老年會這樣度過？互相爭鬥時，大家都要做笑到最後的人，結果卻證明，活到最後，不一定就是笑到最後。沒準，活到最後還是一種懲罰呢。

　　「文壇常青樹」的榮耀是外面的，悲苦的生活是自己的。

　　編輯家張昌華去探望病中的浩然。其時，浩然已躺在床上數年，失去了知覺和記憶。護工在浩然的胸口輕輕地拍了兩下，說，你朋友來看你了。浩然恍然聽到，慢慢睜開眼睛。張昌華在本子上寫了幾個大字：「南京的張昌華來看你。」湊到浩然的眼前，希望能喚起他的記憶，浩然啾了一會兒，卻沒有反應，大概是累了，又緩緩地閉上了眼睛……

　　一切繁華退盡，「壽」就只剩下肉體了。無論仁者還是非仁者，終究都有這一天。辱不辱的，只要當事人自己不清楚，或者不知道，就是幸福了。

（2008 年 2 月 23 日）

# 董橋只想下蛋嗎

董橋給編輯張昌華的一封信中說：

> ……我平日討厭拍照，沒什麼生活照。如果出版社不能破例
> 不登照片，此書可以不出版，或不列入該書系出版。這點你
> 一定會瞭解。人生已經充滿了妥協，這個小原則我想守住。
> 任何照片都不要放入我書裡，六十一歲的人應當有資格提出
> 這樣的要求。

仔細回想，我讀到的董橋的書中，真的都沒有照片，要不是看
到這封信，我還以為是編輯的疏忽，卻原來，這是作者自己堅持的。

如今出書，很多作者恨不得把能表現自己風采的所有照片都展
示出來，差一點就成寫真集了。董橋反其道而行之，偏不露真容。
恰應了那句話：「覺得雞蛋好吃，沒必要非見那只下蛋的雞。」其
實，食客們想見見下蛋的雞，也屬人之常情。雖然見到雞後，百分
之九十的人都會失望，但他們還是耐不住好奇。你越不滿足這種常
情，就越引起人們的興趣，把他們的胃口就吊得越高。琢磨一下，
如果一個作家很有名，而我們卻自始至終都不見到他任何一張照
片，不也是一件挺有意思的事嗎？

個性也罷，原則也罷，我依然把董橋的「書中不夾照片」理解
為另外一種方式的寫作。此方式可以渲染氣氛，製造效果，與其文
本相得益彰。只是，我在網上搜索了一下，輕而易舉地就搜到了董
橋的照片，看罷心想，哦，不過這麼個樣子。如果他做得徹底，就

該不讓任何人拍照，不在任何報刊上發照片，除非見到本人，否則誰也不曉得其真面目。

可惜，沒有哪個人能滿足我這種奇怪的心理。

（2008 年 2 月 23 日）

# 語錄體

　　韓石山在一篇悼念賈大山的文章裡，提到了他們在中國作協文學講習所的生活。那時候，這些從全國各地選來的准作家們，熱中於用語錄體來表達自己對事物的看法。比如，當時文學講習所半年一期，學員們覺得學習時間太短，應該再長一些。大家琢磨，如果這個請示交到主席那裡，他會如何批示？最後差不多是這樣的：「文學講習所辦起來了，很好，辦總比不辦好。學習期限，半年太短，一年太長，十月懷胎，一朝分娩，我看就九個月吧。」

　　這條語錄的妙處就在於將「十月懷胎，一朝分娩」嵌在中間，不倫不類，又氣勢十足。當時文革剛結束，鋪天蓋地的語錄，聲猶在耳。好在政策已經放寬，因言獲罪的幾率照以前下降了很多，這種情況下，人們就可以拿「語錄」來幽上一默了。

　　學員們精力過剩，創作了不少關於文學講習所的語錄。比如：「你們要讀好書，不要讀壞書；要寫好作品，不要寫壞作品；要把創作搞上去，不要把創造搞下來。」還有：「小×的信附上，請政治局的同志們一閱。中國作家協會文學講習所，不習文而習舞，港臺音樂，每週兩次，資產階級思想侵蝕我們的文藝隊伍，已到了何等猖獗的地步。可見我在一九六四年的兩個批示，仍未引起全黨重視。徐剛何許人也，查出告我。」徐剛當時是講習所的領導，拿領導尋開心大概也是由來已久的傳統。

　　還有學員之間互相調侃的，男同學調侃女同學：「小葉的文章好，身上也很香，香有什麼不好呢，女孩子家嘛，總是愛美的。一萬年以後也是這樣。你們信不信，反正我信。」

　　這種幽默方式，不知拿到今天來，是否還能收到當時的效果。八十後、九十後們是不是會覺得奇怪甚至無聊。他們哪裡體會得到過來人那種酸甜苦辣百味俱全的感覺？

（2007 年 2 月 28 日）

# 王蒙被迫爭論

許覺民在他的一篇文章中講了這樣一個故事：

> 不知哪一年，王蒙寫了一篇荒誕派色彩的小說《堅硬的稀
> 粥》。內容曉示著一種習慣勢力的改變之難。小說終究是小
> 說，又不是新聞報導，卻有人拿來與現實狀況做對照，進而
> 影射、上綱、深文周納、落井下石，照例是出現了一面倒，
> 眾口一詞地在影射上做文章，這影射是「四人幫」時期慣用
> 的拙劣而卑下的手法，這時候又用上了。這類可笑的文字，
> 最先引自一個所謂「讀者來信」，以後就東一篇西一篇的出
> 來圍攻，這類影射文章卻很容易寫，也很容易登，唯有為這
> 篇小說作一點辯解的文章卻得不到發表，這類戲法，歷來都
> 是如此做的，所以也不足為奇。此時王蒙不免孤軍作戰，好
> 在明人眼裡都看得明白，很明顯地是一種蓄意誣陷一悶棍下
> 來，讓你無法招架，從此就開不得口，其用心何其險也。豈
> 料這打算落了空，王蒙和別的作家，雖無法登出為之辯解的
> 文章，卻寫了不少關於「粥」的文章，這並非是實在閒著無
> 事，以數量不小的「粥」文章護衛著那篇小說。……我以為
> 這樣的交鋒很有一點特色，你既然處心積慮地要置我於死
> 地，我卻好整以暇地在這邊清閒自在。

這段掌故發生於上世紀八十年代末。其時，我正在邊緣的農村
小城，以熱切崇拜的目光觀望著哄哄泱泱的中國文壇。隨著時光的

流逝，知道這個小小掌故的人會越來越少。有個中年書商，少年時非常崇拜王蒙，二十年過去了，他終於有足夠的實力去圓自己當年的夢，於是給王蒙出了一本自傳，憑他的經驗，他決定開機就印好幾十萬冊，結果，大半都砸自己手裡了（此事據圈內傳聞）。這實在怪不得他，因為世事流轉，當年的話語中心終於艱難地轉移了。而他，思維還停留在那段火紅的歲月中。我要說的是，這段掌故發生的時候，恰好發生在話語轉移的關節點上。亦即，八十年代末給人上綱上線的人已經到了強弩之末，即使下再大的工夫，也達不到前人的效果了。他們算錯了時機。

這個時機就是當政者的興趣。當政的頭面人物們已厭倦了無休止的上綱上線，不再理睬這種方式。深文周納者得不到來自上面的支持，所有的叫囂都是白扯。「王蒙和別的作家，雖無法登出為之辯解的文章，卻寫了不少關於『粥』的文章」，若是在五、六十年代，這樣的事百分之百發生不了，因為那個年代的人知道這樣做後果有多嚴重，而二十年後，他們知道對手得不到上面的青睞，雙方力量對等，才敢嬉笑怒罵，冷嘲熱諷。文人吵架，怎麼吵都可以，但要站在同一個起跑線上。

許覺民提到的這件事，可能是 1949 年後，較量的雙方第一次站在同一起跑線上。此後，文人們之間的事，就越來越邊緣化了。我們歡迎這種邊緣化。

（2007 年 10 月 14 日）

# 名人身邊的人

　　孫犁晚年曾經有過一段筆墨官司，他在一篇文章中引用了北京一位著名作家的話，用以說明現代某些作家不注重文法。這位著名作家很生氣，多次在報刊上發表文章對孫犁冷嘲熱諷。後來段華據此寫了一篇文章〈孫犁晚年的一場論戰〉，發表在《文匯讀書週報》上。該文中有如下一句話：「那個對手也是我所尊重的一位七十多歲的老作家，在我和他的交往中，我從未提到過他和孫犁先生的這次論戰，也沒問過他看到孫先生八篇文章後的感想。叢維熙先生幾次告訴我，說那位先生幾次在從先生家裡說和孫犁論爭做錯了，我倒不這麼認為。在我看來，這次論爭難說對與錯，只是雙方對對方的理解有偏差罷了，但對孫犁先生而言，似乎受傷害的程度更大一些，對他晚年日常的生活和寫作影響更消極一些。」網上有人對段華提出了質疑，說，以你和孫犁的關係，無論如何也不該這麼認為。段華又在網上跟貼做了解釋，堅持文中所表達的是自己的真實想法，不過，帖子的最後一句話是這樣的：「順便說一句，做事情不一定割袍斷義，但疏遠是一定的──如今，我大約九年沒有和那位作家來往了。」我相信，質疑者和眾多的旁觀者，要的就是這句話，你段華是孫犁的忘年交，從十多歲就受孫犁的提攜，在這種事情面前即使不橫刀向前，起碼也應該有明確的立場，而不是左右騎牆。

　　引用上面這件事，不為重新挑起論爭，畢竟事情已煙消雲散，是非曲直，在明眼人那裡大概有了結果。我想說的是，旁觀者除了看重名人以外，也很看重名人身邊的人，他們重視名人的態度，更

重視名人周圍人的態度。在他們看來，名人身邊的人，不僅是名人忠實的擁躉，更是勇往直前的馬前卒，持槍的戰士，在有關名人利益問題上，必須毫不動搖地站在名人這一邊。違背了這一潛規則，就會成為眾矢之的，為人詬病。

做名人難，做名人身邊的人也難，想做個獨立的名人身邊人，尤其難，而要從名人身邊脫穎而出，被人單獨提起而不牽連名人，更是難上加難。

但是，名人身邊還真是少不了眾多的朋友和學生。這些人和名人朝夕相處，耳鬢廝磨，打斷骨頭連著筋。是他們讓名人成為名人，在他們的映照下，名人的成就和過錯都可以更加顯眼，層次分明。

名人跟他們的身邊人湊在一起，有各種各樣的機緣。段華之於孫犁，屬於崇拜者和偶像之間的關係。他們能成為名人的身邊人，首先是被名人的成就或者人格吸引，有和名人接近的意願，並有機會近距離接觸，時間一長，得到名人的認可，名人與外人交往時不斷提到他們的名字，於是，這些人便越來越為人矚目，得以站到「巨人的肩膀上」去。

再一類，屬於志趣相投者的俱樂部。大家組成一個場。在這個場中，有人專業水準突出，有人稍微差一些，也可能有人毫無水準，只是喜歡在這種圈子裡混著玩而已。經過長時間的磨合，專業突出或者「場」內最具人格魅力的人漸漸為世人所知，成為名人，而他周圍的人，自然也跟著借光，走向了前臺。上個世紀九十年代，陝西的作家曾經喊出過「陝軍東征」的口號，其實，數一數裡面的人，不過路遙、賈平凹、陳忠實幾個人還算有點世俗名聲，其他的，我們連聽都沒聽過。與此相反，文化圈內把流沙河、魏明倫、龔明德、冉雲飛等人列為「成都四傑」，魏明倫可能與其他三人交往不多，但是後兩者與前者卻有著經常性的來往，一個老人，兩個中年人，流沙河的世俗名聲要大一些，而龔、冉也各自有不少鐵桿朋友，他

們組成的「場」，功力深厚，易為人接受，從年齡上論，當然可以說龔明德、冉雲飛是流沙河身邊的人，但若干年後，各自單飛，此二人大概都會聚攏起一批自己身邊的人。這才是有潛力的「俱樂部」。

另外，還有「歪打正著」型。當年，胡適落魄美利堅，時常到哥倫比亞大學圖書館查閱資料，而唐德剛恰好是那裡的圖書管理員，兩人接觸頻繁，在耳提面命中，唐德剛深得胡適的人、文之精髓，成為研究胡適和中國近代史的一代文宗。當代學者李輝在復旦大學讀書時，胡風的好友賈植芳剛剛恢復工作，在該校圖書館當管理員。李輝虛心向老人請教，結為忘年交，以研究賈植芳和「胡風冤案」為開端，李輝逐漸擴大自己的視野範圍，至「二流堂」，至巴金，至遇羅克，至中國現當代文學史，成為當今屈指可數的幾位叫人尊敬的學者之一。所以，這種「歪打正著」，也得有心才行，眼光需敏銳，視野要寬廣，方能把握機遇，以名人為契機，打造出一個特殊的自我。

名人身邊的人不乏渣滓。他們利用自己特殊的位置，像蛀蟲一樣齧咬名人的財富和聲譽，敗壞其成就。這樣的人數不勝數。而另外一些名人身邊的人，則維護之，宣傳之，研究之，名人之為名人，絕對離不開他們。孫犁先生去世後，劉宗武和段華等人，悉心整理老人的作品，出版文集，撰文懷念，使其精華一代代流傳下來，滋養讀者。李輝也是這樣，他把接觸到的那些名人看作歷史的見證者，整理和記錄他們的「證詞」，保留了一份份珍貴的資料，為我們梳理出一條條清晰的脈絡。作為名人身邊的人，這些人意義非凡，想當初，若是曹雪芹身邊有一個或者數位同道，經意或不經意地記下他的一言一行、身世歷程、創作初衷，哪還何勞後世學者皓首窮經地去研究、考證？雖然「紅學」養活了一批人，但也浪費了巨大的社會資源啊。若施耐庵周圍也有這樣一群人，我們也不至於在介紹四大名著的作者時閃爍其詞了。

　　上個世紀前半葉，當數胡適身邊聚攏的人最多。早年間有陳獨秀、魯迅、徐志摩，晚年有唐德剛、胡頌平，而時間最長久，心志最相投者，則是傅斯年、顧頡剛等。當然，由於志趣和人生觀的改變，這些人也像走馬燈一樣在不斷地轉換。真個是「談笑有鴻儒，往來無白丁」。這些人術業有專攻，大家在一起，很難分出高下先後，因此也就難說誰是誰身邊的人。不過，從個人感召力上講，胡適當之無愧為大眾的「朋友」。孔子周圍，三千弟子對傳播他的薪火立下了汗馬功勞，但七十二賢人的功勞尤其大。他們和孔子交流撞擊，使其理論不斷充實完善，若是沒有子路、子貢跟他拌嘴、探討，僅靠老夫子一人冥思苦想，無中生有，怕是難以為繼。胡適周圍的朋友，意義同於此。傅斯年、顧頡剛等，和胡適形成了良好的互動，大家聲氣相通，同進退共肩隙，可惜傅斯年英年夭亡，若能活到胡適之後若干年，一定是個堅決的自由主義維護者。以胡適為中心的「自由主義」圈子，著實影響了一個時代，一個名人影響時代到如此地步，當然值得自豪；對他身邊的人來說，和自己的朋友一起創造一個時代，亦是平生無憾啊。

（2007 年 6 月 9 日）

# 孫犁歎老

　　孫犁在 1982 年 12 月 4 日〈致賈平凹的一封信〉中寫道：「（我）在《羊城晚報》上發表了一首詩，題名〈印象〉，收到一位讀者來信說：『為了撈取稿費，隨心所欲地粗製濫造，不只浪費編輯、校對的精神，更不應該的是浪費千千萬萬讀者的時間。』捧讀之後，心情沉重，無地自容。他希望我回信和他交流意見，因為怕再浪費他的時間，沒有回覆。」孫犁的心情似乎可以理解，讀者這種毫不客氣的責罵，對誰都不啻當頭一棒。但細品之下，那個讀者似乎也不為過。我相信他當時一定很惱火才提筆寫信的，或許有過激的成分，不過，那是他的真實感受。

　　不知別人怎麼樣，反正我也為此惱火過，在一些地方晚報上，經常出現一些老年作家的文章，說是文章，其實很牽強。有的是順口溜，有的是和親友的通信，或許他們自認為在很真誠地讚美什麼或者談什麼，但在別人看來，都是老生常談，實在沒什麼新意。他們在全國真正意義上的文學圈內並沒有什麼名氣，靠著本地的報屁股混個臉熟，以名人自居。有的初學寫作者三番五次給報社投稿都發表不了，而那些「晚報名人」好像隨便說幾句話都可以變成鉛字。有限的一塊版面，彼長則此消，年輕人們能不生氣嗎？

　　孫犁的信中專門就這個問題談了自己的看法：「各家刊物、出版社，雖有時對老年人不得不有所照顧，但就其總的趨勢看，其歡迎年輕人的勁頭，比起歡迎老年人來，就大多了。歷來如此，人之常情，誰也喜歡年輕的。其實也不必著急，不上十年，這些老傢伙

就會逐個消失，這是歷史潮流所向，任何人不能阻擋的。」的確如孫犁所說，除了一些老年讀物以外，還沒有哪家報刊會固執地只發表老年人的作品，對「新銳」的過度逢迎一直到現在還沒有冷卻。一些掌握報刊（或者文壇）話語權的人，在不得罪老年作家的前提下，更願意提攜所謂新秀，認為新秀們將來前途無量，而自己早晚有一天會老去，把新秀提攜起來，等他們有投桃報李的能力時，自己便能夠依然在圈內指手畫腳。就這樣，大家紛紛劃地分疆，爭搶良莠不齊的新秀，然後拼命澆水、揠苗助長，把剛露頭的新秀灌個得意忘形，以為自己還真能怎麼怎麼樣。其實，這只是一朵集體狂歡下的「謊花」，你看一看所謂「八十後」（姑且假定這個「偽命題」真的存在）的作品，再看一看有些人對他們明顯獻媚的嘴臉，就明白這其中的反差了。我把這種行為理解為一些不自信的文壇混子在給自己留後路。我祝願這些文壇混子栽種鐵樹開花。相反，文壇混子尊敬老年作家，不過是出於懼怕權威的慣性，因此，「晚報名人」的稿子，更多時候是編輯約的，他們認為能約來「名家」是件有面了的事，是個很好的點綴。

孫犁被責罵的那首詩，水準可能的確不高，但不影響我們對他的整體評價。他跟那些退休的政客不一樣，政客們讓秘書把自己的「打油詩」送到報社，喜滋滋地等著它們變成鉛字。這些人是「晚報名人」的一個組成部分，但代表不了老年作家。我對老年作家的看法也是一點點改變的。參加工作第一年，去採訪吉林省「十大藏書家」之一的上官纓先生。上官纓，原名潘蕪，當年曾下放乾安縣，後調吉林省群藝館主持一份刊物，退休後一直讀書藏書，談學說藝，其文老道雋永。打過交道以後，我約他為我們的讀書版面寫點稿子。不久，他的稿子郵來了，是用鋼筆寫在稿紙上的，每個字都工工整整，需要修改的地方，他都認真地勾出來，一目了然。此後郵來的所有稿子都是這樣，我把稿子在辦

公室裡傳閱了一下，人人「嘖嘖」唏噓。如果把這些紙頁保存下來，對有些人一定是個很好的範本。後來我和國內的一些其他老作家也有過往來，發現這幾乎是個普遍現象，他們對待自己的稿子都是字斟句酌。他們之間文風有差別，眼光有高下，但是態度千篇一律地認真。這種認真還表現在，他們都不願意編輯們刪改自己的稿子，哪怕是動一兩個字，也會惹得他們不高興。性格溫和的，旁敲側擊地提醒編輯們，脾氣火爆的，則乾脆到報社來興師問罪。他們的責難常常讓編輯很撓頭，這也是年輕編輯不願跟他們打交道的原因之一。其實，編輯碰到這樣的作者應該感到高興，他們對自己的文字要求認真，說明他們認真思考過了，目前的文字能最準確地表達出自己想說的。與此相反的是，一些年輕作者寫出的稿子，錯字連篇，病句不斷，估計自己都沒有認真看過，交給編輯以後，只要能發表出來就行，隨便改隨便刪。我自己也一度是這樣的。這樣做，一是覺得自己還沒有要求編輯怎樣怎樣的資格，二是對自己的文字沒有充分的自信。人不可偏執，但也不可無骨。文壇至今還缺少硬骨頭。報刊可能有報刊的風格，但不可強求風格。上世紀三、四十年代的同仁雜誌，非常強調文章原貌，人家的雜誌還不是照樣生機勃勃！

再以孫犁為例說老年作家的作品。他們的作品，一般都平實無華，就像在面對面說話一樣，有時候還帶有老年人所特有的一點點絮叨，但裡面時時迸發出人生的真知灼見，這些點點滴滴的火花，遠非那些故作高深者的雲山霧罩所能比擬。他們的作品，作為單一文本來讀，也確實沒有什麼大不了。不過，如果署上孫犁（或者其他作家）的名字，它們就有了更多的含義。老作家的閱歷本身就是一篇篇值得閱讀也需要閱讀的文章。對他們單一文本之外的東西瞭解越多，對其文就越喜歡。所以，讀老年作家的作品，最好全面瞭解，把他們的經歷以及傳奇都納入到閱讀範圍。

所謂資歷，在文壇上站不住腳，而理解，卻永遠是相互的。

（2006 年 9 月 11 日）

# 老來寫閒文

年輕的時候，最好搞一門學問。學有所專，才能為自己掙來「功名」，也才能讓人家高看一眼。有點志向，有點野心，都算不得什麼壞事。可以「實驗」，可以「先鋒」，可以「曲高和寡」，總之，折騰得越歡實，越能吸引眼球。到了老年，則最好寫點閒文，別再像年輕時那樣緊繃著了。

很久很久以前，讀過一位老作家寫的文章，大致意思是說「人老腿先老」，腿不聽指揮了，生命便逐漸走向了衰竭。這樣的人生經驗，大概也只有老年人才寫得出。老年人經過了風風雨雨，看穿了人世冷暖，世態炎涼，理應豁然開朗。寫點閒適的小文陶冶情操，寫點閱歷感懷，給年輕人說一些關於生命的道理，都是很自然的事。

我願意看老年人寫的閒文。尤其是那些大學問家，他們到了老年，文筆更加運用自如，駕輕就熟。很深奧的道理，讓他們寥寥幾筆就說得非常透徹。他們的學識已經內化為身體的一部分，不再需要拗口的辭彙來唬人。你讀到的只是簡單幾句話，而在作者那裡，卻是幾十年的積累，幾十年的提煉。無論他們談論風花雪月，還是說文論政，總能一下就擊打到要害上，這種氣度，光靠讀書是得不來的。

老年人的閒文，語言平實，態度也大多很平和。憤怒是年輕人的事，一個動輒激憤的老年人是可笑的。你是長輩，應該有足夠的信心和能力來指點年輕人，教給他們怎麼做，而不是對他們的行為束手無策，只能以憤怒來沖淡自己的經驗不足和無能為力。

　　我不喜歡一臉嚴肅的老人。我喜歡他們輕鬆自然。我喜歡看到他們的閒適小文，而不是叫人頭疼的大部頭的長篇巨著。

（2007 年 7 月 5 日）

# 汪曾祺老來傲

　　葉兆言說，有一回高曉聲神秘兮兮地告訴他，汪曾祺曾向自己表示，當代作家中最厲害的就數他們兩個。葉兆言對此有所懷疑，他認為，以汪曾祺這樣的狂生，天下第一的名分，未必肯讓別人分享。

　　讀汪曾祺的作品，恬淡散漫，看不出一絲狂傲，若不是身邊人的傳播，誰也不知道這位老人還有著如此的心氣兒。但話說回來，這實在算不得什麼，一個文人，連這點傲氣都沒有，還做什麼文人？而且，越是年老的文人，越應該傲一點。歲數大了，當然應該心平氣和一些，但有無自信又是一回事。有一年，《中國作家》評獎，主持人聲稱以得票多少來公佈姓名，汪曾祺排在第二。在場的程紹國看到主持人念第一個人的名字時，汪曾祺的身子明顯震了一下：第一不是他。他一定感到不舒服了。

　　所以說，這種傲氣不是裝出來的，而是一直沉沉地積在他的心底。

　　丁玲在上世紀七十年代末復出後，多次說，「北京這些中青年作家不得了啊，我還不服氣呢，我還要和他們比一比呢。」「都說現在的青年作家起點高，我怎麼沒看出來？我看還沒有我們那個時候起點高啊！」她把新作交給編輯時，不屑地說，「給你們，時鮮貨……」

　　作家不服老，不是想憑空壓人一頭，而是壯志未酬。王蒙這樣評價丁玲：「她喜歡的位置在賽場上，而不是主席臺上。她爭的是

金牌而不是滿足於給金牌得主發獎或進行勉勵作總結發言。見到年輕人火得不行而並無真正的得以壓住她的貨色,她就是不服⋯⋯」

特別說明一下,當官的人「老來傲」不能算數,你把握著生殺大權,假於外力而不是憑藉自己的硬通貨,那算什麼本事?

(2007 年 9 月 21 日)

# 地域性名人

　　在舊書攤上淘到一本《王肯戲曲集》，版權頁標注為：中國戲劇出版社 1986 年北京第一版，印數僅為七百六十冊，在那個文字被瘋狂膜拜的年代，印數這樣少的書實在不多。不過，由這個印數似乎也可以看出，這應該不是一本要拿到市場上去賣的書，更像是出版社給王肯發的安慰獎，為他做義務勞動。一個文化人，出版社願意為他做義務勞動，也間接地證明了他的價值。

　　那麼，王肯是誰呢？王肯，戲曲編劇。先後任東北師範大學文史教研室主任、吉林省吉劇團團長，吉林省地方戲研究室主任、吉林省作協主席、吉林省作協名譽主席。王肯其人，在全國範圍內肯定不是叫得很響，但他在長春市暨吉林省的文化圈內，名氣不小，無論資歷，還是個人成就，都堪稱元老級人物。不過，長春市和吉林省在全國又是什麼地位呢？長春自稱文化城，可是享有全國聲譽的作家、藝術家並不多，掰著手指頭就可以數過來。我覺得長春文化人應該把視角放得再高遠一些，跟京、滬、南京、成都沒法相比，起碼也要奮起直追西安和濟南。我的意思是，王肯終究還是一個地域性名人，我買他的書，是因為有地域親切感，同時，我對王肯所研究的專業──二人轉有著強烈的興趣。

　　翻閱國內的地方性報紙，你會發現，有些人常在本地報紙上露臉，詩歌、散文、小說甚至和別人的通信都能變成鉛字，他們的行蹤更成為本地報紙熱烈追捧的對象。這些地域性名人有的確是國內響噹噹的人物，而其他的大部分，在全國範圍內只屬於二流、三流

或者不入流。地域性名人的來歷比較複雜，其來源大致有以下幾種：一是本地文化貧瘠，並無名人，但報紙電臺電視臺又必須宏揚地方文化，於是矬子裡頭拔大個兒，將那些一知半解的人請來寫幾句，說幾句，久而久之，混了個臉熟。而「名人」又以此自居，以為自己真是名人，有適合的場合就一定要出席，若是哪一次落下了他，他會不高興；另一種是曾經輝煌過的人。二十年前或者三十年前，在特殊歷史階段，有過轟動一時的大作。那些大作雖然已被時代的滾滾洪流捲走，但畢竟還會留下一星半點的記號。這類名人的名字被一些中老年讀者、觀眾熟知，上了歲數的讀者、觀眾，一提起那些名字，就會回想起自己的火熱青春。當這類名人在報紙、電視上出現時，那些中老年讀者、觀眾就會指指點點，借機向兒孫們講述自己的斑斑往事。這類名人此後再沒拿出更精彩的作品，長江後浪推前浪，前浪苟延殘喘在沙灘上；再有一類名人，本身已經有所建樹，但只因所做的學問和研究的專業屬於邊緣性學科，不為國內那些擁有話語權力的人所關注，所以只能在本地露露臉，寂寞開無主；再一類，就是全國性名人了。他們走到哪裡都是鮮花一片、掌聲無限，回到本地，自然會有同樣的笑臉和鮮花。

從地域性名人過渡到全國性名人，除了有全國性大人物關注外，本地最好能有一個「場」，這個「場」，其實就是文化氛圍。「場」中人物，既有一流，也有二流三流，一個人唱歌，其他人都從各自的角度發出和聲，造成「大合唱」態勢，這種高分貝的唱和是十分吸引眼球的。本地任何一個人的作品，立刻轉化為地方性作品，當然，大合唱中必須有領軍人物，若都是些蝦蟆螃蟹，喊破了嗓子也白費。此外，「場」也是一個撞擊火花的地方。大家常在一起交流、碰撞，耳濡目染，彼此從對方那裡獲得養分，時間長了，都會有所成長。有一些人，本身潛質很好，但周圍缺少一個「場」，自生自

滅。寫出了好東西，端出了好作品，無人喝彩，只好放在家裡孤芳自賞。「場」之重要，恰如樹木和森林的關係。

　　《王肯戲曲集》中的曲目都是吉劇作品。吉劇是特殊歷史的產物，上世紀六十年代，文化大幫哄，全國各地都要有地方戲曲，吉劇在二人轉基礎上應運而生。王肯整理和創作的很多吉劇曲目，跟二人轉都有著千絲萬縷的聯繫，但至今流傳的已經不多。像這本戲曲集裡的《買菜賣菜》、《松江渡》、《春分頭一天》，都和當時的政治形勢緊密相連，無法流傳。可是，他的戲劇文本，依然可以作為創作的典範來學習。因為今天的二人轉，起碼在幽默手段、整體結構上都沒有逃脫王肯確立的模式。但還是那句話，二人轉本身並不是一個讓人興奮的字眼。今天二人轉的所謂大紅大紫，只是一朵謊花，它越來越局限於地域之內。因此，王肯對二人轉的功勞再大，在國內文藝界激起的浪花也是有限的。同時，對王肯的成就也可以一分為二的來分析。我手頭有一本他跟別人合作的《二人轉史論》，這可以說是迄今為止，二人轉研究方面的頂峰。但是，在不否定其價值和意義的基礎上，我們只能說，這是一個資料集成。一個通暢的，有高度的學術文本，會大大提高該專業的知名度，甚至使之站到中心位置。《二人轉史論》成為標杆，只能說二人轉研究後繼無人。

　　二人轉在它的產地沒有一個「場」，這種氛圍下的王肯，自然也是無能為力的。

（2007 年 1 月 31 日）

# 笨功夫

季羨林在一篇文章裡提到：「名有單名、複名之別。《三國演義》裡，除了黃承彥（諸葛亮的岳父）一人外，其他皆為單名。這是後漢、三國以致六朝時代的風氣。當時人口不多，姓名相重所產生的影響不大。」

不知是老先生自己查的，還是引用別人的資料，但能把《三國演義》裡的人物挨個兒數一遍，得出這樣一個耳目一新的結論，無論是誰，我都朝他鞠一躬。

長春學者孫碩夫先生對我說，他要把《詩經》等典籍重讀一遍，把文中所有提到「花」的語句找出來，進行注解，寫成一本小書。我笑答，您這個辦法太落後了，從網路下載《詩經》，運用「查找」手段搜索「花」字，一目了然，何需讀破萬卷？碩夫先生有些失落，半晌沒有言語。

其實，我的說法也不準確，典籍中的「花」不一定叫做「花」，它們叫做「舜華」，叫做「梅」，單純搜索「花」字，無法得到想要的結果。就像《三國演義》中的人名，除了一個接一個地數下去，沒有任何捷徑。技術手段為做學問提供了些微捷徑，但要有收穫，還得下笨功夫。

（注：電影《赤壁》中孫權的妹妹叫孫尚香，也是複名。但查閱《三國演義》原書，並無「孫尚香」三字，均為「孫權之妹」或「孫夫人」，吳宇森是借鑒了戲曲《龍鳳呈祥》中的說法。）

（2009 年 2 月 25 日）

# 余秋雨操刀的〈胡適傳〉

　　這些年，余秋雨被一些文人嗆得灰頭灰臉，但偶爾讀到他寫的〈胡適傳〉，還是想談談這個人。

　　《歷史人物集》，上海人民出版社 1976 年 5 月出版。前面有說明：「本書是《學習與批判》叢書的一種，共收人物傳記十六篇。這些文章都曾刊登於《學習與批判》雜誌……」《學習與批判》是文革期間的主流媒體，上面刊登的每一篇文字都有來歷。早就聽說余秋雨先生曾在該雜誌 1974 年第一期發表有〈胡適傳──五四前後〉一文。偶從舊書攤上購得《歷史人物集》，終於一睹〈胡適傳〉真面目。

　　我得佩服余秋雨的鑽研精神，他那時才二十多歲，能整理出這樣一篇詳略得當的文字，的確不易。不到兩萬字的傳記，從 1910 年胡適參加「庚款」留美考試開始，到 1922 年他晉見廢帝溥儀結束，基本上把這一段的事都概括清楚了。唯一不同的是結論。他這樣描述胡適出國時的情景：「上船以來，天氣連日不好。到七月三日晚上，才出了月亮。胡適就跑到甲板上來『賞月』。賞月不可無詩。按照老例，胡適也做了一首『見月思故鄉』的〈百字令〉。結尾是：『憑闌自語，吾鄉真在何處？』就是說：故鄉究竟在哪兒，在美國還是中國，他有點搞不清楚了。胡適差點就說出了『我不是中國人』這句話。」評價胡適在北大講課的情景：「但是實際上，胡適是講了一部被歪曲、被顛倒了的中國哲學史。例如，對於春秋戰國時期思想領域內兩條戰線的鬥爭，他完全是一個『尊儒反法』

的專家。」這些結論是當時一貫的論調，不足為奇。胡適說，「歷史是任人打扮的小姑娘。」不錯，史實是那個小姑娘，結論是各種胭脂粉，同一個小姑娘，可以被不同的胭脂粉打扮出不同的模樣。這些暫且不論，我關心的是余秋雨在文革期間的寫作。他自述「1968年 8 月畢業於上海戲劇學院戲劇文學系。當時正逢浩劫，受盡屈辱，家破人亡，被迫赴農場勞動。」可想而知，其處境並不好，沒有什麼靠山，沒有遮風擋雨的大樹。但他的確是那個時代的幸運兒。他能在「受盡屈辱」之後迅速被起用，在嚴格的政審中過關，進入核心力量控制的寫作組，一下子站立在潮頭，靠的是什麼？知識份子靠的只有一支筆，和這支筆背後的態度。從〈胡適傳〉裡我們裡看不出端倪，能看到的是一個完全模式化的余秋雨。我們只能說，在完全模式化的環境裡，脫穎而出的余秋雨，一定有區別於他人的表態技能！

余秋雨對〈胡適傳〉一文有過解釋：當時作為魯迅著作教材的參考資料，需要整理幾個有關人物的「生平小記」，他和另外一位先生被分配整理胡適。當時讀不到胡適的任何書，無法寫生平，只有一套解放後胡適批判運動中出版的《胡適思想批判集》，因此所謂生平小記全是從裡邊摘抄的。「這份東西後來怎麼拉長，由誰修改，為什麼作為文章發表，發表時為什麼用了我的名字，完全不知道。」余秋雨素有一推了之，事不關己的行事風格，原文照錄，真真假假是非曲直，由讀者自己去判斷。

如果把余秋雨在文革期間的崛起定性為一種生存技巧，我是認同的。若朝令夕改、人人自危，舉國上下聲調一致，沒有任何雜音，為了自保，說幾句違心的話，隨大流吆喝幾聲，又能怎麼樣？即使他吆喝的聲音比別人更大，也不能因此判斷他比別人更惡劣。余秋雨的生存技巧在上世紀九十年代初期再次顯現出來。他的所謂文化散文一炮走紅，可謂抓住了機遇，使他再度崛起，站在潮頭。這次

崛起對余秋雨意義很大，證明他順利完成言說方式的轉化，掌握了話語權。如果僅止於此，倒也無所謂。即便他堅決不承認別人給他指出的文字硬傷，即便他把所有批評他的人誣為盜版商的同謀，即便他心安理得地做一個銀屏上的「知道分子」……這些通病很多知識份子身上都有，余秋雨做得也不算最出色。

余秋雨的再一次被關注，源於四川地震之後那封著名的〈含淚勸告請願災民〉，災區一些家長捧著遇難子女的照片請願，要求通過法律訴訟來懲處一些造成房屋倒塌的學校領導和承包商。「從畫面上看得出，員警們正用溫和的方式勸解，但家長們情緒激烈。由此，那些已經很長時間找不到反華藉口的媒體又開始進行反華宣傳了」。余秋雨勸告的理由雖然很可笑，但有一句是他自己一直津津樂道的：「校舍建造的品質，當然必須追究，那些偷工減料的建築承包商和其他責任者，必須受到法律嚴懲。我現在想不出在目前這種情況下，還會有什麼機構膽敢包庇這些人。你們請願所說的話，其實早已是各級政府和廣大民眾的決心。但是，這需要有一個過程。」其實，只要監督不力，在什麼情況下，都有人敢包庇這些人。為避免斷章取義，有興趣的讀者可以在網上搜索一下這篇文章，一個字一個字地讀完，看看他到底說了些什麼。

這封信剛出爐時引起巨大轟動。網路上幾乎一面倒地把他和為鬼代言的山東作協副主席王兆山並稱為「南余北王」，一個是「余勸勸」、一個是「王舔舔」。而有意思的是，在余秋雨的新浪博客上，全部是贊同、表揚他的話，有人寫的文章裡有如下語言：「余秋雨先生的那篇博客〈含淚勸告請願災民〉，凡是看到過的人，只要是神經正常的，沒有人會反對。」自然，神經不正常的才反對。這樣的文章都被轉帖過來，而批評和「謾罵」的跟帖都被刪掉了。我相信，余秋雨「含淚勸告」的英勇行為不會因為時間的關係淡化，相反會越來越成為一個符號。因為從寫〈胡適傳〉的余秋雨到「含淚

勸告」的余秋雨，有一個相對清晰的脈絡，此即一個既得利益者的焦慮——尋機表態。寫〈胡適傳〉時塑造的人格已經成型。年輕時為自保而表態，倘還情有可原，那麼到了今天，是誰逼著他這麼說，這麼做的？不是他的良心，也不一定有來自外部的壓力，而是他的表態慣性，是機會主義者的本能。雖然只是一個表態而已，但表態的技巧比以前要求更高。他已不滿足於一個文化人的小利益，而是要引領話語權。　這對知識份子的影響太壞了。若他從中得利，難免一些人有樣學樣。且不說知識份子的文化擔當是什麼，起碼還有人格擔當吧？我不知道余秋雨面對網路上洶湧的「謾罵」心裡是怎麼想的，我只看到他理直氣壯地又寫了一些文章來為自己辯解，同時把聲援自己的寥寥幾篇文章轉帖過來。

　　知識份子代言的對象是誰，這一點一定想清楚了再做。一個違背民意，只靠討好少數幾個人就能得利的時代已漸漸遠去。他這次的擔當很好，適時地把自己拋出來，做了反面的教材，讓我們從另一面加強了對知識份子的警惕。但放心，余秋雨們的表演還沒有完，還會尋機表態。且看他們向誰表態，如何表態。

（2008 年 8 月 27 日）

# 瓊瑤式肉麻

　　老婆翻檢舊物時，把我當年寫給她的情書和詩歌找了出來。我重新閱讀，感到十分肉麻。我回憶了一下，當時自己寫這些文字確實是發自肺腑，送出去後心裡久久難以平靜。熏風蕩漾的年代，我們愛得很認真，很肉麻。

　　也許愛情就應該肉麻。

　　古典愛情中雖然也有死去活來，但不肉麻。像梁山伯和祝英台、白蛇和許仙，都以慘烈著稱，《西廂記》裡的崔鶯鶯和張生，則是典型的才子佳人，水到渠成，恰到好處。肉麻是什麼呢？是卿卿我我，耳鬢廝磨，讓人一聽就起一身雞皮疙瘩。叫別人受不了的，才算肉麻。蘇軾回憶自己的亡妻：「十年生死兩茫茫，不思量，自難忘。千里孤墳，無處話淒涼。縱使相逢應不識，塵滿面，鬢如霜。夜來幽夢忽還鄉，小軒窗，正梳妝。相配無言，惟有淚千行。料得年年腸斷處，明月夜，短松岡。」也叫人為之傷感，但這種傷感滿含著悲愴、悽惶，誰都能接受。人同此心的，就不肉麻了。晚清時沈三白的《浮生六記》開始有了點肉麻的意思，「至乾隆庚子正月二十二日花燭之夕，見（陳芸）瘦怯身材依然如昔，頭巾既揭，相視嫣然。合卺後，並肩夜膳，余暗於案下握其腕，暖尖滑膩，胸中不覺抨抨作跳。」閨房中那點曖昧的事，端出來跟讀者共同分享，即滿足了許多人窺私之欲，自己也欣欣然得意。

　　五四新文化運動之後，愛情的肉麻才抵達高潮。當時的文人墨客多風流自信，與心上人的竊竊私語常被公諸於眾（他們的情懷抒

發，本身就帶有一定的表演性質也未可知）。魯迅和許廣平、石評梅和高君宇、蕭紅和蕭軍、郁達夫和王映霞、郭沫若和安娜、徐志摩和陸小曼等均有讓人肉麻的情書，其中尤以徐、陸的《愛眉小札》為最。「我的肝腸寸寸的斷了，今晚再不好好的給你一封信，再不把我的心給你看，我就不配愛你，就不配受你的愛。我的小龍呀，這實在是太難受了，我現在不願別的，只願我伴著你一同吃苦——你方才心頭一陣陣的作痛，我在旁邊只是咬緊牙關閉著眼替你熬著，龍呀，讓你血液裡的討命鬼來找著我吧，叫我眼看你這樣生生的受罪，我什麼意念都變了灰了！你吃現鮮鮮的苦是真的，叫我怨誰去？」「你多美呀，我醉後的小龍，你那慘白的顏色與靜定的眉目，使我想像起你最後解脫時的形容，使我覺著一種逼迫讚美崇拜的激震，使我覺著一種美滿的和諧——龍，我的至愛，將來你永訣塵俗的俄頃，不能沒有我在你的最近的邊旁，你最後的呼吸一定得明白報告這世間你的心是誰的，你的愛是誰的，你的靈魂是誰的！龍呀，你應當知道我是怎樣的愛你，你佔有我的愛，我的靈，我的肉，我的『整個兒』。」這樣的膩膩歪歪，在當時確是驚世駭俗的。其實，此前此後的情人們，互相之間的肉麻比這更甚的，一定還有。但那些都是私密的，只存在於兩個人之間的，沒有公開。公開和不公開，這就是個分水嶺。肉麻本是獲得異性前的強烈衝動，是兩人結合的前戲，是讓對方暈暈乎乎、放棄抵抗的技巧，讓對方舉手投降的武器。肉麻被釋放出來（公開出來），「麻」到別人，才能讓社會震撼，讓別人也跟著改變。肉麻是興致的本能、人性的本能、情感的爆發。有著巨大的感染力。只有公開，才能相互感染，相互激勵，使被壓抑的本性回歸本性。而且，肉麻不會因為獲得了異性就立刻喪失，雖然會遞減，但依然要持續一段時間，在持續的過程中，整個人始終都精神著，人本身的潛能時時散發出來。

　　可惜，肉麻的極致即尾聲。此後很長一段時間裡，人們談情色變，談性色變，連乳房都成了電影的禁忌。一直到上個世紀八十年代，由鄧麗君肇始、瓊瑤和三毛緊隨其後，肉麻的情調才漸漸走回來。但肉麻再也找不到落腳點了。看一看經典的瓊瑤式肉麻：

　　男：對，你無情，你殘酷，你無理取鬧。
　　女：那你就不無情!?不殘酷!?不無理取鬧!?
　　男：我哪裡無情!?哪裡殘酷!?哪裡無理取鬧!?
　　女：你哪裡不無情!?哪裡不殘酷!?哪裡不無理取鬧!?
　　男：我就算在怎麼無情，再怎麼殘酷，再怎麼無理取鬧，也
　　　　不會比你更無情！更殘酷！更無理取鬧！
　　女：我會比你無情!?比你殘酷!?比你無理取鬧!?你才是我見
　　　　過最無情！最殘酷！最無理取鬧的人！
　　男：哼，我絕對沒你無情，沒你殘酷，沒你無理取鬧！
　　女：好，既然你說我無情，我殘酷，我無理取鬧，我就無情
　　　　給你看，殘酷給你看，無理取鬧給你看！
　　男：看吧，還說你不無情，不殘酷，不無理取鬧，現在完全
　　　　展現你無情、殘酷、無理取鬧的一面了吧！

　　這段被網上當作笑話的對話，其實在情人之間並非不可能發生。因為不合常理才肉麻，因為肉麻才私密，才可愛。徐志摩式的肉麻被拋棄了，瓊瑤式的肉麻被解構了，人們沒有適合這個時代的肉麻來代替它。肉麻再也沒有文字的證據。反觀一下瓊瑤和三毛的肉麻，竟是多麼乾淨，多麼傳統的純情啊！

　　別說徐志摩的愛和瓊瑤的愛很幼稚。這就是愛，是傳說中的愛。他們注重精神層面的感受，像品酒一樣品嚐它。他們自得其樂，忘乎所以，唯我獨尊。

　　我的確不知道 2008 年的人怎麼談戀愛。可是我知道，一個男人，或者一個女人，要獲得一個異性的性，已經越來越容易了。一個眼神勾搭一下另一個眼神，兩人立刻上了對方的鉤。在網上三言兩語，一拍即合，便到賓館開房去了。他們不必再絞盡腦汁地吸引對方，也不必抵達對方的內心，抵達對方的暫時需要就可以了。

　　肉麻的缺失，不是肉麻多餘，而是肉麻珍貴，越來越稀少了。

　　一個人到什麼時候都需要愛。豔照門的直白永遠替代不了肉麻的真誠。

（2008 年 7 月 27 日）

# 作為過渡的民間思想家

　　我把民間思想家稱為執著的思想者。既言民間思想家，對應的就該是「非民間的思想家」，不民間的思想家都包括哪些人呢？竊以為大致可分為兩方面：一是御用思想家，這類人緊跟意識形態，掌握「主流話語權」，是「權威思想」的發佈者和解釋者，他們以緊跟為榮，以獲得官方的稱讚和表彰為最高目標；另一種，就是我們所說的精英分子，他們深居牆院之內，有身份有地位，享有一定的「待遇」，有獨立的思考和相對獨立的人格，且其發聲容易被高層關注，他們的進言隨時可能轉化為立即實行的政策。這類思想家游離於體制內外之間，他們身在體制之內，但又時不時地跳將出來，在可以容忍的底線之內批評現實，提出建議，由於他們和上層良好的私交，長時間的親密關係，他們的建議總會提上日程，甚至採納、實行。這些精英，首先是社會精英，其次才是知識精英。也正因此，他們的處境稍顯尷尬，但有一點，若是沒有他們與高層的貼身緊逼，強力溝通，民間思想就只能是民間思想，在現有條件下，永遠處於地下狀態，暗流湧動。

　　民間思想家和思想者們是這樣一群人：他們不遺餘力地傳播著主流話語之外的思想，為資訊不暢通的人們提供盡可能多的真相，你可以把這理解為主流話語的補充，亦可以理解為反動。總之，他們殫精竭慮開啟民智，跟職稱不掛鉤，跟功名無緣，甚至與生存無關。他們只是因為熱愛才執著，因為激動才樂此不疲。他們大多崛起於草根，是草根中的先覺者，由於長時間浸潤其間，他們牢牢握

住自己的身份，以代言和敢言著稱，他們從不羨慕精英階層，甚至還有些鄙薄之。

並且，民間思想家從來沒有出現過斷層，在「非民間思想家」們中大行其道的時候，民間思想家也在執著地發展著。上世紀五六十年代，顧准、林昭、遇羅克等人讓我們在萬馬齊喑中聽到了一絲絲振聾發聵的低吼。事實上，在那時候，一些默默無聞的年輕人們，也在努力探索著主流意識之外的方向。朱學勤寫過一篇文章——〈思想史上的失蹤者〉，就記述了這樣一群「自覺思考」的人，如食指、北島等，丁東在他的《和友人對話》一書中，也以〈民間思想者的心路歷程〉為題記錄了這樣一些人。他說，「有一種流行的說法，文革年代是工人不做工，農民不種田，學生不讀書。其實，當年的實際情況千差萬別……我們當初在沁縣插隊的時候，也曾熱衷於讀書，還討論過一些問題。這些情況，雖然很少見諸文字，但實際上已經成為一代人的歷史。」七十年代，已被踢出精英群的梁漱溟，成為一個被迫的民間思想者，在「批林批孔」運動中發出難得的不和諧音；八十年代，戴晴、林賢治、邵燕祥等人的敔與呼頗有影響力；九十年代到今天，一大批年富力強的民間思想者更是呈風起雲湧之勢：丁東、李輝、智效民、謝泳、余世存、伍立楊、傅國湧、冉雲飛以及更年輕的黃波等人，都開始用手中的筆描述各自的民間思想，他們相互之間的想法其實也是不盡相同甚至各執一端，但他們的存在，為我們提供了更多的視角。當然，有一天，當他們的立論走向廟堂，成為主流，還會有別的思想家站出來，成為另一種民間思想家，如此生生不息，綿延不絕。這些人產生和存在的原因很簡單：人類的天性和良知，以及他們那以一貫之的懷疑態度。從技術角度講，近年來新興媒體的興起，也為民間思想搭建了新的言說平臺，為其拓展提供了有力的保障。網路平臺、民間報刊使資訊的傳播更通透，直達目的終端。

　　我們不得不談到民間思想家和精英階層的關係。民間思想家在事實上起到了一個啟蒙和普及思想的作用，在金字塔中，他們處於最底端，和草根階層離得最近，貼心貼肝，他們一方面開啟民智，一方面向上傳達底層的意願，而精英階層，更應該在他們之上。民間思想家和精英階層的有效傳遞，溝通了社會最上層和最下層的關係，使上下關係理順了。現有條件下，似乎也只能這樣。在幾十年前的特殊時代裡，民間思想家與精英分子缺乏溝通管道，甚至，精英分子早已自命難保，被迫全部墮落為御用思想家。想溝通也沒人可溝通了，而現在，似乎有了這種溝通的條件。也就是說，民間思想家的管道作用、過渡身份，是有用武之地的。他們打通了草根和精英和上層堵塞的血脈。

　　在一個運作正常的國度，少數精英知識份子的作用應該是巨大的。他們儘管遭受著這樣那樣的非議，但他們一定要為當局為人民提供足夠的，理性的政策支援、智力扶助。在這個過程中，老百姓對精英的崇拜和信任應該超過民間思想家。今年夏天，謝泳離開山西，以大專畢業的學者身份，到廈門大學去任教，民間一片叫好聲。其實，這種叫好，就體現了人們潛意識裡對精英的崇拜，證明精英階層尚未完全令人絕望。絕大多數人都不會將謝泳入校理解為招安，而是理解成對體制的一種衝擊，一種撬動，只要有了鬆動的苗頭，就有成為常態的可能。

（2007 年 9 月 20 日）

國家圖書館出版品預行編目

學林碎話：1919 年-2009 年的中國文人剪影 /
王國華著. -- 一版. -- 臺北市：秀威資訊
科技, 2010.03
　　面；　公分. -- (史地傳記類；PC0097)
BOD 版
ISBN 978-986-221-416-9(平裝)

1. 作家　2. 傳記　3. 中國當代文學

782.248　　　　　　　　　　　　　99002901

史地傳記類　PC0097

# 學林碎話
## ——1919 年～2009 年的中國文人剪影

作　　者 / 王國華
主　　編 / 蔡登山
發 行 人 / 宋政坤
執行編輯 / 黃姣潔
圖文排版 / 蘇書蓉
封面設計 / 陳佩蓉
數位轉譯 / 徐真玉　沈裕閔
圖書銷售 / 林怡君
法律顧問 / 毛國樑　律師
出版印製 / 秀威資訊科技股份有限公司
　　　　　台北市內湖區瑞光路 583 巷 25 號 1 樓
　　　　　電話：02-2657-9211　　　傳真：02-2657-9106
　　　　　E-mail：service@showwe.com.tw
經 銷 商 / 紅螞蟻圖書有限公司
　　　　　台北市內湖區舊宗路二段 121 巷 28、32 號 4 樓
　　　　　電話：02-2795-3656　　　傳真：02-2795-4100
　　　　　http://www.e-redant.com

2010 年 3 月 BOD 一版
定價：350 元

# 讀 者 回 函 卡

感謝您購買本書，為提升服務品質，煩請填寫以下問卷，收到您的寶貴意見後，我們會仔細收藏記錄並回贈紀念品，謝謝！

1. 您購買的書名：_____

2. 您從何得知本書的消息？

　　□網路書店　□部落格　□資料庫搜尋　□書訊　□電子報　□書店

　　□平面媒體　□ 朋友推薦　□網站推薦 □其他_____

3. 您對本書的評價：(請填代號　1.非常滿意 2.滿意 3.尚可 4.再改進)

　　封面設計____　版面編排____　內容____　文/譯筆____　價格____

4. 讀完書後您覺得：

　　□很有收獲　□有收獲　□收獲不多　□沒收獲

5. 您會推薦本書給朋友嗎？

　　□會　□不會，為什麼？_____

6. 其他寶貴的意見：_____

_____

_____

_____

## 讀者基本資料

姓名：_____　年齡：_____　性別：□女 □男

聯絡電話：_____　E-mail：_____

地址：_____

學歷：□高中(含)以下　□高中　□專科學校　□大學

　　　□研究所(含)以上 □其他_____

職業：□製造業 □金融業 □資訊業 □軍警 □傳播業 □自由業

　　　□服務業 □公務員 □教職　□學生 □其他_____

------------------------------------------------

（請沿線對摺寄回,謝謝!）

## 秀威與 BOD

BOD（Books On Demand）是數位出版的大趨勢，秀威資訊率
先運用 POD 數位印刷設備來生產書籍，並提供作者全程數位出
版服務，致使書籍產銷零庫存，知識傳承不絕版，目前已開闢
以下書系：

一、BOD 學術著作—專業論述的閱讀延伸
二、BOD 個人著作—分享生命的心路歷程
三、BOD 旅遊著作—個人深度旅遊文學創作
四、BOD 大陸學者—大陸專業學者學術出版
五、POD 獨家經銷—數位產製的代發行書籍

BOD 秀威網路書店：www.showwe.com.tw
政府出版品網路書店：www.govbooks.com.tw

永不絕版的故事·自己寫·永不休止的音符·自己唱